S M A R T C I T Y

智慧城市

——能源服务

朱维政 主编

中国电力出版社
CHINA ELECTRIC POWER PRESS

内 容 提 要

本书主要描述了智慧城市和能源，从城市能量流与信息流的角度揭示了城市与能源的内在关系，并探讨了城市智慧能源体系的发展重点与展望。进而引出智能电网这一能量信息互联网，通过对其供电服务、用电服务领域相关技术理念和服务理念的描述，说明其是“互联网+智慧能源”的核心，在推动信息化与城市化、信息化与工业化“两化融合”中具有至关重要的作用。为此，提出以电为核心的综合能源服务，简明阐述智慧城市综合能源服务的目标、内容、方法和技术，阐述智慧城市综合能源服务系统的架构，并探讨了智慧城市综合能源服务的政策和商业模式，展现了国内外智慧城市综合能源服务的典型案例。

本书可供从事能源规划、生产、供应、消费服务的相关人员学习阅读。

图书在版编目（CIP）数据

智慧城市：能源服务 / 朱维政主编. —北京：中国电力出版社，2019.7
ISBN 978-7-5198-3434-0

Ⅰ. ①智… Ⅱ. ①朱… Ⅲ. ①现代化城市–城市建设–研究–中国②能源经济–研究–中国
Ⅳ. ①C912.81②F426.2

中国版本图书馆 CIP 数据核字（2019）第 144681 号

出版发行：中国电力出版社
地　　址：北京市东城区北京站西街 19 号（邮政编码 100005）
网　　址：http://www.cepp.sgcc.com.cn
责任编辑：穆智勇（010-63412336）
责任校对：黄　蓓　李　楠
装帧设计：张俊霞
责任印制：石　雷

印　　刷：三河市百盛印装有限公司
版　　次：2019 年 7 月第一版
印　　次：2019 年 7 月北京第一次印刷
开　　本：787 毫米×1092 毫米　16 开本
印　　张：12.25
字　　数：277 千字
印　　数：0001—1000 册
定　　价：50.00 元

编写组

主　　编　朱维政

副 主 编　周建其　宋　勤

参编人员　叶润潮　刘　欣　董绍光　马洪伟

　　　　　李　伟　邢旭亮　张　炜　谢解解

　　　　　许　玥　郑思源　蔡以真　王佳培

　　　　　王文廷　章晓锴　陈亦平　周一飞

前言

今天的地球是一个被城市主导的星球，城市深刻地影响着地球。从餐风沐雨、茹毛饮血的生活到群体定居，再到第一座城市的出现，城市化进程在缓慢地往前推动。在过去的200 年，对煤炭和石油中储存的太阳能的利用宣告了“城市世”❶的到来。人类从纯粹的生物体发展为城市化社会经济生物，不再与自然世界保持天然的内在均衡。然而，不知人类自身是否意识到天道的平衡，化石能源产生的二氧化碳等气体加剧着大气的变暖，“温室效应”仿佛“灰犀牛”❷一般，会让人类付出沉重的代价，人类必须要面对这一重要的生存问题。

人类对能源的利用方式必须转入到地球的视角，应回归到以“太阳能”为核心的能源开放系统，这也是贯彻“创新、协调、绿色、开放、共享”五大发展理念的要求。只有改变能源的利用方式、重构城市的规划体系、保障能源供给和服务的可持续性，才能实现城市和人类的可持续发展。一座真正的智慧城市应该是能量流和信息流高度融合的产物，才能实现城市的可持续发展。

通过分析现阶段国内典型城市的能源生产与消费结构及变化趋势，笔者希望通过事实描述，与读者一起探索智慧城市能源服务的发展趋势。

本书共分为三篇：第一篇主要阐述智慧城市与能源，从城市能量流与信息流的角度揭示城市与能源的内在关系，并探讨城市智慧能源体系的发展重点与展望。第二篇主要阐述了智能电网对智慧城市的驱动作用，智能电网是智慧城市主要的、新的能源供应保障与服务体系，是智慧城市的基础和核心驱动力。通过对两者共同特征——能量与信息核心要素的分析，阐明智能电网是能量信息互联网，是“互联网+智慧能源”的核心。对智能电网供电服务新理念、新技术及用电服务新模式新业态进行了说明，表明智能电网在推动信息化与城市化、信息化与工业化“两化融合”中具有至关重要的作用。第三篇主要阐述智慧城市综合能源服务的目标、内容、方法和技术，介绍了智慧城市综合能源服务系统的架构，并探讨了智慧城市综合能源服务的政策和商业模式，展现了国内外智慧城市综合能源服务

---

❶ 城市世：出自杰弗里·韦斯特所著《规模：复杂世界的简单法则》，意思是一个由城市主导的地球。

❷ 灰犀牛：不是随机突发事件，而是在一系列警示信号和迹象之后出现的大概率事件。

的典型案例。论证了智慧城市综合能源服务必须围绕国家和政府的能源方针和政策，以实现“清洁、科学、高效、节约、经济用能”为宗旨，通过构建智慧城市的综合能源系统，为城市和用户供应综合能源产品，并提供能源应用相关的综合服务。由于智慧城市和城市综合能源服务的概念相当复杂和庞大，且随着技术的发展、政策的变化、商业模式的更替，人们对智慧城市和综合能源的认识将不断演进和更迭。本书通过对相关资料的整理归纳与研究，阐述了智慧城市和城市综合能源服务的内在深层逻辑关系和互相作用，希望给从事能源规划、生产、供应、消费服务的相关人员带来一些启示。

本书由国网浙江省电力有限公司培训中心、国网嘉兴供电公司共同编写。本书在编写过程中得到了国网浙江省电力有限公司相关领导、国网杭州供电公司相关专家的悉心指导，在此表示感谢。

限于编写团队的知识水平，本书所描述的内容仍有不少粗陋之处，恳请读者批评指正。

编　者

2019 年 7 月

目录

第一篇

智慧城市与能源

全球城市化在决定地球未来的进程中扮演着关键的角色。城市是能源消耗的中心，而能源推动了城市的发展，也影响着地球的演进和人类的命运。但粗放的能源利用方式和低效的能源利用效率，正限制着城市的发展。随着科技的进步，大数据、云计算、物联网、人工智能等新技术不断发展，人类试图通过智慧城市的建设来实现城市的可持续发展。因此，智慧城市的关键是建设一个智慧能源系统，以保障城市能源供应，服务于整个智慧城市多元化的能源需求。

本篇从智慧城市和城市能源两方面展开，首先是对智慧城市定义进行阐述，着重论述能量流的供应与保障；其次分析典型城市用能结构与用能特征，围绕“创新、协调、绿色、开放、共享”五大发展理念，展望智慧城市发展的能源结构及智慧能源体系的发展重点。

第一章

智 慧 城 市

城市和城市化主导着人类文明的变迁与地球的演进。人类的未来和地球的长期可持续发展已经与城市的命运紧密地联系在一起。一方面，城市是文化与文明的熔炉；另一方面，城市又是人类面临的诸多挑战的根源。然而，能量与信息是城市的核心，而能源又是一切事物发展的动力源泉，能源的合理利用支撑了城市的快速发展，也决定了城市与人类命运可持续发展的未来。本章从智慧城市的理论出发，在一个量化的可预测的体系下建立起了智慧城市与城市能源的宏观概念性框架，揭示了城市能源对于智慧城市发展的重要意义。

第一节 智 慧 城 市 概 述

一、智慧城市的发展历程

（一）智慧城市的提出

2008 年全球经济危机之后，世界各国都努力寻找刺激经济发展的新增长点，为此也加快了信息技术发展的步伐。新一轮的信息技术发展为世界大城市的信息化、智能化建设提供了新的发展方向和趋势。

IBM 全球企业咨询服务部发布的《智慧城市愿景》中描述了 IBM 对智慧城市的定义和预期。智慧城市是把新一代信息技术充分运用在城市的每个角落的电网、铁路、桥梁、隧道、公路等各种物体中，协助政府、港口、机场、社区、学校、医院等系统整合起来，使各地方资源运用更有效率，让城市因此变得更加聪明。

2018 年 6 月，在全国智能建筑及居住区数字化标准化技术委员会的指导和主编单位的牵头下，智慧标准编制组对国内外智慧城市建设及评价现状进行了分析和研究，重点对城市规划与管理、智能基础设施、建筑节能等方面的技术现状进行专题调研，收集了大量与本标准相关的资料和标准。国家标准化管理委员会发布了 GB/T 36333—2018《智慧城市顶层设计指南》等七个关于智慧城市的国家标准。GB/T 36333—2018《智慧城市顶层设计指南》的评价指标体系主要包括机制保障、基础设施、社会管理、生态宜居 4 个一级指标，涉及多规合一信息化平台业务集成度、规划数据业务支撑度、绿色建筑覆盖率、公共建筑运行能耗率、建筑智慧化设计利用率、智慧工程管理普及率、市政管网管线智能化监测管理率、数字化城市管理事部件结案率、建设工程环境质量信息化监控覆盖率、可再生能源利用比重、智慧住区惠及人口百分比 11 个二级指标。

（二）智慧城市发展历程

1. 国外智慧城市的发展历程

美国是“智慧城市”概念的发源国。2009 年 9 月，IBM—迪比克计划发布，迪比克是 IBM 参与建设的第一个智慧城市。它既是美国第一个智慧城市，也是世界第一个智慧城市。迪比克智慧城市的建设过程中取得了智能化建设经验。2013 年，哥伦布市被全球智慧论坛列入“全球 7 大智慧城市”之一，该市的建设具有信息基础设施部署、绿色可持续发展、开放创新三大特点。

欧盟国家在建设智慧城市的过程当中注重强化知识创造和创新，实现智慧型增长、可持续增长和包容性增长。2010 年 3 月，《欧洲 2020 战略》提出三项重点任务，即智慧型增长、可持续增长和包容性增长。把“欧洲数字化议程”确立为促进经济增长的七大旗舰计划之一。重点关注在环境、交通、医疗、智能建筑等民生领域的智慧城市建设，并积极推动低碳、绿色和可持续发展，建设绿色智慧城市。2012 年 7 月，SCC－EIP（智能城市和社区欧洲创新伙伴行动）集成欧洲在新能源、智能交通和信息通信（如物联网）等领域的先进技术，在特定城市开展示范项目，促进绿色经济和知识经济发展，推动城市生产生活方式转型。

日本智慧城市的建设重点在于实现高效能、省能源的低碳城市目标。预计到 2024 年，日本将为全国所有家庭安装智能电能表。智能电能表可以实时监控家庭能源消耗量；同时，日本计划于 2030 年之前在全国范围内安装家庭能源管理系统。韩国在 2011 年 6 月制定了“SmartSeoul2015（智慧首尔 2015）”的计划，利用信息化积极应对气候和环境变化，促进新产业发展及加快生活方式变革，提出要实现“智能绿色城市”的信息化发展具体目标。

国外智慧城市规划的目标往往是小而具体，有些城市规划的重点是骑电动自行车上下班节能且缓解交通，有的是解决垃圾分拣问题，有的是建电动汽车充电桩，有的是推广绿色建筑。这些智慧城市的效益目标十分确定，效果容易测量，信息技术在这些任务中扮演着辅佐工具的角色，任务简明清晰，公众容易理解，项目也容易成功。

2. 中国智慧城市发展历程

2009 年，IBM 发布了报告《智慧的城市在中国》，并和中国政府签订了建设智慧城市的战略协议。随后，科技部联合城建部等单位在武汉举办了“2010 中国智慧城市论坛”。2012 年 12 月，住建部下发了《关于开展国家智慧城市试点工作的通知》（建办科〔2012〕42 号）。2013 年 1 月，国家批准了首批 90 个智慧城市试点城市，同时国家开发银行与中国城市科学研究会签署《“十二五”智慧城市建设战略合作协议》，提出在 2013～2015 年内提供不低于 800 亿元的投融资额度以支持智慧城市试点建设。

2013 年以来，我国已经先后发布了三批智慧城市试点。2016 年是国家“十三五”规划的开局之年，住建部启动上海、天津等试点新型智慧城市建设“十三五”规划的编制工作。2017 年，新型智慧城市建设总体发展速度非常显著，城市水平和运行效率得到较大提升。截至 2018 年，全世界有 1000 多个智慧城市在建设，其中中国就有 500 个。

目前，除环渤海、长三角和珠三角三大经济区外，成渝经济圈、武汉城市群、鄱阳湖生态经济区、关中—天水经济圈等中西部地区的智慧城市建设均呈现出良好发展态势。智慧城市管理、智能交通、智慧安防、智慧医疗等方面是当前智慧城市发展的重点方向。

虽然智慧城市的探索在我国取得一定的成果，但也暴露出一些问题。GB/T 36333—2018《智慧城市顶层设计指南》和《天津市智慧城市建设“十三五”规划》等相关标准及规划文件中没有单独描述能源的关键作用，对智慧城市建设过程中各个系统的能源协同问题、城市与城市之间的能源协同问题没有详细的描述。特别是对智慧城市建设中如何实现能源与城市空间、产业、环境及其他城市间的协同等问题没有详细的对策与要求。

二、新型智慧城市的定义与特征

（一）新型智慧城市的定义

2015 年 12 月 16 日，习近平在第二届世界互联网大会·乌镇峰会开幕致辞中提出了关于推进全球互联网治理体系的四点原则和构建网络空间命运共同体的五点主张，这对于互联网时代的新型智慧城市建设具有十分重要的指导作用，尤其是加快网络基础设施建设、推动网络经济创新发展、保障网络安全等主张，指明了新型智慧城市建设的关键所在。

2016 年 11 月 22 日，国家发展改革委办公厅、中央网信办秘书局、国家标准委办公室联合发布《关于组织开展新型智慧城市评价工作务实推动新型智慧城市健康快速发展的通知》，提出新型智慧城市是以创新引领城市发展转型，全面推进新一代信息通信技术与新型城镇化发展战略深度融合，提高城市治理能力现代化水平，实现城市可持续发展的新路径、新模式、新形态，也是落实国家新型城镇化发展战略，提升人民群众幸福感和满意度，促进城市发展方式转型升级的系统工程。

新型智慧城市（New Smart City）是以为民服务全程全时、城市治理高效有序、数据开放共融共享、经济发展绿色开源、网络空间安全清朗为主要目标，通过体系规划、信息主导、改革创新，推进物联网、云计算、大数据、空间地理信息集成等新一代信息技术与城市现代化深度融合、迭代演进，实现国家与城市协调发展的新生态。

（二）新型智慧城市的特征

1. 泛在感知

智慧城市遍布智能感知设备，对城市各系统进行信息采集、监控和分析，可实现对城市的全面感知。

泛在感知是指通过全新的信息化技术，实现城市内及时、互动、整合的信息感知、传递和处理。它可以促进网络安全产业与移动互联网、物联网、云计算、大数据等的融合发展，并且在云安全、大数据安全、工控安全、物联安全等领域推动智慧城市建设取得更加显著的成效。

2. 高效传输

智慧城市采用高带宽的有线、无线网络来构建网络基础设施，可实现城市信息的高效传输。

高效传输的数据网络为我们提供了新型的、强大的工具，得益于信息技术设备带来的通信数据集成和扩散的功能，人们可就所获得的信息得到全新的、可经检验的量化分析，以了解社会网络的结构和动力学、人与地点之间的空间关系以及城市的结构和动力学，这些都宣告了大数据和智慧城市的到来，信息技术设备也带来了解决当前许多问题的希望。高效传输的数据网络为我们提供了新型的、强大的工具。这种高效的通信方式已经成为社会行动的主要特点，为我们如何互动、何时何地互动提供了一扇量化窗口。将这一特点运用得当后，公司和具有创业精神的个人会接收到创造更多价值的新途径，从而助推智慧城市的建立和发展。

3. 充分融合

智慧城市能够将城市各关键领域的海量数据充分融合，可实现城市信息的有效管理和综合利用。

城市作为一座熔炉，海量的数据在其中持续的搅动、混合，我们在世界上任何一座大城市中都能感受到这种现象。建立一个开放共享的数据体系，通过对数据的规范整编和融合共用，实现并形成数据的“总和”，进而有效提高决策支持数据的生产与运用，进一步提升城市治理的科学性和智能化水平。

4. 协同运作

智慧城市各核心系统和相关参与者可进行高效的协作，推动城市资源的有效整合和优化配置，实现城市的智慧化运行。

构建新型智慧城市统一的运行中心，实现城市资源的汇聚共享和跨部门的协调联动，为城市高效精准管理和安全可靠运行提供支撑，对城市的市政设施、公共安全、生态环境、宏观经济、民生民意等状况进行有效掌握和管理。

5. 智能决策

智慧城市能够基于获取的城市信息，对政府、市民和企业等各方面的需求进行智能决策，实现城市的智慧化响应。

智慧城市的智能决策聚集海量异构城市传感器资源、数据资源和服务资源，面向智慧城市综合管理任务。它能够更好地感知、分析城市事件信息，具备事件预警与通知、信息处理和决策支持的联动机制，能够为政府、企业和市民多层次用户提供更加及时和可靠的信息服务。这一特点使得智慧城市具有整合系统综合应用、强化各子系统独立的能力。在系统功能设计上，充分整合各子系统的功能、模式、设计、展现、资源等，实现各子系统的统一性、一致性、完整性。

第二节　新型智慧城市助推城市规划

一、智慧城市两大核心要素及其关系

智慧城市的两大核心要素是信息与能量。能量流与信息流驱动了整个智慧城市的发展，也推动着人类的进步。同时，人类对能量与信息的利用，也决定着城市的可持续发展。

（一）城市信息流

智慧城市是运用物联网、云计算、大数据、空间地理信息集成等新一代信息技术，促进城市建设与运行更加智慧高效，并实现城市可持续发展的一种新理念、新模式和新形态。智慧城市在社会、经济和环境等领域，充分利用物联网、云计算、宽带网络等先进的信息

通信技术，实现对城市运行的全面的感知、智能决策，并通过城市各个信息系统间的广泛连通、信息共享和协同运作，整合与优化各种城市资源，提高城市运行管理和服务水平，改善市民生活和生态环境，提高经济发展质量和产业竞争力，实现城市科学发展、可持续发展。因此，从内涵特征上来讲，当前智慧城市的建设是将信息化与城市化的融合、信息化与工业化的融合两化融合的升级版，也是无线城市、宽带城市与数字城市的升级版。

（二）城市能量流

城市的建设与运转依靠的是能量。我们可以把城市作为一个复杂的系统，从网络的意义上说，该系统是物理性和社会性相互作用与融合的强耦合系统。城市的发展需要源源不断的能源的供给，就与人的生长需要新陈代谢一样。在传统意义上，我们分析城市的代谢率只考虑了物理层面的因素，但是，这样是远远不够的。除了在城市中使用和产生的电、气、石油、水、物质、产品、人工制品以外，我们还必须加入财富、信息、思想和社会资本。从一个更加根本层面的角度来说，无论是物理层面还是社会经济层面，所有一切的本质都是能量。

（三）城市信息流与能量流的关系

一座城市并不仅仅是构成其物理基础设施的道路、建筑、管道和线路的集合体，同样也是所有城市市民的生命和彼此互动的累积，也是企业与政府的彼此互动的累积，更是所有这一切融合而成的一个充满生气的、多维度的活的实体。一座城市是一个自然形成的复杂适应系统，是能量流与信息流两种“流”结合的产物，一种是维持并促进自身基础设施和市民、企业和政府治理发展的能源和资源流，另一种则是连接所有市民、企业和政府的社会网络中的信息流。这两种完全不同的网络的整合和相互作用魔法般地带来了基础设施的规模经济效应，同时也带来了社会活动、创新和经济产出的极大增长。

在智慧城市的建设中，首先要解决的是城市的可持续发展问题。我们需要充分认识到，能量才是城市发展的根本动力。而充分利用城市信息流指导我们将能量的优化利用落实到整个城市的规划与建设、城市的产业与经济、城市的环境与生态以及城市与城市之间的协同中，真正贯彻落实“创新、协调、绿色、开放、共享”的五大发展理念，实现城市的可持续发展。

二、能源系统推动城市系统运转与演进

（一）能源利用方式从开放到封闭的转变

从科学角度而言，能源利用方式的革命性特点是从开放系统到封闭系统的巨大转变，前者主要由太阳在外部提供能量，而后者则是由化石燃料在内部提供能量。这是一个根本性的系统改变，实现了从一个外部的、可靠的、可持续的能量来源向一个内部的、不可靠的、变化无常的能量来源的“升级”。

（二）能源系统推动城市物理与网络系统的发展

城市由两种元素组成：第一个元素是城市的物理基础设施，为了便于人们理解，我们称之为城市的物理系统，表现为建筑物、道路等硬件；第二个元素是由人类语言与思想而形成的社会经济动力学，我们称之为城市的网络系统，表现为思想、创新、财富创造和社会资本等软件。能源利用方式的改变造就了工业革命、信息革命，助推了城市化的进程，

推动了城市物理系统和网络系统的快速发展。

（三）城市发展需要能源领域的创新与开放

为了实现城市的可持续发展，我们必须做出一些改变。最好的改变方式即是创新，适应全新或不断变化的环境的持续需求是创新的主要驱动力。如果没有发生改变，或创新的速度跟不上变化的速度，发展肯定是不可持续的，我们就将步入大崩盘，甚至迎来整个城市社会经济组织架构的崩塌。

此外，我们也要尽可能把能量的利用方式从目前的封闭系统转化为开放系统。这一开放系统并不是让人类回到原始社会采摘果实等能源利用方式，而是大规模开发光伏等清洁能源，重新开发地球外部的太阳能资源，使得人类能源利用方式重新走向更高层次的开放。

由此，保证全球能源可持续性的长期战略便十分明确了：一方面要尽可能把能量的利用的方式从目前的封闭系统转化为开放系统，即对太阳能的充分利用，开发能够让我们从太阳能中获得负担得起的大量能源的技术；另一方面要充分考虑将城市能源的高效利用与城市的可持续发展有机结合在一起，持续创新，持续发展，从而建设真正的智慧城市。

三、城市规划体系重构的必要性

（一）对城市发展规划的认识有待进一步提高

1. 五大发展理念的落实有待进一步提升

党的十八届五中全会提出“创新、协调、绿色、开放、共享”五大发展理念，为解决经济新常态下的一些根本性问题提供了思想指引和理论指导。事实上，五大发展理念包含了热力学第二定律以及熵增原理在社会发展领域的具体体现，对于城市规划具有非常强的指导意义。贯彻落实新发展理念是必然选择。但是，目前，很多城市在架构自身的城市建设规划体系时，还没有引起足够的重视。作为城市的规划建设者需要深刻理解五大发展理念的哲学精神及其内涵，因此，当前城市规划体系还需要进一步科学反映新常态、新理念、新发展成果，这样才有利于推动经济社会全面协调发展，更有利于构建开放的可持续的能源利用体系。

2. 城市规划内涵的解读有待进一步深化

2006 年 4 月 1 日起施行的新的《城市规划编制办法》在总体规划纲要和市域城镇体系规划中提出“确定能源的综合目标和保护要求，提出空间管制原则”，并且提出供电供热供气的市政基础设施布局和管网。结合目前的城市规划实践，我们可以知道城市规划政策和城市规划并没有能完全解读城市规划体系的深刻内涵，因此需要进一步提高反映国家能源战略目标和要求的程度，也需要进一步将节能和减少城市用能污染等目标贯彻到城市规划与城市设计之中，城市规划也需要更多地反映城市节能的诉求。因此，对城市规划体系内涵的解读有待进一步深化，对城市能源体系的构建的重视程度也有待进一步加强。

3. 城市能源网络的内涵有待进一步挖掘

城市能源网络是以电能为核心，其他能源多能互补的能源利用系统。具体来说，城市能源互联网是以智能电网为基础，通过“互联网＋”为手段，以电能为核心载体的绿色低碳、安全高效的现代能源生态系统。建设城市能源网络，可以实现资源利用最大化，调节资源分布不均衡，促使能源转换由传统的单一模式向多元化方向发展。但是，在传统的城市规划体系中，对城市能源总体需求的分析有待进一步加强，对城市能源的总体顶层设计有待进一步完善。应该将电力网络、水力网络、热力网络、石油、天然气网络等多种形式的网络进行统筹规划。能源系统与产业、环境、生态需要进一步协同，将能源系统作为城市发展的重要组成部分。

4. 城市发展建设的特色有待进一步发挥

城市建设规划体系应重视城市规划的地域性特点。我国所有城市在城市总体规划的编制方法、编制成果方面都需要进一步挖掘其自身特色，尤其要进一步结合资源型城市与信息型城市自身的不同特点，编制本土化城市规划方案，塑造不同城市的文化特色与建设风貌。城市建立在一系列不同的系统之上，如城市基础设施、网络结构和环境以及人文文化系统等。城市的资源是有限的，文化是有差异性的，因此，城市的规划与建设也必须是差异化与因地制宜的，这样才能达到更加智慧的目标，需要运用革命论而非进化论来实现城市规划整体最优的战略目标。

（二）城市发展规划需要进一步提高战略协同性

1. 城市的发展需要统筹国家、地方能源“双控”目标

在城市规划设计上，中央政府更加注重影响国家全局的宏观战略部署，地方政府则需要更加深刻领会中央的战略思想，并将国家的城市发展理念更好地落实到具体的城市发展规划中。从国家的能源安全和国家的国际形象的角度出发，习近平主席与中央政府积极推动《巴黎协定》的签署，在 2015 巴黎气候大会上提出了应对全球气候变化的能源战略目标。中央政府从人类命运共同体与落实五大发展理念的高度，提出了战略目标。国家将这个宏伟的目标分解到各个地方政府进行落实。地方政府在城市规划设计当中，需要更加深刻地领会中央的战略意图，结合地方自身特点，在能源与环境双重约束条件下来考虑地方城市规划发展的问题。

2. 城市的发展需要统筹空间、规模、产业提高全局性

城市体系是一个开放而又复杂的全局系统。规划体系中各城市主体都有着各自不同的利益诉求。不同利益的多元交织使得不同城市的协同需要进一步强化。同时，各城市组织结构、掌握资源以及运行流程等各不相同，使得它们在城市协同治理中发挥的作用各不相同。因此，城市的发展需要在五大发展理念的指导与引领下，统筹空间、规模、产业，进一步提高城市建设全局性。

3. 城市的发展需要统筹规划、建设、管理提高系统性

城市的发展是一项系统性工程，涵盖了规划、建设、管理等诸多条线的内容，因此城市发展需要进一步树立系统性思维，以五大发展理念为指导，从构成城市诸多要素、结构、功能等方面入手，对事关城市发展的重大问题进行深入研究和周密部署，系统推进各方面工作，最终实现“一级政府、一本规划、一张蓝图”的城市总体设计布局。

4. 城市的发展需要统筹生产、生活、生态提高宜居性

随着城市物理系统与网络系统的快速发展，城市规模急剧扩张，城市文化高度繁荣，但是，另一方面，人类赖以生产与生活的生态环境遭受了破坏。因此，城市发展要进一步把握好“以人为本”的核心理念，把握好五大发展理念的内涵特征，把握好生产空间、生活空间、生态空间的内在联系，从而实现生产空间集约高效、生活空间宜居适度、生态空间山清水秀。因此，有必要对城市规划体系进行重构。

第二章

城 市 能 源

本章从历史与时间的维度入手，介绍能源革命对工业革命与城市革命的推动作用，揭示城市与能源的内在联系，阐述城市能源面临的现状与挑战，描绘未来城市能源开放利用的美好蓝图。

第一节 能源革命推动城市发展

一、文明变迁中的能源与城市

（一）时代发展中的能源变迁

从柴薪时代的钻木取火，到煤炭时代的蒸汽动力，能源的不断发展在文明变迁中起到了不可或缺的作用。可以说，能源革命推动了工业革命与城市革命，而工业革命与城市革命又引发了新一轮的能源革命。

在 18 世纪 60 年代以前，即农耕时代，人们以农业耕种为主，以区位和资源禀赋为生产驱动进行分散生产，柴薪仍是最主要的能源。随着农耕时代人口的持续增长，柴薪能源已无法满足人们的需求，煤炭则慢慢取代了柴薪在能源中的地位。

蒸汽机的诞生吹响了第一次工业革命的号角，人类步入了工业时代，城市的规模不断扩大，数量也有所提升。第一次工业革命实现了煤炭的大规模利用，还促进了煤炭的开发，在资本的驱动下推动了铁路、机械制造业的产生，也升级了纺织等传统行业。蒸汽机的发明，巩固了煤炭在能源中的地位，从此开始煤炭成了世界工业化的动力基础，也成了世界主要能源之一。

1830 年，石油电力能源渐渐走入大众的视野。随着资本主义经济的发展，自然科学研究取得重大进展，1870 年以后，由此产生的各种技术、新发明层出不穷，并被应用于各种工业生产领域，促进经济的进一步发展，第二次工业革命蓬勃兴起，人类进入了电气时代，现代城市初步形成，城市产业也转向重工业发展。到了 19 世纪七八十年代，以煤气和汽油为燃料的内燃机相继诞生。内燃机的发明解决了交通工具的发动机问题，也推动了石油开采业的发展和石油化工工业的生产。同时，在资本驱动下重工业的陆续发展，即汽车、航空、船舶、能源加工业的不断兴起，人们对化石能源的需求急剧增加，随之产生的环境污染、气候变化、交通拥堵等严峻问题，这种种原因导致了新一轮能源革命的开始。

（二）能源革命推动城市革命

能源革命推动了工业革命的发展，从而推动城市的发展。可以说，能源革命推动了城市产业结构的演进升级，推动了城市人口规模增长和结构优化，推动了城市生产要素组合水平的不断提升，最终导致城市化率不断提升，城市形态持续演进，城市发展更高质量。

能源是城市建设的重要组成部分，旨在提升能源管理和服务水平，对城市的发展提供更好的支撑，有效提升城市智慧建设和宜居能力。智慧能源是城市功能提升的重要举措，智慧能源作为智慧城市螺旋式发展理念的重要载体，是城市发展的保障性需要，在很长一段时间内，尤其是我们这样的发展中国家，生存需要是根本，也是民生应用关注的重点。

要真正实现城市的可持续发展，必须依靠能源作为推动，智慧能源的基础保障是关键。同时，智慧能源要依靠新能源应用、清洁能源替代以及电网智能化等来实现，只有这样，才能实现强大的合力，去推动智慧城市循环不断前进、不断上升、不断提高。

二、现代城市与能源

（一）现代城市对于能源发展的意义

1. 现代城市是能源消费的主战场

现代城市是能源消费的主战场，主要体现在能源消费高占比、能源使用高要求以及能源消耗的高密度。

（1）能源消费的高占比。城市人口约占世界人口的一半，消费了全球大约三分之二的一次能源。以我国为例，能源消费总量特征为两个高度集中：其一为我国能源消费高度集中于城市，中国城市能源消费总量占比达到 85%，超过世界平均水平 18 个百分点，城市能源消费高度集中特征明显；其二是能源消费空间分布高度集中，中国城市能源消费在空间分布上呈现明显的集聚特征，城市能源消费集中在东部沿海发达地区和数个区域中心城市，特别是以长三角、珠三角、京津冀为代表的大型城市群能源消费高度集中。

（2）能源使用的高要求。既要考虑能源结构优化、能效升级，义要考虑智慧便捷、协同发展。

（3）能源消耗的高密度。国际一流大都市核心区电力负荷密度达到 1.6 万～2.6 万 kW/km^2。

2. 现代城市是能源发展制高地

从能源建设规模和发展重要性考虑，城市能源是未来国家能源发展的投资重点。中国正处于工业化、城市化加速发展的历史阶段，能源需求有着很大的增长空间。为抑制高耗能行业过快增长，中国政府正研究制定能源消费总量控制政策，未来将研究化石能源消费税，实现原油、天然气和煤炭资源税从价计征。根据中国政府制定的《能源发展战略行动计划（2014～2020 年）》，到 2020 年非化石能源占一次能源消费的比例将达到 15%，表现在以下方面：

（1）大力发展太阳能。太阳能的利用主要是指光伏发电。随着中国国内光伏产业规模逐步扩大、技术逐步提升，光伏发电成本会逐步下降，未来中国的光伏容量将大幅增加。

（2）大力发展风能。中国风能储量很大、分布面广，开发利用潜力巨大。“十三五”期间，中国风电产业仍将持续每年 10 000MW 以上的新增装机速度，风电场建设、并网发电、风电设备制造等领域成为投资热点，市场前景看好。

（3）大力发展水能。目前，中国不但是世界水电装机第一大国，也是世界上在建规模最大、发展速度最快的国家，已逐步成为世界水电创新的中心。随着中国经济进入新的发展时期，加快西部水力资源开发、实现西电东送，对于解决国民经济发展中的能源短缺问题、改善生态环境、促进区域经济的协调和可持续发展，将会发挥极其重要的作用。

（4）积极发展核能。发展核电是中国调整能源结构的重点之一，到2020年，核电装机容量达到5800万kW，在建容量达到3000万kW以上。

（5）大力发展生物质能。中国拥有丰富的生物质能资源，理论上生物质能资源达50亿t左右。现阶段可供利用开发的资源主要为生物质废弃物，包括农作物秸秆、薪柴、禽畜粪便、工业有机废弃物和城市固体有机垃圾等。

（6）大力发展氢能。在氢能领域，中国着重要解决的是燃料电池发动机的关键技术。虽然这方面的技术已有突破，但还需更进一步对燃料电池产业化技术进行改进、提升，使产业化技术成熟。中国将加大对氢能研发的投入，以提高中国在燃料电池发动机关键技术方面的水平。

从能源改革来看，构建市场化的城市能源体系是推动能源改革的核心任务之一。构建以清洁低碳为方向、电为载体、智能电网为平台的综合城市能源系统，是引领能源创新，推动能源清洁、低碳、智慧转型的重心。

（二）能源变革推动城市高质量发展

1. 驱动城市经济高质量发展

劳动力、资本、能源等生产要素是城市发展的最本源动力。能源变革推动了城市经济的发展，而经济发展和工业扩张又反过来引导着能源变革。能源变革能驱动城市经济高质量发展，既能驱动城市改变依赖资源消耗、拼速度、拼规模、忽视环境代价的旧发展模式，建设高能效、低污染物排放、低碳型的现代高质量城市经济体，驱动城市加强能源基础设施建设，加速城市产业结构转型升级，推动城市竞争力提升更多地依靠创新驱动和高水平的产业结构支撑，也能驱动城市集聚能源高端人才，深化能源科技创新，培育战略性新兴能源产业，发展能源新业态、新模式，支撑城市可持续竞争力的提升。

2. 驱动城市生态文明建设

当前我国以空气污染为代表的“大城市病”频发，城市由“高碳”向“低碳”的转型已极为迫切。在新的时间节点上，城市发展对能源要素的要求也逐渐从“数量上的保障”向“质量上的优化”过渡，能源变革刻不容缓。能源变革需服务于城市发展，努力实现“以较少的能源消耗实现更多的城市经济增长和更少的污染物排放”。具体而言，能源变革一方面要更好地保障城市经济活动稳定运行，在综合考虑城市经济增长、产业结构调整以及节能降耗趋势的基础上，满足生产和生活的用能需求；另一方面需服务于城市的绿色转型，在保障城市能源需求得到满足的前提下，逐步优化能源结构，不断降低能源消费所带来的环境污染问题。

能源变革与绿色发展相互促进，以资源大范围优化配置为支撑，推动环境治理的跨区域联动，有效治理雾霾，防控污染物排放。同时，深度融合智慧、低碳、宜居、海绵等现代城市发展理念，以能源变革的约束性目标引领和带动城市发展转型，支撑生态文明建设。

3. 驱动城市居民美好生活

能源变革驱动发展能源新业态、新模式，创造更多高水平就业岗位；推进能源服务均等化，提供更加利民惠民的能源优质服务；推动“能源服务百姓生活”走向“能源变革点亮品质生活”。

4. 驱动城市治理水平升级

能源变革能驱动城市治理水平升级，能够推动城市发展理念、治理技术和变革模式的创新和提升，完善城市综合管理体系。在新时代的要求下，应该实现能源变革协同，做到城市治理转型，引导城市能源管理升级与城市能源管理创新，促进城市治理并重。而实现这个目标则需要保证城市用能的可靠性、经济性、高效性，提升城市能源综合利用效率和水平，促进政府和社会加强城市能源管理。

第二节　城市能源现状特征及挑战

一、城市能源整体结构

（一）城市能源供给结构

城市能源从能源供应种类方面可以分为一次能源和二次能源，其中：一次能源包括可再生能源和不可再生能源，如太阳能、水能、风能、生物质能、地热能等，不可再生能源主要包括煤、石油、天然气、核能；二次能源主要是电力和热能。

城市能源的供给结构按照能源种类而言，以煤、石油、天然气三大类传统化石能源为主，以太阳能、水能、风能等清洁能源为辅，电力在城市能源的供给体系中占据重要地位。

从中国能源的总体供给结构来看，查询2015年出版的中国能源统计年鉴可以看到，煤炭、石油、天然气是我国的主要供应能源，风能、水能、太阳能、核能以及很大一部分煤炭都用来转化为电能进行供给。

下面以上海为例进行分析。如图2－1所示，煤炭、石油、天然气这三大类化石能源

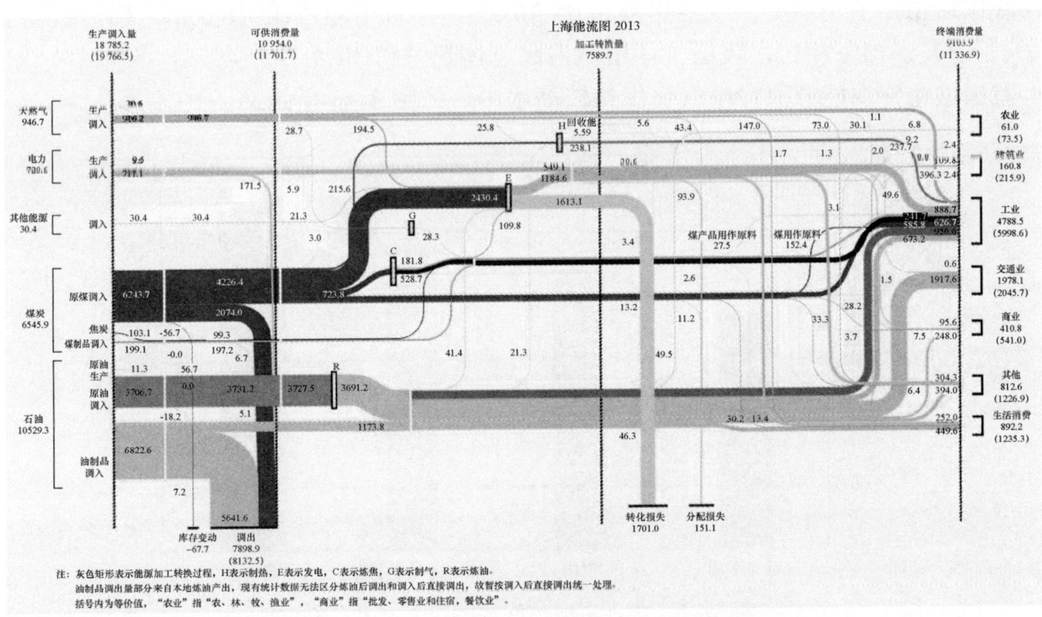

图2－1　2013年上海市能源基本结构的能流图

是该城市的主要调入能源。其中：石油占该城市能源生产调入量的比例最高，达到 56.1%；煤炭次之，占比 35%，其中大约 37%的煤炭用于了火力发电；天然气占比较低，大约 5%；太阳能、水能、风能等其他能源一共占比 0.16%，且基本都用于转化为电能。

（二）城市能源消费结构

城市能源的消费结构按照行业来分有工业用能、居民用能、商业用能、服务业用能、农业用能、交通用能，如图 2－2 所示。

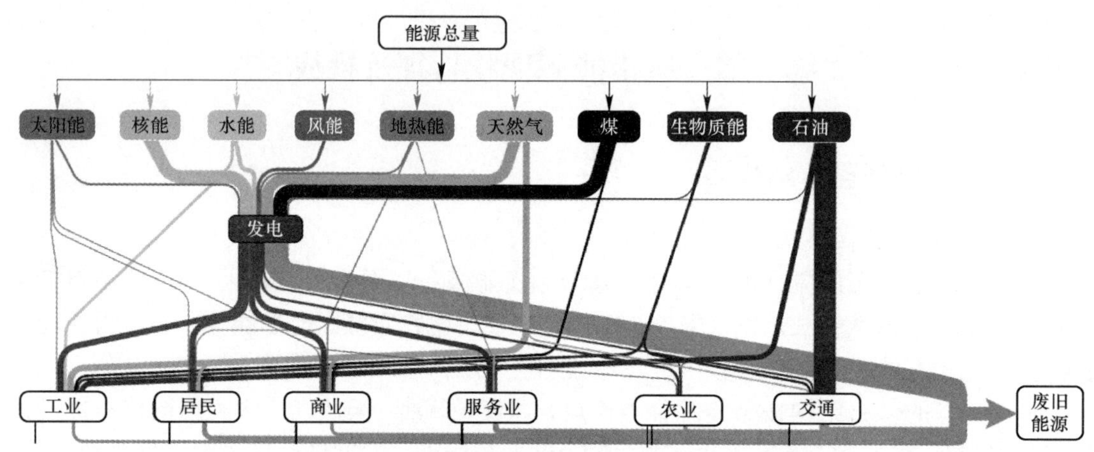

图 2－2　城市能源的供给和消费侧结构图

按消耗能源的种类来看，煤炭在我国城市能源消耗占比最高。按消耗能源的行业来看，工业用能是所有行业中用能最多的行业。2016 年，我国城市能源终端消费结构中，煤炭占比 38.5%，成品油占比 25%，电力占比 23.7%，天然气占比 7.6%，热力占比 5.2%。2016 年，我国城市用能结构中，工业用能占比 70.7%，建筑用能占比 18.6%，交通用能占比 10.7%。与发达国家相比，我国工业用能占比总体超过约 30 个百分点。

我国城市终端能源消费电气化保持较高水平，如图 2－3 所示。

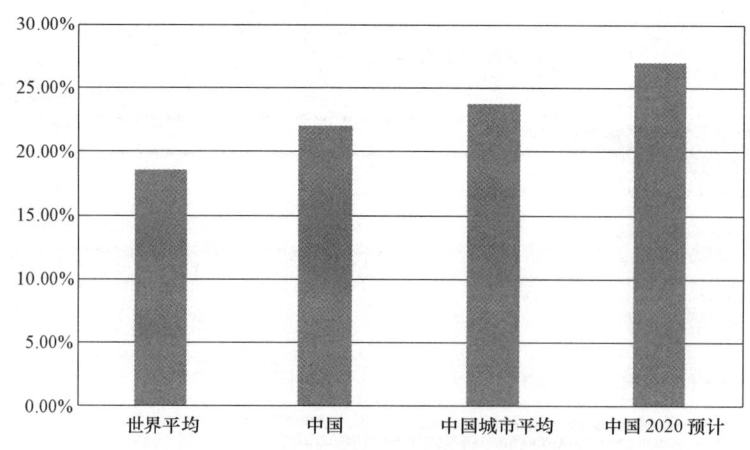

图 2－3　电能占城市终端能源消费比重图

电能占终端能源消费比例是衡量国家和城市终端能源消费结构和电气化程度的重要指标。2016 年，我国电能占终端能源消费比例 22%，超过世界平均水平 3.5 个百分点，电能占城市终端能源消费比重 23.7%，超过世界平均水平 5.2 个百分点，城市能源消费电气化水平较高。但与巴黎、伦敦、东京、香港等一流城市相比，还有较大提升空间。

二、能源用能特征

查询 2016 年中国各行业总耗能统计图鉴可以看出，工业用能是中国能源的主要消费对象，占比超过 70%。此外，建筑业和交通运输业用能也是能源消耗的重要组成部分。

（一）工业用能特征

1. 工业用能占比特征

如图 2－4 所示，工业用能占比逐年下降，但始终是城市用能的绝对主体。我国城市用能中，工业用能总量保持增长，但占比逐年下降，从 2012 年的 74.3%稳步下降到 2016 年的 70.7%。

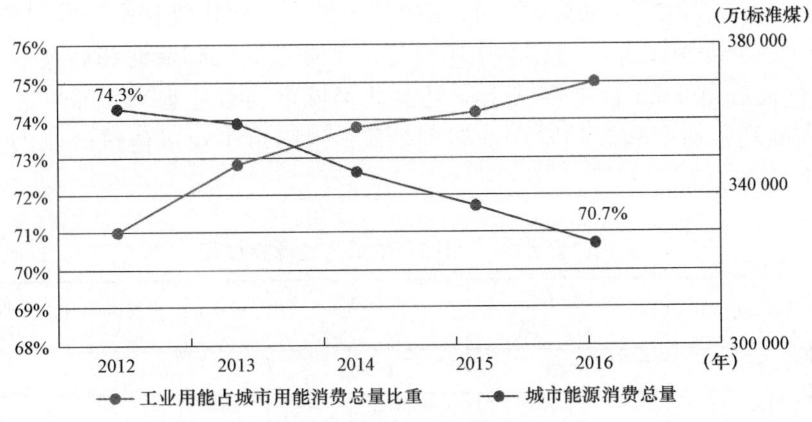

图 2－4　工业用能占比图

2. 六大高耗能行业[1]用能特征

六大高耗能行业占全国用能比例总体保持在 50%上下。六大高耗能行业工业用能占比稳步上升后保持高位波动。1995～2016 年，六大高耗能行业占我国工业用能的比重从 66.2%上升至 75.1%。2000 年以来，六大高耗能行业占我国工业用能的比例一直超过 70%，保持高位波动，如图 2－5 所示。

3. 工业用能能效特征

我国工业制造业领域能耗普遍下降，平板玻璃、烧碱等产品能耗已经与国际先进水平相当，但多数产品与国际先进水平相比仍有差距，整体仍有较大提升空间。据测算，我国工业领域与国际先进水平差异较大的十种产品（钢铁、电解铝、水泥等）的生产节能潜力超过 1.9 亿 t 标准煤。

[1] 六大高耗能行业是指化学原料及化学制品制造业、非金属矿物制品业、黑色金属冶炼及压延加工业、有色金属冶炼及压延加工业、石油加工炼焦及核燃料加工业、电力热力的生产和供应业。

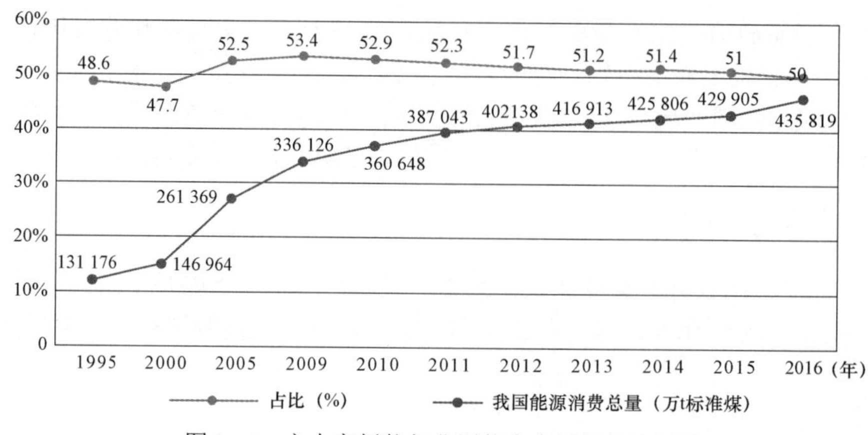

图 2－5　六大高耗能行业用能占全国用能比例图

4. 工业用能发展阶段特征

不同城市工业用能占比、能效水平差异巨大，发展阶段性特征明显，产业结构升级是工业用能变革的内在驱动力。上海、苏州、洛阳代表处于工业化进程不同阶段的工业大市。如表 2－1 所示，上海市工业产值排名全国首位，工业以高端制造业和高技术产业为主，单位 GDP 能耗已低至 0.42t 标准煤/万元，达到此类城市的最佳水平；苏州市工业处于由制造业为主向高端制造业和高技术产业转型阶段；洛阳市工业以传统产业为主，高新技术产业还处于布局阶段。

表 2－1　　　　　上海、苏州、洛阳城市发展与能源特征表

城市	GDP 总量（亿元）	工业用能（万 t 标准煤）	用能总量（万 t 标准煤）	工业用能占比	单位 GDP 能耗（t 标准煤/万元）
上海	28 178.7	6049	11 862	51.0%	0.42
苏州	15 475.1	5865	8610	68.1%	0.56
洛阳	3782.9	1774	2535	70.0%	0.67

北京、南京、兰州代表处于不同工业发展水平的三产为主的城市。如表 2－2 所示，北京市工业淘汰高耗能产业，大力发展高新技术产业，使工业用能占全社会用能比例低至 34.3%；南京市工业结构初步完成升级，产业以电子信息产业和石化产业为支柱，单位 GDP 能耗为 0.59t 标准煤/万元；兰州工业还处于高耗能阶段，重工业在工业能源消费中占比超过 98%，单位 GDP 能耗高达 0.96t 标准煤/万元。

表 2－2　　　　　北京、南京、上海城市发展与能源特征表

城市	GDP 总量（亿元）	工业用能（万 t 标准煤）	用能总量（万 t 标准煤）	工业用能占比	单位 GDP 能耗（t 标准煤/万元）
北京	25 669.1	2465	7187	34.3%	0.28
南京	10 503.0	3930	6228	63.1%	0.59
兰州	2264.2	1583	2354	67.0%	0.96

（二）建筑用能特征

1. 建筑用能总量特征

2016 年，我国建筑用能 9.06 亿 t 标准煤，占我国能源消费总量的比重 20%，其中，城市建筑能源消费总量 6.88 亿 t 标准煤，占我国建筑用能的比重 76%。建筑在建设阶段消耗能源量巨大，建筑用钢占我国钢材消费的比例超过 50%，房屋水泥消费占总产量的 60%～70%。

2. 建筑用能增长特征

建筑相关能源消耗仍处于持续增长期。2016 年，我国城市建筑总面积 352.3 亿 m^2，其中城镇住宅 229.3 亿平方米，公共建筑 123.0 亿平方米。2011～2016 年，我国城市建筑面积年均增长 5.3%，其中城镇住宅年均增长 3.8%，公共建筑平均年均增长 8.8%。

城市化进程将持续推动我国建筑能耗保持长期增长态势。2016 年，我国城市化率 57.4%，比 2012 年提高了 4.8 个百分点，2020 年城市化率预计达到 60%。建筑用电梯、空调等高耗能设备快速增加，以及城镇居民生活水平提升带来的生活用能需求强劲增长，也将持续推动我国建筑能耗保持长期增长态势。

3. 建筑能耗效率特征

降低公共建筑能耗是提升城市建筑能效的关键。公共建筑单位能耗大大高于居民建筑。据测算，公共建筑单位面积能耗达到 30.2 标准煤/（m^2·年），是居民建筑单位面积能耗的 2.3 倍。公共建筑单位面积用电量为 70～300kWh/（m^2·年），是居民建筑单位面积用电量的 10～20 倍。

公共建筑能耗主要包括空调用能、照明插座用能、办公用能、动力用能及特殊用能等方面，其中以建筑空调用能为主，占公共建筑总能耗的 50%～70%。所以，降低空调能耗是降低城市公共建筑能耗的重中之重。

4. 城市建筑运用分布式能源特征

城市建筑应用分布式能源正在得到广泛应用。2016 年，新增分布式光伏装机容量 1GWp，新增分布式光伏发电量 116 亿 kWh。太阳能光热利用快速增长，10 年平均增 17.8%，2016 年太阳能集热面积达到 4.6 亿 m^2，其中，城市集热利用面积 3.4 亿 m^2。地热能发展迅速，2016 年我国城镇新增浅层地热能应用建筑达到 4.78 亿 m^2。

5. 城市建筑能源管理特征

城市建筑能源管理仍重建设、轻运营。我国先后出台《绿色建筑评价标准》《中国生态住宅技术评估手册》等建筑节能实施标准，对建筑建设阶段能源消耗进行控制。目前，北京、天津、上海、重庆、江苏、浙江、山东、深圳等地新建建筑中已全面执行绿色建筑标准。建筑运行阶段的能源管理正在逐步开展，国家住建部在 33 个省市（含计划单列市）开展能耗动态监测平台建设。但目前能耗监测平台难以维系持续运行，数据统计质量缺乏保障，全面系统地开展建筑节能较困难。

（三）交通用能特征

1. 交通用能总量特征

我国交通用能总量逐年上升，由 2012 年的 3.26 亿 t 标准煤增长至 2016 年的 3.97 亿 t 标准煤。交通用能的城市能源消费占比由 2012 年的 9.8%上升至 2016 年的 10.7%。

交通石油消费占我国石油消费比例超过 1/3，交通用石油消费总量稳定增长，由 2011 年 16 221 万 t 增长至 21 032.5 万 t，交通石油消费占我国石油消耗的比例由 35.6%最高上升至 38.0%，随后回落至 2016 年的 37.3%。

2. 交通用能结构调整特征

交通用能中天然气、电力等清洁用能比例上升。2011～2016 年，天然气用能占比从 2.0%提高至 3.0%，电力用能占比从 0.8%提高至 0.9%，详见图 2－6。

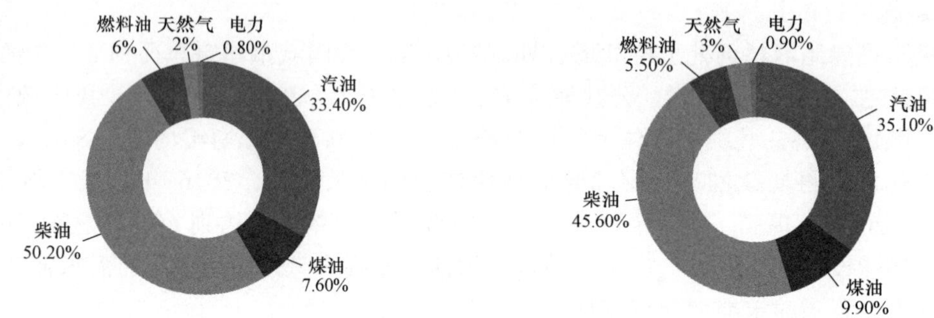

图 2－6　2011 年和 2016 年交通用能中各能源占比饼状图

私人汽车极速增长是城市交通用能增长主要驱动力。2008～2016 年，我国民用汽车保有量增长 1.35 亿辆，其中私人汽车保有量增加 1.28 亿辆，增加量占比 94.8%。城市交通用能的增量部分主要来自私人汽车用能增量，2012～2015 年城市交通用能增量中，私人汽车用能增量分别贡献 34.0%、43.2%、57.5%及 42.3%。

电动汽车推动了交通用能结构调整。2017 年，我国电动车销量 77.70 万辆，比 2013 年增加 43 倍，纯电动汽车保有量接近 150 万辆，其中纯电动乘用车保有量 80.1 万辆，稳步推动交通用能中的电能占比上升。

充电设施基础设施建设领先城市化水平。2017 年底，我国公共充电桩保有量达到 21.4 万根，私人充电桩数量 23.2 万根，车桩比达到 3.8:1。

3. 公共交通和城市交通能耗

公共交通是提升城市交通能效的重要因素。城市公共交通的人均能源消耗约为私人小汽车的 1/4，发展公共交通有利于减小城市交通用能消费。我国大部分城市居民出行的公交分担率处于 10%～30%之间，距离国际上 50%～60%的分担率有较大差距。按照目前我国城市用能结构及公交分担率估算，城市公交分担率每提升 1%，可以降低城市能源消费量万分之七至万分之八。

三、城市能源面临的挑战

（一）城市发展与能源“双控”约束

随着工业化、城镇化进程加快和消费结构持续升级，我国能源需求刚性增长，资源环境问题是制约我国经济社会发展的瓶颈之一，节能减排形势严峻、任务艰巨。因此，我国实行了能源消费总量和强度双控行动，优化能源结构，发展节能环保产业，大力推进节能工作。

国家能源局在《2018 年能源工作指导意见》中提出了 2018 年能源工作的主要目标。能源消费：全国能源消费总量控制在 45.5 亿 t 标准煤左右。非化石能源消费比重提高到 14.3%左右，天然气消费比例提高到 7.5%左右，煤炭消费比重下降到 59%左右；能源供应：全国能源生产总量 36.6 亿 t 标准煤左右。煤炭产量 37 亿 t 左右，原油产量 1.9 亿 t 左右，天然气产量 1600 亿 m^3 左右，非化石能源发电装机达到 7.4 亿 kW 左右、发电量达到 2 万亿 kWh 左右；能源效率：单位国内生产总值能耗同比下降 4%以上。燃煤电厂平均供电煤耗同比减少 1g 左右。

以浙江省为例，2018 年 9 月 30 日浙江省发改委印发了《浙江省进一步加强能源“双控”推动高质量发展实施方案（2018—2020 年）》，文件提出了“到 2020 年，建立能源“双控”倒逼转型升级体系”的主要目标。根据浙江省经济和信息化委员会、浙江省统计局发布的《2015 年浙江省能源与利用状况》数据显示，2015 年全省能源总量年均增长率、煤炭消费量、单位 GDP 能耗年均下降率和《浙江省进一步加强能源“双控”推动高质量发展实施方案（2018—2020 年）》中的 2020 年目标值相比还有较大的差距，如表 2-3 所示。

表 2-3　《“双控”方案》部分主要目标

浙江省	2015 年	2020 年目标值
能源消费总量	19 610 万 t 标准煤 比上年增长 4.2%	年均增长 2.3%
煤炭消耗量	1.382 6 亿 t	1.31 亿 t 以内
单位 GDP 能耗	万元 GDP 能耗 0.48t 标准煤 比去年下降 3.5%	年均下降 3.7%

《“双控”方案》的提出势必会导致各市政府加快城市主城区内钢铁、石化、化工、有色金属冶炼、水泥、平板玻璃等重污染高耗能企业关停搬迁改造，导致一批低能耗、环保、安全等不达标的落后企业退出市场，倒逼低效企业转型升级和退出。在 2017 年浙江省就因为“双控”形势严峻，工业能耗增长过快且很多行业单位能耗不降反升而导致省政府暂停审批宁波、嘉兴、湖州、绍兴、台州市新增的八大高耗能项目和数据中心。在 2020 年目标计划年之前，浙江省还计划年均淘汰 1000 家以上企业的落后产能、整治 10 000 家以上“低散乱”企业、完成 5000 家以上涉及挥发性有机物排放的“散乱污”企业整顿任务、基本关停水泥行业小规模熟料生产线等。

能源“双控”政策对城市发展的影响巨大，各地方城市的发展建设必须根据“双控”文件的提出做出产业调整和优化。各地方政府要在明确“能源有限、用能权即是发展权”的基础上进行城市发展顶层规划设计。

（二）城市能源消费侧综合能效和再电气化有待进一步提升

1990 年，我国单位 GDP 能耗是世界平均水平的 2.8 倍，到 2015 年，我国单位 GDP 能耗下降至世界平均水平的 1.4 倍。中国城市能源的能效在过去几年已经有了显著的提高，但是与世界发达国家的能效相比还有很大提升空间。提升能效是一件需要政府长期努力的工作，面临的困难非常之多。第一点是很多城市的政府和企业人员对降低能耗、提升能效的重要性还没有足够认识。城市的发展已经不能只局限于城市 GDP 总量的增加，更要考虑城市的可持续发展，而提升能效是可持续发展的必备条件；第二点是我国仍处于工业化中期，很多城市仍然以第二产业为主，经济增长对工业产品特别是高耗能产品的需求很大，短期内产业结构调整幅度不可能很大；第三点是我国的技术水平和国外先进水平还有一定的差距，通过技术手段提升城市能源的综合能效需要时间；第四点是和能源相关的很多机制体制尚未完善，通过机制政策多元组合提升城市综合能效的作用发挥不充分。

到 2025 年中国的城市化水平将超过 65%，从城市能源的现实以及长远发展来看，城市能源需要向高效、绿色、低碳、电气的能源消费体系转型，优化能源消费结构，严格控制化石能源消费总量。而再电气化能够推动建筑、工业、交通部门的能源消费重塑，为城市能源科技创新和应用带来新动能。但是再电气化还存在技术、制度等多方面的问题，再电气化还有很长的路要走。

（三）城市能源供给侧清洁化和智慧化有待进一步提升

要想实现城市的清洁发展，离不开能源行业中信息技术的应用。而智慧能源系统就是城市能源中信息技术发展的成果。智慧能源是以互联网技术为基础，以电力系统为中心，将电力系统与天然气网络、供热网络以及工业、交通、建筑系统等紧密耦合，横向实现电、气、热、可再生能源等多源互补，纵向实现源、网、荷、储各环节高度协调，生产和消费双向互动，集中与分布相结合的能源服务网络。

智慧能源已经是我国重要的战略方向。国家在近年发布了一系列相关政策，明确提出提高可再生能源的利用率，都在指向新型的、更智慧化的能源体系建设。但是智慧能源的建设还缺乏许多新技术的支持，而大数据、物联网等技术也才刚刚起步，这些技术能否支持智慧能源的建设和运行有待验证。以建设城市智能电网技术为例，智能电网的建设需要有新能源并网、微网等智能电网技术研发应用，需要完善并推广应用需求侧互动技术、城区主动配电网技术，需要发展城市能源与大数据、人工智能、区块链、深度学习及金融服务等技术。

（四）城市能源治理现代化有待进一步提升

城市能源治理是国家治理的重要组成部分，因此国家治理的现代化离不开城市能源治理体系和治理能力的现代化。但是目前我国的城市能源治理现代化还远远不够完善，还需要在技术、体制机制、法律体系等多方面有所突破。

中国城市能源改革的推进需要高科技技术来助力，高科技人才日益涌现使中国在推动创新以拓宽城市能源变革之路方面有许多优势。但是，中国在推动能源技术上进一步创新的道路上也存在着一些阻力。首先是我国目前科技创新者过分关注具体的科技政策实施，不太注重为创新营造有利的框架条件。其次，我国将科学成果转化为世界领先的商业技术的效率低下，落后于很多研发支出水平相当的经合组织国家。另外，知识产权保护措施不成熟，导致很多有研发实力的企业不愿意在中国投资技术研发与创新。城市能源治理现代化是一个漫长的过程，需要在调动城市各方面人力和物力的同时促进知识分享，营造一个以创新孕育更多创新的环境。

城市能源治理的现代化不仅仅需要创新，体制机制的改革也必不可少。体制机制的改革还有很多工作要做，比如能源价格改革，取消对化石燃料的补贴，使得新能源反映真实的供应成本；比如环境成本市场改革，允许所有解决方案的提供者不受任何限制的进入能源市场；比如能源监管体制改革，为激发创新营造真正有利的政策和监管环境。

第三节　智慧城市能源转型与发展

一、智慧城市能源转型目标

（一）探索建设城市智慧能源系统

以“安全、节约、清洁、低碳、经济、普惠”为目标，以“坚强、智能、高效、灵活、集成、协同、泛在、互动”为支撑，把建设城市智慧能源系统，坚持承接高比例区外清洁能源和充分利用本地可再生能源并重作为可持续城市能源体系建设的核心。

（二）推动能源变革全面嵌入生产生活方式转型

推广应用新技术、新方式、新模式，实现能效大幅提升、电能替代成效显著、智慧用能普及，把能源变革带动城市制造业、建筑、交通和生产生活方式转型升级，作为可持续城市能源体系建设成效的全面体现。

（三）高度重视能源技术及相关产业支撑

坚持技术驱动、产业支撑，把推进能源技术与产业集群发展、联动发展，作为可持续城市能源体系建设的强大支撑。大力推进产业结构优化升级，要从实际出发，着眼于全球产业发展和变革大趋势，瞄准世界能源技术制高点，尽快形成结构优化、功能完善、附加值高、竞争力强的现代产业体系。

（四）城市能源管理创新驱动全面变革

把城市能源管理全方位推动城市和能源发展转型，作为可持续城市能源体系建设的不竭动力。应该在能源变革的背景下去思考和把握综合能源服务的内涵，从提升能效、提升清洁能源比例、推动能源管理水平提升、推动能源变革社会参与等角度全方位界定综合能源服务内容，将综合能源服务与推动能源变革的使命紧密结合。

二、智慧城市能源体系结构

城市智慧能源系统建设，坚持以电为载体、以智能电网为平台，承接高比例外来清洁能源与本地可再生能源充分开发利用相结合，不同品类能源协同优化，“源—网—荷—储”各环节高效互动，充分发挥能源市场的作用。

（一）以电力为载体

充分发挥电能传输最为便捷、最易于智能化控制、终端利用效率最高的优势，以电为载体，实现对高比例外来清洁能源与本地可再生能源的充分利用，持续提升电能的终端能源消费比例。

（二）推动综合能源网络以智能电网为平台

以城市电网为基础，融合其他信息基础设施，促进信息和数据集成融合，调度和运行协同控制，实现电网、气网、热力/冷网统筹建设、互联互通、信息共享。建设城市能源调控中心，覆盖电、气、热、冷、可再生能源、分布式能源、储能等各类能源的数据采集、存储、处理、备份，实现综合能源协同优化调控。

（三）推动“源—网—荷—储”智慧互联

在能源与信息两个层面实现“源—网—荷—储”等能源系统单元之间的智慧互联，高效对接区外和本地清洁能源供能体系与城市智慧工厂、电气化交通、清洁供暖等用能体系，全面接入储能、微能网等可调节资源，应用城市智慧能源数据传输专用网络，实时优化调节不同能源与不同用能主体的供需状态，实现“源—网—荷—储”高效互动，提高能源系统整体运行效率。

（四）推动建设统一开放的能源市场

基于统一市场规划、交易机制和运行规则，建立统一开放的能源市场，实现各类能源交易市场化，能源生产商、产销者、用户等将通过互联网化的能源市场实现多能流互补互动、能源自由交易，促进能源交易商业模式创新发展。

三、城市智慧能源体系发展重点

（一）城市能源消费坚持走“三个最大限度”道路

1. 最大限度提升终端能源利用效率

面向终端用户电、热、冷、气等多种用能需求，形成城市范围内的多能互补和梯级利用模式；推广和应用新工艺、新技术、新材料、新产品，促进工业、建筑、交通等终端用能部门提高能源利用效率；挖掘资源消耗和节能潜力，降低终端能源的消耗水平。

2. 最大限度应用新业态新模式

将用户主导、线上线下结合、平台化思维、大数据等互联网理念贯穿城市能源系统，探索互联网与能源系统最大限度结合的模式和路径；推进能源服务市场化，催生能源产消者、市场运营商、能源贸易商、新服务提供商、网络运营商、能源金融服务、综合能源服务商等新业态；发展用户端智能化用能、能源共享经济和能源自由交易等新模式，提升城市用能经济性、便捷性。

3. 最大限度推动再电气化

通过智能电网高效利用区外清洁来电和消纳区内可再生能源发电，广泛利用清洁高效的电力消费模式，推广“以电代煤、以电代油”的技术及产品，推进交通、工业、生活电气化水平，提高电力在终端能源消费占比。

（二）城市能源配置追求能源系统整体效率最优

1. 建设统一的综合能源集控平台

建设统一的综合能源集控平台，通过信息融合技术，进行冷、热、电等在能源生产、输送、使用的全环节能源监控、安全分析和优化调度，实现多能量流的梯级利用和协同优化管理，具备余热利用、储热/冷的削峰填谷作用，促进可再生能源消纳等功能。

2. 多种能源联合互补高效利用

基于对综合能源网络实时状态的感知和系统运行态势的预判，通过新能源与传统能源的互补利用，电、气、冷、热等综合供应，供给侧和需求侧友好互动，实现多种能源在时间、空间上的优化互补，提高能源使用效率和设备运行效率，降低能源使用成本。

3. 源—网—荷—储各环节协同优化运行

通过多种能量转换技术、信息流和能量流交互技术、负荷快速响应技术等能源网络关键技术，实现能源资源的开发利用和资源运输网络、能量传输网络之间的相互协调，将多种用能需求作为统一整体进行需求侧调控，降低源侧和负荷侧的不确定性，增加新能源消纳能力。

（三）城市能源供应跨区平衡多能互补

实现能源配置方式的根本转变，由输煤支撑、高碳高排放、局部平衡型的能源配置方式转变为输电、资源大范围优化配置支撑、清洁低碳、跨区平衡型的能源配置方式。

推进清洁替代，大规模消纳高比例的区外清洁能源，大力支持发展本地分布式能源，加速推动清洁能源成为城市主导能源。统筹各能源系统优化运行调度，全面提升能源系统供应效率，以清洁和绿色方式满足城市能源需求。

（四）基础设施建设坚持多领域统筹规划

1. 不同种类能源基础设施统筹建设

加强不同种类能源基础设施统筹规划，优化布局建设一体化集成供能基础设施，实行多能互补的能源供应集成和终端利用集成，实现冷、热、电、气、水等多种能源设施的互联互通。

2. 能源基础设施与城市其他基础设施协调推进

实行城市基础设施一体化规划设计思路，加强能源基础设施与信息、交通、供水等城市其他基础设施的统筹规划设计。与城市土地利用、环境保护等相关规划做好衔接工作，统筹规划城市空间布局和建设时序，促进能源系统建设与城市建设协调同步。

（五）不同能源系统的耦合联动及协同治理

1. 实现不同能源系统耦合联动

通过推进能源体制改革，打破电、热、冷、气等不同能源系统相对封闭、各自为政的能源管理现状；通过建立市场体系，打破不同品类能源行业的供需界限，为各能源要素流动创造有利的竞争环境。

2. 实现同一能源不同环节协同发展

突破制度和技术壁垒，改变能源系统规划、建设、运行等环节相互孤立局面，贯通全环节能源数据信息，实现城市能源系统全过程的协同发展、信息共享。

3. 统筹城市与能源发展的规划

加强顶层设计，实现能源规划与城市各类规划的统筹。城市规划充分考虑能源供应及能源使用方式对城市的制约和影响；能源规划充分反映城市可持续发展和优化生态环境建设的诉求，充分发挥能源大数据在政府决策和公共管理中的作用，评估能源变革驱动城市发展的作用机制和效率效益，支撑城市与能源协同发展。

（六）技术创新

1. 绿色清洁技术创新

提高清洁能源的开发利用能力水平，构建基于全生命周期视角的清洁低碳水平综合评价体系，提高能源系统及设施全寿命周期内的环境友好性。

绿色清洁技术创新倡导人与自然和谐相处，注重经济、社会、生态统筹发展，推动生态文明建设，实现可持续发展。绿色清洁技术创新摒弃了资源消耗多、生产成本高、安全系数低、环境污染重的技术和产品，引入了生态学思想，将生态效益纳入技术创新的目标体系中，积极面对保护和发展的矛盾，注重人与自然、社会的关系，关注如何从人类中心主义的藩篱中走出，围绕经济发展、社会稳定、生态平衡等多维目标，实现经济、社会、生态的和谐统一。

2. 安全可靠技术创新

开发应用多源安全数据融合技术、运行风险全景辨识与动态评估技术、安全行为特征识别技术等，提高能源系统运行故障与安全风险预警管控的能力。

实践证明，从政府产业管理的角度看，通过战略规划、产业政策、政府采购、应用示范等环节发力，为自主创新信息技术产品和系统提供有效的市场扶持。政府通过扶持一批信息系统集成商，以集成商为龙头，推广安全可靠关键的软硬件是一条可行的路径。政府通过安全可靠重点企业的评审，推动国家重要领域安全可靠信息系统的建设，逐步提升企业安全可靠系统的建设能力。

在市场层面，安全可靠技术的推广应用必须建立一种可持续发展的利益分配机制。产业生态体系建设居于重要位置，仅有单点的技术或产品突破无法构建有效的信息系统。因此，需要市场主体以利益为纽带，通过资源共享、优势互补、抱团取暖的方式，建立联合开发、风险共担、利益互惠、共同进退的机制。

3. 灵活高效技术创新

系统运用过程监测技术、状态估计技术、网络控制技术、最优化技术、故障检测与诊断等自动化技术，实现能源系统的智能优化控制，支撑对外来清洁能源的充分利用。信息化已把人类带入新的历史时代，依托网络空间，重塑我们的工作空间，生活空间和交流空间。智能化制造水平和产品质量地不断提高，将提高加工精度，提高加工效率，降低生活成本，减少对劳动强度大技术工人的依赖程度，促进安全生产，降低安全设备和产品本身引起的风险，对环境不会造成污染。

4. 低碳智慧技术创新

加快能源系统的全面数字化进程，基于能源大数据，依托云计算平台，运用机器学习、自动推理、智能优化等人工智能方法，实现低碳能源的充分利用。

积极落实并带动社会各界加快使用信息技术类的节能产品；要高度重视支撑智慧、低碳发展的人才培养，结合国家重大人才工程，因地制宜的吸引和扶持海内外信息化高端人才创新创业，培育青年领军型人才，注重提高市民的信息素质。

（七）机制创新

1. 创新能源监管体制

建立能源系统统一管理和综合决策机制，改变不同品类能源系统各自为政、条块式管理的格局。设置城市能源综合管理部门，实现对能源系统建设投资、市场交易、安全运营等环节的统筹监管。

成立独立于能源市场各利益相关方之外的第三方监管评估机构，专业、客观、公正地评估能源服务质量、节能量等，为合同能源管理、需求侧响应等综合能源服务的顺利开展提供信用保障。

2. 构建公平公开透明的能源市场机制

充分发挥市场机制决定性作用，形成政府投资和社会资本的有效合力，积极引导社会资本有序参与城市能源系统的建设、运行维护和服务，提高城市能源投资效率和服务质量。

建立基于“互联网+”的能源交易市场平台，利用市场竞争机制，保证各主体公平有序地参与能源市场交易，促进资源优化配置。

完善能源价格的形成、调整和补偿机制，发挥能源价格在资源配置中的杠杆作用和风向标作用，建立辅助服务价格制度，推广落实电、气、冷、热等能源产品价格联动机制。

3. 建立城市能源数据和信息应用共享机制

建立城市能源数据综合管理系统，纵向汇集能源供应、配置、消费全环节信息，横向贯通电力、供热、燃气等能源信息，实现能源信息的高度集成。

建立完善的能源销售主体、能源网和交易中心的数据和信息共享机制，助力能源市场整体服务质量的提升和创新机制的培育。发挥城市综合能源系统大数据的政府决策和公共管理作用，全面提升城市智慧化的运营和管理水平。

4. 创新能源综合服务模式

构建城市综合能源服务体系，整合区域内的冷、热、电力、燃气甚至水务等多种能源品类，实现综合能源服务的技术互通、政策互动、信息共享。构建综合能源服务体系运营机制，兼顾政府、能源企业、用户等不同利益需求主体，探索实现多主体共赢的协作模式。建立和完善能源普惠共享机制，进一步完善用能基础设施，推进能源服务均等化，实现高水平能源普遍服务。

第二篇

智能电网驱动智慧城市

智能电网作为现代城市智慧发展的重要引擎，支撑城市能源供给安全可靠、支撑城市发展清洁低碳、支撑城市资源高效利用、支撑社会服务互动友好以及支撑城市信息资源充分利用，支撑着智慧城市全方位运作，推动了城市能源转型和智慧化发展。智慧城市的两大核心要素是能量与信息，而智能电网具有能量和信息同步传输功能，是目前世界上最大的人造物联网，与智慧城市具备共同特征。因其自身具有“遍布城市与乡村、连接电厂与用户”这一重要而特殊的物联网属性，具有网络市场、配置资源的功能，是能量信息互联网，是“互联网+”智慧能源的核心，具有能量流、信息流、业务流“三流合一”的特性，因此智能电网是智慧城市的基础，对智慧城市具有驱动作用。

第三章

智能电网与智慧城市

本章首先介绍了智能电网的基本概念及发展现状。然后，从智能电网对城市绿色发展、城市产业转型升级、城市便民服务、城市信息化等方面的助推作用展开探讨，阐述了智能电网助推智慧城市发展的理念。最后，介绍了智慧城市用电服务“互联网+”新模式，包括城市用电服务新要求、新模式、新手段和新服务等内容。

第一节 智能电网概述

一、智能电网的概念

“智能电网”（Smart Grid）这个概念最早出自2003年6月份美国“未来能源联盟智能电网工作组”发表的报告。报告中将智能电网定义为“集成了传统的现代电力工程技术、高级传感和监视技术、信息与通信技术的输配电系统，具有更加完善的性能并且能够为用户提供一系列增值服务”。

目前，全球对于智能电网并没有给出统一的定义。由于不同国家的国情不同，所处的发展阶段、资源分布以及科学技术的发展程度不尽相同，因而各个国家的智能电网在内涵及发展的方向、重点等诸多方面存在着明显的差别。以下列举了国际上不同机构对于智能电网的定义情况。

美国电力科学研究院（EPRI）：一个由众多自动化的输电和配电系统构成的电力系统，以协调、有效和可靠的方式实现所有的电网运作，具有自愈功能；快速响应电力市场和企业业务需求，具有智能化的通信架构，实现实时、安全和灵活的信息流，为用户提供可靠、经济的电力服务。

欧洲技术论坛：智能电网是集创新工具和技术、产品与服务于一体，利用高级感应、通信和控制技术，为用户的终端装置及设备提供发电、输电和配电一条龙服务，它实现了与用户的双向交换，从而提供更多信息选择、更大的能量输出、更高的需要参与率及能源效率。

日本电力中央研究所：智能电网是实现低碳社会必需的，能够确保安全可靠供电、使可再生能源发电能够顺利接入和得到有效利用、统筹电力用户需求实现节能和提高能效的综合系统。

国家电网公司：中国的智能电网是以特高压电网为骨干网架、各电压等级电网协调发展的坚强电网为基础，将现代先进的传感测量技术、通信技术、信息技术、计算机技术和控制技术与物理电网高度集成而形成的新型电网。它以充分满足用户对电力的需求和优化资源配置、确保电力供应的安全性、可靠性和经济性、满足环保约束、保证电能质量、适应电力市场化发展等为目的，实现对用户可靠、经济、清洁、互动的电力供应和增值服务。

总而言之，根据目前的研究情况，智能电网就是为电网注入新技术，包括先进的测量技术和传感技术，网络和通信技术、自动控制技术和电力工程技术等，从而赋予电网某种使其具有较强的应变能力，可接入分布式能源及微电网接入运行，实现用户终端与电网及电力市场的双向积极互动。

二、国外智能电网发展现状

（一）美国智能电网

智能“自愈”电网的概念发源于美国电力基础设施战略防护系统，美国的智能电网又称统一智能电网，是指将基于分散的智能电网结合成全国性的网络体系。该体系采用 3 层 Multi – Agent 结构：底层为反应层（包括发电和保护）；中层为协作层（包括事件/警报过滤、模型更新、故障隔离、频率稳定、命令翻译）；高层为认知层（事件预测、脆弱性评估、隐藏故障监视、网络重构、恢复、规划、通信）。这个体系主要包括：通过统一智能电网实现美国电力网格的智能化，解决分布式能源体系的需要，以长短途、高低压的智能网络联结客户电源；在保护环境和生态系统的前提下，营建新的输电网，实现可再生能源的优化输配，提高电网的可靠性和清洁性。这个体系可以平衡跨州用电的需求，实现全国范围内的电力优化调度、监测和控制，从而实现美国整体的电力需求管理，实现美国跨区的可再生能源提供的平衡。这个体系需要解决的核心问题是太阳能、氢能、水电能和车辆电能的存储，它可以帮助用户出售多余电力，包括电池系统向电网回售富裕电能。实际上，这个体系就是以美国的可再生能源为基础，实现美国发电、输电、配电和用电体系的优化管理。

（二）日本智能电网

2011 年 6 月，日本于第十三次新时代能源和社会系统讨论会上正式提出了较为完整的“日本版智能电网”体系化理念，明确了日本智能电网发展的战略目标和重点任务，形成了包含国家、区域和城镇家庭 3 个层面的体系框架，在国家层面上推动可再生能源并网发电，强调构建能抵御灾害风险的坚强输配电网络的转变；在区域层面上，完善能源管理系统，维持区域电力的供需平衡；在城镇（家庭）层面，发展“智能社区”等城市和家庭信息智能化建设项目，拓展电力智能化服务。

日本智能电网的发展包括以下 6 个方面：① 可以进一步引入可再生能源的系统；② 充分利用信息和通信技术的智能系统；③ 及时和灵活反映用户需求的系统；④ 部署新能源服务的系统；⑤ 高效和稳定运行的系统；⑥ 建立在技术层面上具有国际竞争力的系统。

（三）欧洲智能电网

2005 年，欧洲发布了《欧洲未来电网的远景和策略》《战略研究议程》和《欧洲未来电网发展策略》3 个重要文件，描绘了欧洲智能电网发展的路线图，指导欧洲各国开展相关项目，促成智能电网的实现。根据欧洲未来电网战略要求，欧洲电网可再生能源所占的比例增加 20%，能源利用效率提高，温室气体排放减少。2009 年 9 月 16 日，欧盟在《能源技术发展战略》中提出将选择 30 座城市作为智能电网的试点城市，争当全球绿色科技竞赛中的领跑者。

三、中国智能电网的发展目标

在借鉴和学习国内外先进电网评价指标体系的构建，以及我国电力体制改革、全球能源互联网、国家电网发展战略对评价关键要素的影响分析和电网特性研究的基础上，从社会公众评价以及企业自身诊断应用两方面需要出发，提出我国智能电网的发展目标。

1. 内部目标

（1）技术装备。主要表现为具备坚强的网架结构，能够满足电力输送功能、市场功能、资源配置等功能，实现电网与电源协调发展、电网与负荷协调发展、各级电网协调发展；具备优良的基础设施和先进的技术手段，信息化、自动化、互动化水平高。

（2）安全质量。主要表现为能为各类用户提供安全、可靠、优质的电能产品及供电服务。

（3）运行绩效。主要表现为能实现科学发展和运营，减少投资、降低运营成本、传输损耗等，在保持电网安全稳定运行和提升电能产品质量和服务质量的同时，实现综合效益最大化，实现资产保值增值。

（4）资源配置及绿色发展。主要表现为可有效落实国家和区域的资源优化配置战略，促进清洁能源发展与利用，降低发电、输电、配电、用电各环节的能源资源消耗和污染物排放。

2. 外部目标

（1）不限电。主要表现为电网能保证充裕的电力供应，电力资源“受得进、送得出、供得上”。

（2）少停电。主要表现为停电“时间短、次数少、恢复快”。

（3）用好电。主要表现为对“清洁电、优质电、便捷电”的支持推广。

第二节　智能电网驱动智慧城市发展

智能电网和智慧城市在能量与信息两个核心要素方面具备共同的特征，智能电网具有能量与信息同步传输的功能，是现代智慧城市能量的主要供应与保障系统。而且，智能电网具备配置资源网络市场的功能，具有互联网的属性，因此，智能电网对智慧城市的创新、绿色、低碳、开放、共享、发展等方面具有重要的驱动作用。

一、智能电网与智慧城市的内涵及特征

（一）智慧城市的内涵

在智慧城市总体框架下，加强智慧政务、智慧交通、智慧医疗、智慧教育、智慧旅游、智慧安居等智慧应用体系建设，实现信息更畅通、管理更高效、环境更优美、社会更和谐、生活更美好。

智慧城市具有信息化、智慧化、互动化等特征，以能源供应保障为基础，通信信息技术为支撑，标准法规建设为保障，涵盖了绿色环保、透明开放、友好协作、高效便捷、和谐宜居等内涵，如图 3－1 所示。

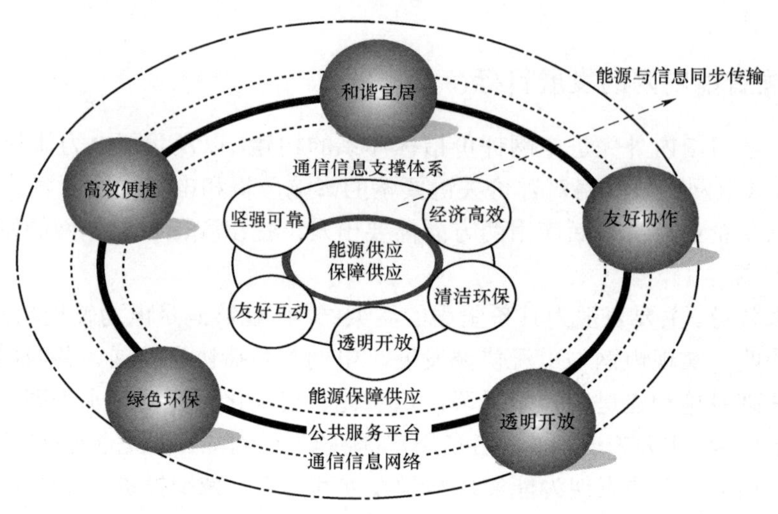

图 3－1　智慧城市五大内涵

绿色环保是指低碳、清洁、可持续，环境优美；透明开放是指依托城市一体化公共信息服务平台，实现信息透明与共享；友好协作是指城市各部门、各个流程和每个人协作有序；高效便捷是指市民享受到高效、快速、方便的公共服务，和谐宜居是指人与自然、人与社会和谐相处，生活美好。

（二）智能电网的内涵

智能电网通过各类电力技术和应用，对智慧城市提供支撑，但是各项技术需要合理地组合，需要一定的理论支撑，需要相关政策体系、建设策略、商业模式、评价指标体系、技术标准体系的配合，才能在智慧城市的政务、经济、医疗、流动、环境、交通、人群、教育、居住、水务、家居、建筑、社区、公共交通等业务系统中充分发挥支撑作用。

为了给智慧城市的建设提供支撑，实现智能电网项目与智慧城市建设思路的良好对接，国家电网各网省公司结合试点智慧城市特点，精心设计、合理安排智能电网支撑项目。随着城市功能的不断改进和完善，智慧城市对智能电网提出了更高的需求：能源供应更安全可靠，保证城市功能的正常运转；能源品质更清洁环保，减少城市污染物排放；信息资源整合更优化，促使城市资源高效利用；电网企业管理更科学，提供优质的城市供电服务。中国智能电网的内涵如图 3－2 所示。

总之，智慧城市以人与自然和谐发展为基本理念，通过整合多种先进技术，促进城市各部分功能协同运作，使得管理更高效、服务更优质、环境更清洁、生活更舒适。智能电网是智慧城市建设的基础和重要组成部分，在城市的能源基础设施、公共服务平台等方面提供了有力支撑，对智慧城市发展具有重要推动作用。

（三）智慧城市与智能电网的核心要素

推动能源与信息二流合一，实现绿色环保、高效便捷的城市生活，是智慧城市发展的重要趋势。因此，如图 3-3 所示的智能电网与智慧城市的内涵特征关系图可以得出，能量与信息是智慧城市的两大核心要素。

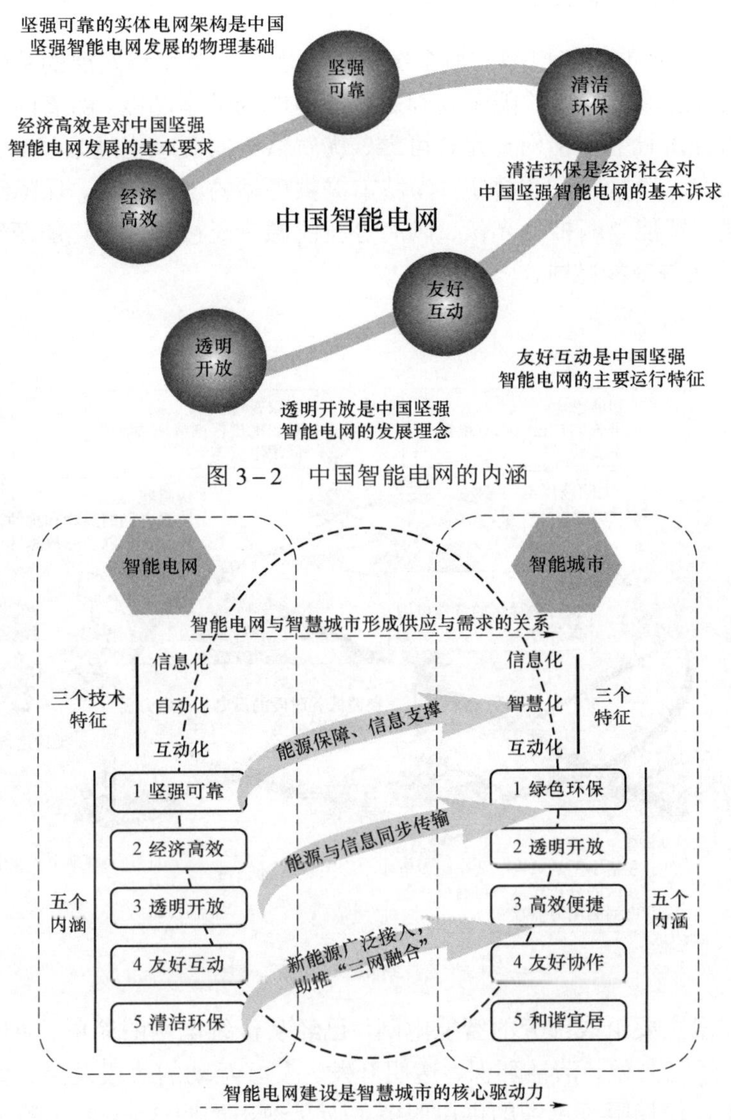

图 3-2　中国智能电网的内涵

图 3-3　智能电网与智慧城市的内涵特征关系图

智能电网是智慧城市的基础，是智慧城市新的能源供应保障与服务体系，是清洁能源开放互动的交易平台。智能电网具有能源与信息同步传输功能，遍布城市与乡村，连接电厂与用户，具有配置资源、网络市场功能，能够实现比特（互联网）、米特（交通网）、瓦特（能源网）“三网融合”，助推了智慧城市信息化与城市化的融合；构建以工厂电气化为核心的企业级的能源微电网，实现能量流、信息流、业务流“三流合一”，能全面促进工业企业信息化与生产自动化的融合，促进生产制造的转型升级，从而推动信息化与工业化的深度融合。可以说智能电网是迄今为止世界上最大的人造物联网，是能量信息互联网。

因此，能量和信息是智慧城市与智能电网的核心要素。

二、智能电网助推智慧城市发展

通过图 3-4 所示的智能电网的概念图可以发现，智慧城市发展的基础有赖于稳定的能源供应，提供智慧城市发展的能源基础是智能电网的基本功能。随着国民经济和科学技术的发展，城市经济社会生活对充足、可靠、优质供电的要求也越来越高。一方面，智能电网连接千家万户，连接工厂和楼宇，为城市提供可靠的电力供应，保障经济发展和居民生活；另一方面，智能电网推动光伏、风能等新能源广泛接入，优化能源结构配置、提高能源利用效率、促进节能减排。

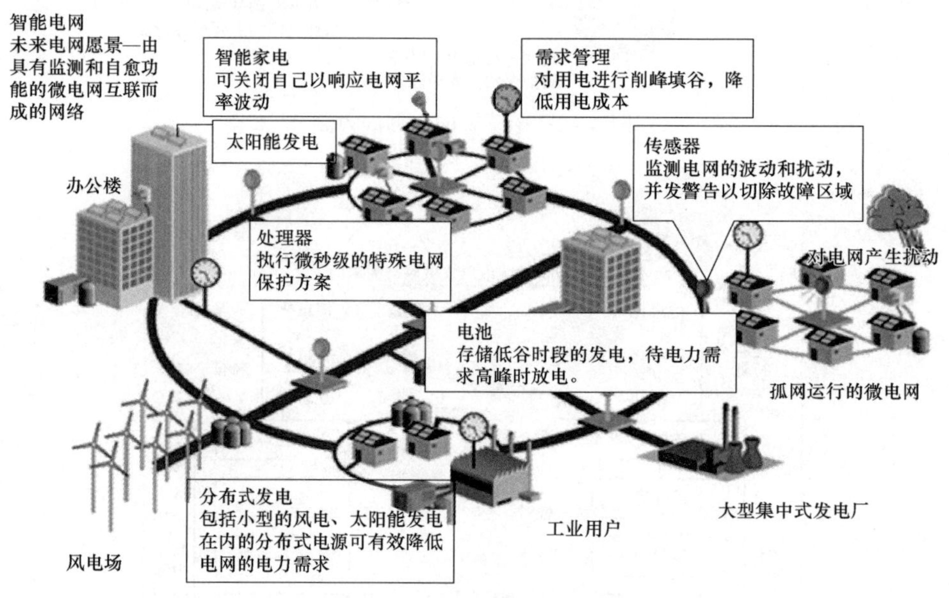

图 3-4　智能电网概念图

作为能源技术主要组成部分的智能电网，已经从传统电网的简单、单向供电服务，逐步向坚强可靠、经济高效、清洁环保、透明开发、友好互动的阶段发展。智慧城市对智能电网的需求也不再仅局限于单纯的供电服务，而呈现出如图 3-5 所示的更丰富、更深层次的要求。

智慧城市建设与智能电网建设相互促进，共同发展。作为信息化与电力工业深度融合的结果，智能电网建设将成为“两化”融合的示范，引领新能源工业、电气制造业、机械制造业、智能家居等产业智能化升级转型，为构建智慧城市奠定坚实基础。同时，智慧城市建设也将极大地激发智能电网所具有的巨大潜力，促使智能电网向更深层次、更宽范围、更广角度不断推进，城市管理者应充分认识智能电网的潜能，使之为智慧城市建设发挥重要作用。

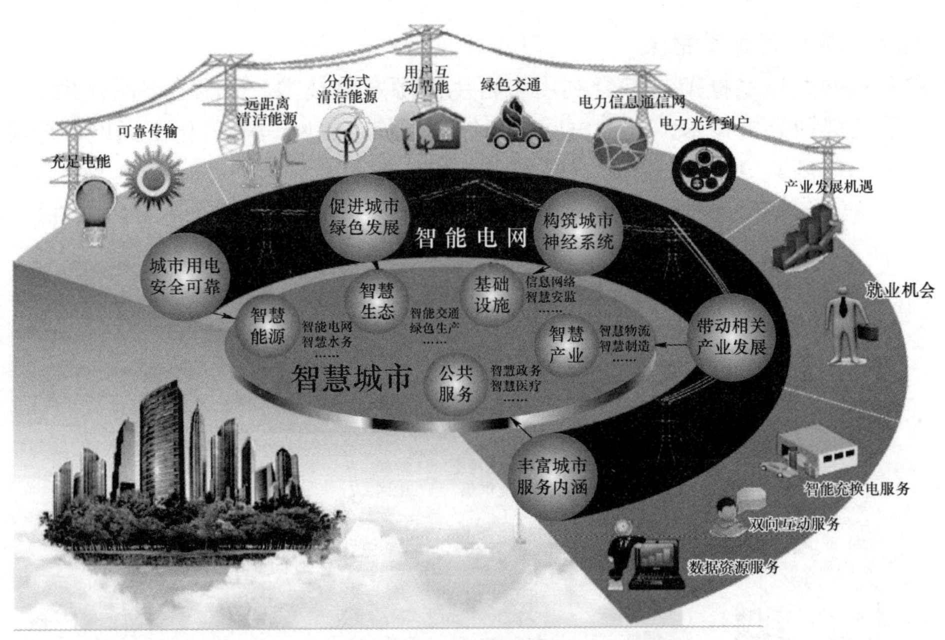

图 3－5　智慧城市与智能电网的发展蓝图

第三节　智能电网是城市能源互联网的核心

一、能源互联网概述

1. 能源互联网的内涵

能源互联网是以可再生能源优先，以电力能源为基础，多种能源协同、供给与消费协同、集中式与分布式协同，大众广泛参与的新型生态化能源系统。在互联网理念、先进信息技术与能源产业深度融合基础上，通过多能协同的能源网络、信息物理融合的能源系统、创新模式的能源运营，实现绿色、协调、高效发展，带动经济增长，支撑能源革命。

能源互联网共分为三个层次：① 物理基础层面，从基础设施的角度来讲，是多能融合的网络。② 实现手段，要有信息物理融合的能源系统，去支撑多轮融合，达到最优的一些目标。③ 价值挖掘层，创新的商业模式，以互联网的思维来改变整个的能源产业链。

能源互联网的本质可概括为五个方面：① 具有广泛互联、坚强的电网骨干网架，可以通过电网实现大规模清洁能源的大范围优化配置；② 具有信息与能源深度融合的功能机制，可以通过提高能源系统的可观性和可控性，实现荷网源的深度互动；③ 具有多种能源互补协调的调节机制，可以通过与燃气、热力、车联网、制冷、储能等系统的互补协调，提升可再生能源的利用比例，并提高能源使用效率；④ 具有互联网理念融合下的商业模式创新机制，在能源系统本体之上形成连接消费者、生产者、制造商、运维商等各方，通过业务融合和商业模式创新持续满足用户需求、能源生态系统的新需求；⑤ 具有支撑用户多元化用能选择的实现机制，通过能源互联、信息互联以及市场交易机制的整体协同，满足用户对多种用能和产销者一体化服务的需求。

2. 能源互联网的体系框架

能源互联网其体系框架是综合利用可再生能源发电技术、智能输电网技术、互联网信息技术、系统规划分析技术，融合电网、天然气网络、热网与电气化交通网，形成多种能源高效利用的能源共享网络。能源互联网的理想运营方式应为以电网为主导，涉及能源生产者与消费者、能源网络运营商、能源代理商等主体的多行业共同参与的联合运营模式，如图 3－6 所示。

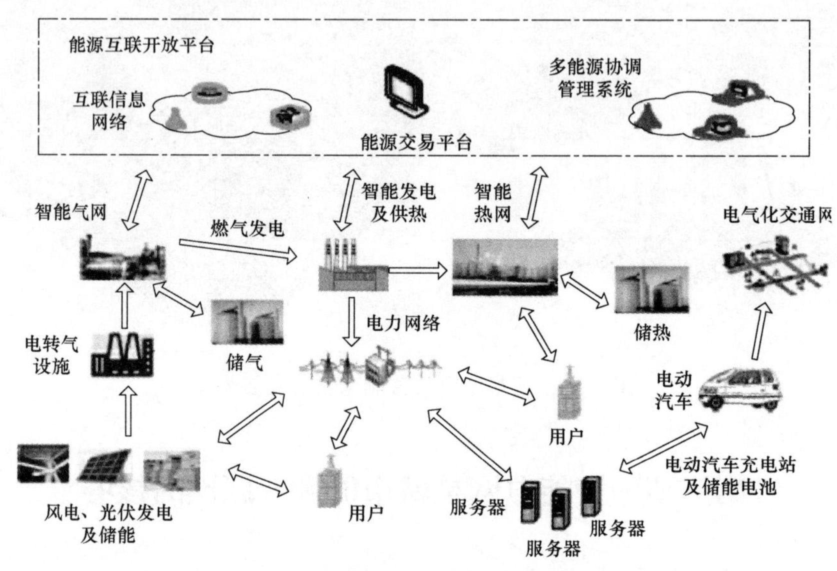

图 3－6　能源互联网体系框架示意图

二、中国能源互联网发展趋势

国家能源局发布《关于推进“互联网＋”智慧能源发展的指导意见》对以电为核心的城市电网提出新要求。加强能源互联网基础设施建设，建设能源生产消费的智能化体系、多能协同综合能源网络、与能源系统协同的信息通信基础设施。营造开放共享的能源互联网生态体系，建立新型能源市场交易体系和商业运营平台，发展分布式能源、储能和电动汽车应用、智慧用能和增值服务、绿色能源灵活交易、能源大数据服务应用等新模式和新业态。推动能源互联网关键技术攻关、核心设备研发和标准体系建设，促进能源互联网技术、标准和模式的国际应用与合作。

三、智能电网与能源互联网的关系

1. 智能电网与能源互联网的区别

在能源互联网体系中，智能电网是承载不同能源转化与利用的枢纽，涵盖了传统电源的接入、输电、变电、配电、用电等各个环节，同时可兼容分布式电源和各类储能装置。在技术层面利用信息通信技术、自动控制技术、电力电子技术等，实现电能管理与应用的信息化和自动化。在用户侧，智能电网提供了灵活且具备高度兼容性的接口，实现即插即用的电能应用方式。然而，智能电网与能源互联网具有不同的外延和内涵，其主要区别如

表 3－1 所示。

表 3－1　　智能电网与能源互联网的主要区别

项目	智能电网	能源互联网
物理实体	电网	电网＋气网＋输油网＋热力网＋交通网等
能量利用形式	电能	电能、热能、化学能等
基础理论	信息论、系统论、控制论等	更广泛，复杂交互式的网络系统
架构	国家标准存在差异	依托互联网架构，能源流、信息流自由交换、共享
应用场景	电网为主	延伸至智慧社区、智能能源管理领域

由表 3－1 可得，能源互联网与智能电网从体量到架构均产生了变化，能源互联网在概念、技术和方法上的内涵和外延则更为全面和深入。能源互联网在开放互联、能量交换和路由等特征上有别于目前一般意义下的智能电网，能源互联网打破封闭的“电力生产&电力消费”体系，将电力系统与其他能源系统进行融合，实现多能源系统之间的协同优化管控。在架构层面，能源互联网依托互联网架构，层次分明、结构清晰，实现能源流和信息流的自由交换和共享。在应用场景方面，能源互联网延伸至智慧社区、智能能源管理等领域，实现用户利用能量的便捷化、一体化、互动化，能够形成灵活多样的技术管理和商业运作模式，具有更大的发展空间和更多的商业形态。

2. 智能电网对能源互联网的支撑

智能电网是功能强大的能源转换、高效配置和互动服务平台，将为能源互联网发展及其他能源的接入提供基础支撑。

（1）能源大范围优化配置。智能电网具有广泛互联、坚强的电网骨干网架，能够促进各类能源集中与分散并存的高效开发、优化配置和有效利用，是实现能源大范围优化配置的基础平台。中国在大容量远距离输电、输电设备状态监测以及直升机、无人机、机器人输电线路智能巡检、输电线路冰冻灾害预防和治理、柔性直流输电、智能变电站、配电自动化、调度智能化等领域进行了一系列的研究与实践，对供电可靠性和能源大范围优化配置能力的提升具有重要作用。

（2）促进荷网源互动、提高间歇性电源的利用程度。智能电网注重利用信息通信技术促进源网荷互动，以适应风电、光伏发电、分布式电源大规模接入和各类用户智能终端即插即用的需求。

（3）支撑商业模式创新。智能电网通过电网运行和信息共享以承载市场机制和丰富的交易产品，为开展灵活的电能服务商业模式及衍生的各类增值业务奠定基础。目前中国已在智能电能表、用电信息采集系统、电力光纤入户、营销互动服务、需求侧管理、用户侧分布式电源、电动汽车充换电设施等方面开展了系列工程实践。

（4）提供技术和标准保障。智能电网将为各类储能、信息通信、智能配用电等设备设施提供通用技术支撑，为多类型终端设备、多利益相关方之间的交互操作提供统一标准。当前中国智能电网核心技术和装备整体已经实现了从“技术跟随”到“技术赶超”，正在实现从“技术赶超”到“技术引领”的跨越。

第四章

智慧城市供电新理念新技术

第一节　智慧城市对城市电网的新需求

一、智慧城市对城市电网的供电服务新需求

（一）应对大规模分布式电源接入

分布式电源（distrubuted generation，DG）是在用户所在场地或附近建设安装、运行方式以用户端自发自用为主、多余电量上网，且在配电网系统以平衡调节为特征的发电设施或有电力输出的能量综合梯级利用多联供设施。常见的分布式电源包括热电冷联产发电、内燃机组发电、燃气轮机发电、小型水力发电、风力发电、光伏发电、燃料电池等。分布式发电接入配电网后，可能会影响到配电网的潮流流向、规划设计、继电保护和电能质量等，会带来系统稳定、弃风、弃光等问题，上述问题主要是由其发电方式的不确定性与波动性造成的，使得传统配电网结构及配电运行方式无法满足。

1. 增加不确定性因素

由于风力发电和光伏发电以风能和太阳能等自然能源为能量来源，而这些自然能源会随着外界环境变化而变化，使得风力发电和光伏发电具有不确定性和波动性。虽然接入DG对于减少电能损耗有益处，推迟电网升级改造，减少其投资费用，但不适当的DG规模与接入位置也可能会造成相反的效果，如增大线路电能损耗，导致网络中某些节点电压的下降或出现过电压。

2. 对配网潮流的影响

我国配电网一般采取闭环设计开环运行的策略，由于配电网一般为辐射状，所以系统运行时潮流从变电站流向各负荷节点，节点电压沿线路依次降低。当DG接入后，为配电网提供了新的电源，电网呈现多电源结构，潮流不再单一由根节点流向各负荷，使得线路可能出现逆向潮流，系统潮流分布和电压分布规律均发生改变。由于配电网多采用阶段式电流保护，潮流的改变将影响继电保护整定工作，造成保护灵敏度下降甚至失去选择性。如果DG注入功率达到一定水平并改变短路水平，还会引起熔断器和断路器的不匹配，影响电力系统的可靠性和安全性。

3. 对电能质量的影响

以风能、太阳能等为能量来源的新能源发电并网给配电网带来了正反两方面的影响。

（1）正面影响包括：

1）电能的就地平衡，减少远距离输电的投资费用与能量损耗；

2）通过合理利用储能装置与分布式电源并网逆变器配合，可以使其参与电网电压、频率的调节。

（2）负面影响包括：

1）由于分布式电源的出力取决于外界环境，具有随机性、波动性和不可调度特性，高渗透率新能源接入的配电网，尤其是较弱的放射形链式低压配电网中分布式电源出力剧烈波动可能引起电压骤降、闪变甚至系统稳定问题。

2）分布式电源出力不可调度，特别当其功率与配电网的负荷逆向分布时，将增大配电网峰谷差，增加调压难度。例如，当分布式电源出力出现峰值而配电网轻载情况下可能发生潮流逆流而导致过电压等问题。

3）分布式光伏并网逆变器中含有大量的电力电子开关器件，会对配电网产生谐波污染。在一些弱配电网中，如果光伏电源渗透率较高，还可能发生谐波的叠加甚至特定次数的谐波谐振，危害配电网的安全运行。

4. 影响配电网规划与投资

分布式电源接入配电网，要求对其连接点上端的既有电网设施进行加强，以有效容纳分布式发电、应对可能的逆电流。另外，如果接在用户设施附近，那么其一定时段用户对电网的净电能需求将降低，会降低既有配电设施的载荷，也会降低对电网容量自然增长的要求。影响存量配电网资产的沉没或搁置成本，安装在用户侧的分布式发电，会对配网的收入产生短期和中期负面影响。因此，在配网收入监管时，必须充分考虑这些影响。

适应社会发展的配电网应该更环保、安全、可靠、经济，同时能够接入大量分布式能源，以及支撑用户与大电网的互动协调。现今配电网的电源主要是交流电。与交流电网比较，一方面，直流配电网更具有经济性，成本更低，因为分布式电源和直流母线仅需要一个电压变换装置，更加方便，可操作性强；另一方面，分布式电源接入直流配电网不需要控制同步运行，因此可以更好地实现环流控制。对当前的电网结构改造优化，建设交直流互联配电网或微电网，以适应未来经济社会高标准的用电需求，是时代的热点和趋向。

（二）应对大量电动汽车充放电接入

过去五年，中国新能源汽车的销售量、保有量均实现百倍增长。充电网络也同样处于快速发展时期，中国已经成为全球最大的充电桩市场。大规模充电基础设施投入运营，电动汽车的无序充电行为，为配电网发展带来新的机遇和挑战。

自然资源保护协会（NRDC）与国网能源研究院有限公司在北京联合发布《电动汽车发展对配电网影响及效益分析》报告，其中指出“车－桩－网”互动模式：“车－桩－网”互动模式能够提高配电网的经济性、安全稳定性和环境友好性，发挥电动汽车移动储能特性，实现削峰填谷，消纳新能源，减少对配电网增容改造的影响，实现经济、社会、环境效益。

电动汽车无序充电行为和“车－桩－网”互动对配电网运行的影响。“车－桩－网”互动可以显著降低对电网最大负荷的影响，促进需求侧资源的协调运行，最大程度消纳新能源，并降低配电网建设改造成本。以一个 2000 户的居民区配电设施为例，在配置充电桩时，无序充电下小区用电总容量要增加 105%，在有序用电模式下用电下仅增加 35%，并减少充电桩成本约 50%。“车－桩－网”互动增强电网灵活性调节能力。电动汽车的停驶特性与电网负荷的爬坡特性存在较好的匹配关系。当早晨电网负荷爬升以及夜间电网负荷快速降低的同时，电动汽车也进入停驶状态，可以通过充电基础设施接入电网，参与电网的削峰填谷。“车－桩－网”互动模式还能够提高配电网的管理效率，丰富电网的服务模式。

建立“车－桩－网”互动对配电网综合效益影响的评价体系。以一个 2000 户的居民区配电设施为例，在“车－桩－网”互动模式下，配电网扩建容量减少约 78%，配电网的资源利用率可提高约 34%，负载率可降低约 42%，并提升事故支撑能力，即配电网发生故障时能够调用的用户资源支撑配电网恢复供电行为的能力。有序充电模式下，节约电网建设成本约 35 万元，外部电网发生故障的时候，电动汽车作为电源向小区其他负荷供电，能够保证小区不停电。有序充电模式可以提高可再生能源消纳能力，增加电网节能减排效益约 50%。

同时为应对充电设施设备的大量接入，特别是直流大功率快速充电桩的接入，如引入直流配电网，减少 AC－DC 的转换环节，或者直接 DC－DC 斩波充放电，减少转换损耗，减少充电设施的硬件投入，对混合交直流配电网的也提出新的需求。

（三）应对大量电能替代项目接入

国家发展改革委、国家能源局、财政部、环保部、住房城乡建设部、工业和信息化部、交通运输部、民航局联合印发了《关于推进电能替代的指导意见》（发改能源〔2016〕1054 号）（简称《意见》）要求在以下几个领域开展电能替代。

（1）北方居民采暖领域，主要针对燃气（热力）管网覆盖范围以外的城区、郊区、农村等还大量使用散烧煤进行采暖的，使用蓄热式电锅炉、蓄热式电暖器、电热膜等多种电采暖设施替代分散燃煤设施。从电采暖的发展方向可以看出，电采暖在整个供暖体系中属于补充供暖方式，未来北方地区居民采暖主要还是依靠热电联产集中供热，特别是背压式热电联产，这是能源利用效率最高的方式。

（2）生产制造领域，生产制造领域的电能替代需要结合产业特点进行，有条件地区可根据大气污染防治与产业升级需要，在工农业生产中推广电锅炉、电窑炉、电灌溉等。

（3）交通运输领域，主要针对各类车辆、靠港船舶、机场桥载设备等，使用电能替代燃油。

（4）电力供应与消费领域，主要是满足电力系统运行本身的需要，如储能设备可提高系统调峰调频能力，促进电力负荷移峰填谷。

“十三五”期间，将全面推进上述四个领域的电能替代，实现能源终端消费环节替代散烧煤、燃油消费约 1.3 亿 t 标煤，带动电煤占煤炭消费比重提高约 1.9%，带动电能占终端能源消费比重提高约 1.5%，促进电能消费比重达到约 27%。预计可新增电量消费约 4500 亿 kWh，减排烟尘、二氧化硫、氮氧化物约 30 万、210 万、70 万 t。

电能替代需要从配网改造、设备投资、项目运行入手，在配电网建设改造方面，一是将合理配电网建设改造投资纳入相应配电网企业有效资产，将合理运营成本计入输配电准许成本，科学核定分用户类别、分电压等级输配电价。二是国家“十三五”的配电网改造

资金中将拿出一部分用于电能替代配套电网改造，配电网企业也要安排专项资金用于红线外供配电设施的投资建设，并建立提前介入、主动服务、高效运转的“绿色通道”，按照客户需求做好布点布线、电网接入等服务工作。在设备投资方面，一是鼓励各地利用大气污染防治专项资金等资金渠道，支持电能替代。二是鼓励电能替代项目单位积极申请企业债、低息贷款，采用 PPP 模式，解决融资问题。在项目运行方面，一是扩大峰谷电价价差，合理设定低谷时段，降低低谷用电成本。今后还将结合电改进程，推动建立发输供峰谷分时电价机制。这些措施对利用低谷电进行蓄能供热的项目具有实质意义。二是鼓励电能替代企业与风电等各类发电企业开展双边协商或集中竞价的直接交易。通过直接交易，电能替代项目可以按有竞争力的市场价格进行购电。三是创新辅助服务机制，电、热生产企业和用户投资建设蓄热式电锅炉，提供调峰服务的，将获得合理补偿收益。

（四）应对大量储能项目接入

储能技术是涉及多学科的不断更新换代的战略性前沿技术。波动性、间歇性可再生能源的大规模接入引发电网稳定性，需要借助储能手段提高接纳能力。传统扩容方式受限于输电走廊布局等资源限制与负荷需求不断增长之间的矛盾，引入储能可以有效缓解矛盾，并延缓设备更新投资，提高网络资源和设施利用率。

近年来，储能技术的发展不仅使储能技术参数得到快速提升，更重要的是使储能价格降低到了一个可接受水平，为其在配电网中的商业应用提供了可能性，各国投资建设的储能示范项目也为运营管理储能设备提供了丰富的经验。储能技术有助于需求侧管理、调节峰谷差，可以为电网提供灵活的调节手段，随着智能电网概念的兴起，其应用场景越来越广泛，加之各国政府都在政策上予以支持，近年来储能技术有了长足发展。储能形式可分为 4 类：机械储能、电化学储能、电磁储能和相变储能。目前技术较为成熟应用也较为广泛的有三种：抽水蓄能、电池储能、压缩空气储能。就应用场合来看：在上述储能技术中，抽水蓄能容量大，比较适用于电网调峰；电池储能响应速度快能量密度高，比较适用于中小规模储能和协调新能源发电；超导电磁储能和飞轮储能能量密度、功率密度大、转换效率高，比较适用于电网调频和电能质量保障。

储能系统的并网点往往是采用直流电压，和大多数分布式电源类似，需要有相应的直流配电网进行支持，减少 DC－DC－AC 的转换损耗，对配网的电压形式也提出了新的需求。

（五）应对信息的大规模交互

当今的电网已经进入智能化时代。智能电网广泛使用广域传感和测量、高速信息通信网络、先进计算和柔性控制等技术，实现发电、输电、变电、配电、用电和调度六大环节的信息化、自动化、互动化。在智能电网中，越来越多的电力设备采用嵌入式系统结构，大量的电气设备、数据采集设备和计算设备通过电网、通信网两个实体网络互连。随着电网自动化系统、大容量传输网、泛在传感网的建设，以及与互联网、能源网等深度融合，智能电网将形成广域协同、具有自主行为的复杂网络，从而需要构建电网信息物理融合系统（Grid Cyber－physical Systems，GCPS）。GCPS 通过电网信息空间与物理空间的深度融合和实时交互来增加或扩展新的功能，以安全、可靠、高效和实时的方式监测或控制电网物理设备或系统。

作为一种新的技术理念，GCPS 为实现电网智能化的目标提供了新的思路和实现途径，电网信息空间与物理空间的虚实融合将成为常规的系统形态，可从以下几方面进一步提高电网运行效率与服务价值。

（1）GCPS 除了现有的调度、生产、营销等信息采集传输系统外，还可以通过智能化电力设备、工业级传感网、智能家居等，实现多物理量或数据的广泛采集和共享；突破传统专业之间的数据壁垒，使跨越时间、空间、物理环境的协同成为可能，实现对电网状态的深度认知，对数据资源的高效利用。在 GCPS 的系统构架下，可合理、充分地综合各类信息进行快速、准确的故障诊断，从而减少电能中断时间和增强供电可靠性。此外，GCPS 还将可能与其他社会网络，如交通网络，实现多种跨行业的协同控制。

（2）GCPS 将显著提升电网的自组织、自适应的能力。电网是一个复杂的信息物理基础设施，在智能电网环境下信息通信网承载的业务日益复杂繁重，已成为电网生产运行与监测控制不可分割的一部分。GCPS 将通过信息与网络的融合，支持全局优化与局部控制的协同。此外，GCPS 具有自适应功能，对负荷控制、设备特性和用户偏好等信息有比较准确的把握，可实现对物理设备的局部控制和控制中心对参数的在线调整，具有自动排除各种系统故障（包括物理系统故障和信息通信系统故障）、保证系统正常运行的能力。

（3）GCPS 将使电网具备大规模分布式实时计算的能力。电网的特征是能量产生及消耗瞬间保持平衡，电网的任何关键的动态变化都对电网的可靠性和控制的实时性提出相当高的要求。GCPS 将综合物理电网的连续模型与计算机的离散模型，突破传统集中式计算平台的约束，通过物理设备中嵌入的计算部件与中央监控系统的信息融合以及计算进程与物理进程的交互，使电网具备大规模分布式实时计算的能力，为解决大规模分布式设备的实时协调优化问题提供了新途径。

（4）GCPS 将增强电网抵御安全威胁和风险的能力。GCPS 将兼顾信息空间安全和物理实体安全，创新分析信息物理交互影响的耦合性风险，极大提高电网的安全性。电网和信息通信网构成了双层复杂网络，GCPS 将通过对网络理论、故障传播模型、分析方法以及可信计算、安全芯片技术的研究，建立不同防护手段的相互协调机制，发展与物理网络相适应的信息通信网络规划与运行方法，实现信息空间和物理空间的协同安全保障。

未来电网是广域范围内的能量传输平台和市场互动平台，是一次能源及终端用户之间的枢纽和桥梁。未来的能源互联网，将是以电网信息物理融合系统为基础，以可再生能源为主要一次能源，与天然气网络、交通网络、储能装置等其他系统紧密耦合形成的复杂多网流系统，统筹协调各种能源的互补关系，形成能源、电力、信息综合服务体系。

二、技术革新对城市电网发展的推动

（一）特/超高压直流柔性输电技术对电网的影响

在过去的数年间，随着电力系统的高速发展，与之相配合的电力电子技术也取得了飞速的进步；而可控晶闸管、IGBT 等电力电子器件在电力电子换流器中具有广泛的应用；随着换流器技术的逐渐成熟，直流输电技术的研究与应用也在世界各地广泛开展，新型直流输电技术在应用于长距离、大容量输电和可再生能源以及分布式电网运行等场合时具有关键作用。

20 世纪 60 年代，半导体工业飞速发展，相比贡弧阀，半导体元器件在生产工艺、运

行检修、产品实验等方面都有很大的优势和便利，因此随着大容量可控晶闸管的问世，晶闸管换流技术逐渐取代了传统的贡弧阀换流技术。同时，也使得直流输电工程的运行性能和运行可靠性大大提高，具有更高的可控性与更低的损耗，因此直流输电技术也进入了晶闸管换流时期。

在当时的直流输电技术中，广泛应用的是电网换相换流器技术（line－commutated convert，LCC）。几十年来，LCC 技术被运用于各种高电压等级、大功率传输的直流输电工程当中，经过数十载的发展与实验，LCC－HVDC 技术已经相当成熟，锦屏—苏南直流工程已经达到±800kV、6400MW 的传输水平。由于现代 HVDC 输电具有很强的快速性与灵活性，相对于传统交流输电，LCC 具有远距离输电、大容量输电、调节快速的优点。

20 世纪 90 年代，电力电子技术经过了长足的发展，随着电压源换流器（voltagesource converter，VSC）的问世与成熟，以及发展迅速的半导体开关技术，使得 VSC 向高电压等级、大输电容量领域发展。VSC－HVDC 的技术优势体现在采取了具有自关断能力的电力电子器件诸如 IGBT、GTO 等构成的自换相换流器，使得换流站的换相等动作不受交流系统的制约。而高压大功率 VSC 拓扑结构的发展，由于新型的换流器不需要工作在有源逆变状态，且换流器站也不需要大量的无功补偿，这使得 HVDC 和 FACTS 系统的应用领域更加广泛。从此，柔性直流输电系统作为一种新兴的输电技术开始进入大发展的商业应用阶段。

（二）直流配电网对电网的影响

电力系统诞生之初，主要的配电方式就是直流，但是由于当时技术的限制，直流输配电工程电压等级低、传输容量小，因而交流配电逐渐取代直流配电成为主流。

20 世纪末，随机电力电子技术的快速发展，技术和经济优势逐渐显现的直流供电技术又开始受到专家学者的重视。许多国家都已经展开关于直流配电网的相关研究，并提出了多种直流配电网的结构和发展方向。

相关研究显示：直流配电具有提高供电容量，降低线路损耗，减小线路成本，改善供电质量，提高供电可靠性，隔离交直流故障，便于分布式电源和直流、变频负荷接入，降低输电线路对环境影响等优点。

（三）电化学储能技术的发展对电网的影响

电化学储能具有能量密度高、响应速度快、维护简单、配置方式灵活等优点，是现阶段大规模储能技术中的研究应用热点。由于与新能源发电相结合的多为蓄电池储能技术，下面仅介绍蓄电池储能。

电池储能的能量转换原理是通过电池正负极间的氧化还原反应完成电能与化学能之间的转换，蓄电池的主要种类有铅酸、镍镉、锂离子、钠硫和镍氢电池，其中铅酸和镍镉电池因为污染的原因，正在逐渐被其他电池取代。蓄电池储能响应速度快，不同种类电池又有各自的优势。

从目前的技术发展程度来看，比较有竞争力的储能电池为锂离子电池、液流电池以及钠硫电池，其中钠硫电池又是现阶段最具竞争力，应用市场最大的储能电池。原因如下：锂离子电池在成本上居高不下，另外其安全性能也有待进一步提高；液流电池虽然较之锂离子电池有成本优势，在电网大规模储能技术应用中的前景也较好，但由于其电池结构相对比较复杂，需要对电解液、电极极板特别是离子交换膜等进行技术攻关，进一步提高电池性能并降低建设费用。钠硫电池拥有能量密度高，循环寿命长、能量转换效率高等优势，而且没有明显短板，是目前示范工程较多研究较为集中的储能电池。

电化学储能技术由于建设灵活方便，能量密度大等优势，成为兆瓦级储能示范工程中应用最多储能技术类型；而在兆瓦级储能示范工程应用领域中，辅助新能源并网成为最热门的应用方向，其他热门领域包括输配电、辅助服务等。

（四）通信技术的发展对电网的影响

配电通信网是指：覆盖 220kV 及以下变电站、10kV（或 20kV/6kV）开关站、配电室、环网单元、柱上开关、配电变压器、分布式能源站点、电动汽车充电站和 10kV（或 20kV/6kV）通信线路及设备组成的，由终端业务节点接口到业务主站之间的一系列传送实体。实现配电业务终端与系统间的信息交互，具有多业务承载、信息传送、网管等功能。配电通信网逻辑结构图如图 4－1 所示。

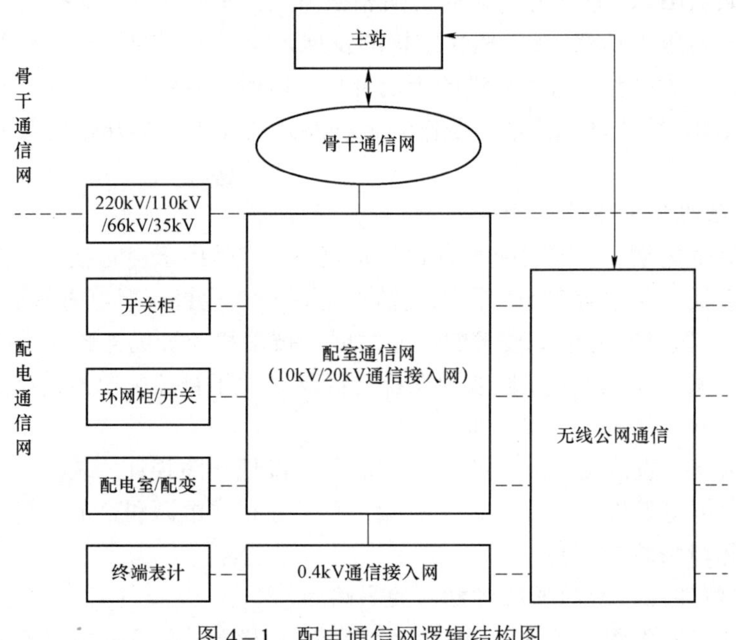

图 4－1　配电通信网逻辑结构图

20kV 及以下配电网主要的通信方式包括光纤专网、中压电力线载波、无线专网、无线公网等通信方式，如表 4－1 及图 4－2 所示。

表 4－1　配电网通信方式

电网	通信网	具体定义	通信方式
中压配电网	20kV 及以下中压通信接入网	范围为变电站 10kV 出线至开关站（开闭所）、充电站、环网单元（柜）、柱上开关、电缆分支箱、（配电室、柱上、箱式）10kV 变压器等	光纤专网、中压电力线载波、无线专网、无线公网等多种通信方式
低压配电网	0.4kV 通信接入网	范围为变压器 0.4kV 出线至用户表计、充电桩、营业网点、电力光纤到户室内终端等	分为远程通信信道和本地通信信道，远程通信信道包括载波、无线公网等，本地通信信道包括 RS485 等

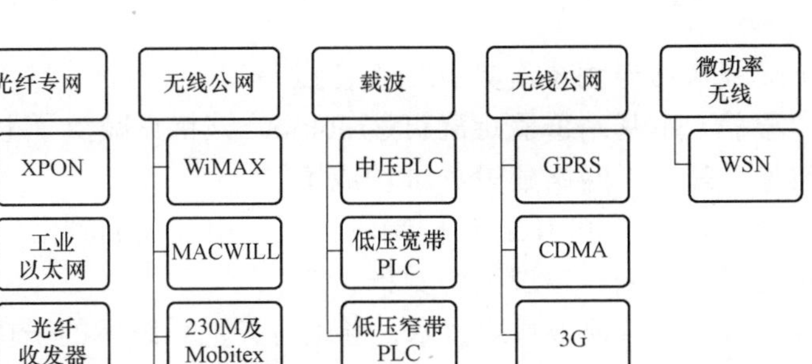

图 4-2　配网通信方式

1. 无线通信技术

目前电力主要采用光纤和无线方式对配用电业务进行远端通信支撑。对于中低压配电业务，目前以无线公网为主、光纤和无线专网相结合的混合组网方案，以满足不同环境下的配用电通信需求。由于无线公网发展较成熟，租用公网信道具有前期投资少、建设周期短、可满足配用电业务快速部署和业务开展的要求，因此多地电力公司采用租赁 GPRS 公网信道方式开展配用电业务。但随着电力配用电业务的大规模开展，常用的 GPRS 无线公网也逐渐暴露出诸多问题，如采集成功率低、存在信息安全隐患、不同的电力业务无优先级保障等，现有其他通信方式也无法满足电网日益发展的配用电业务需求。为智能电网配用电业务提供安全、可靠的信息传输通道成为目前急需解决的一个问题。

2. 新型 230MHz 无线宽带专网

新型 230MHz 无线宽带专网定位在配用电领域，为用电信息采集、负荷控制、配网自动化、应急抢修等业务提供无线通信解决方案，满足智能电网发展的要求。

该系统将电网已有的 230M 频段离散频谱与先进的第四代（4G）移动通信技术（TD-LTE）相结合，采用深度定制策略，通过采用离散频谱聚合、频谱感知等技术，大幅提高了无线频率资源（230MHz 频段）的使用效率，在窄带频谱上实现宽带数据传输，为电力系统行业提供无线宽带通信接入。新型 230MHz 无线宽带专网系统构成如图 4-3 所示。

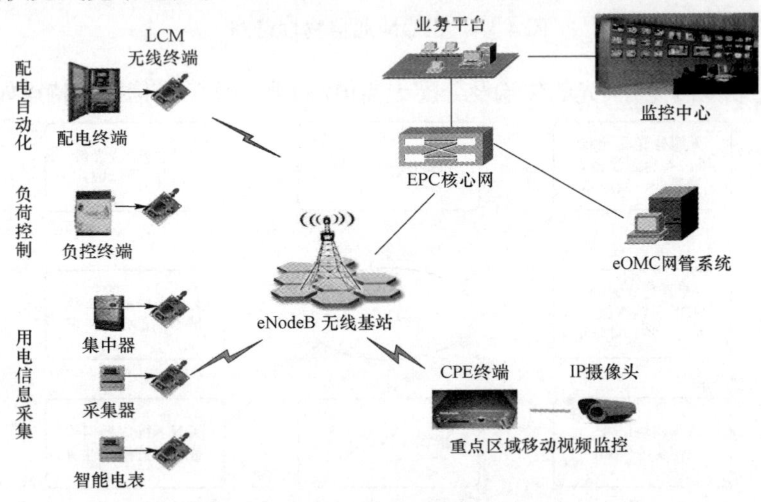

图 4-3　新型 230MHz 无线宽带专网系统构成

新型230MHz无线宽带专网系统具有如下特点：

（1）低成本广覆盖。单基站覆盖距离可达30km。该特点减少了电力无线专网部署中所需的无线基站数量，降低了网络建设和维护成本。

（2）工作于电力已有的230MHz负控频段。无需申请新的频谱资源，采用频谱聚合技术将窄带离散频谱聚合起来，实现宽带数据传输。

（3）系统兼容性好。采用频谱感知技术，避免与其他系统间的干扰，实现不同系统的兼容，实现已有系统的平滑升级。

（4）安全性强。作为电力无线专网，采用三层加密机制，保证电力系统的信息安全。

（5）海量实时在线终端用户。系统单扇区支持的用户数为2000，满足配用电海量终端节点监控的需求。

3. 光网络通信技术

EPON是基于以太网无源（光的传输及分配无需电源）光网络，是一种采用点到多点（P2MP）结构的单纤数据双向传输的光纤通信技术。其网络架构如图4–4所示，主要由ONU光网络单元，POS无源分光器，OLT光线路终端，ODF光纤配线架，光缆组成的手拉手对射链式通信光路，来完成信息的单纤数据双向传输。

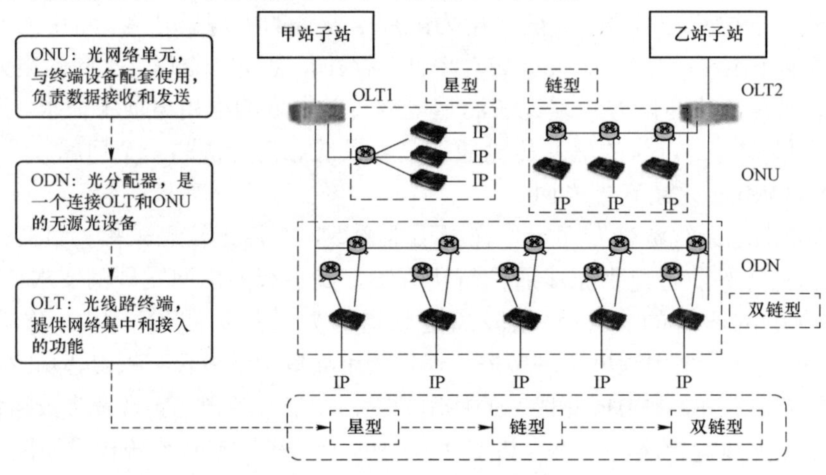

图4–4　EPON通信物理链路

EPON基于以太网无源（光的传输及分配无需电源）光网络的通信技术特点如图4–5所示。

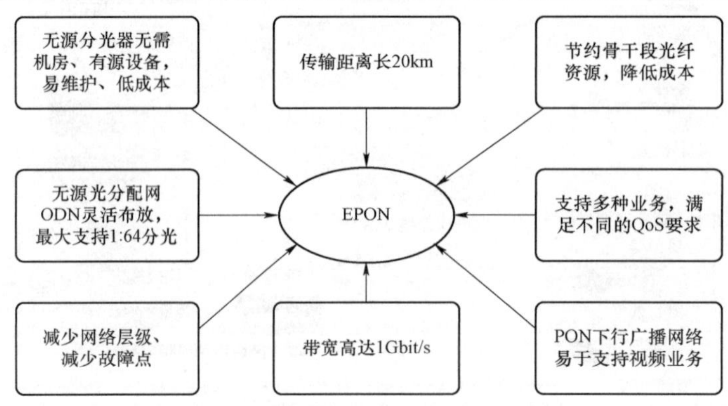

图4–5　EPON通信技术特点

第二节　智慧城市供电新理念

一、城市主动配电网

主动配电网（active distribution network）是由分布式电源、负荷、储能系统和控制装置构成的配电系统。主动配电网的特点主要有：① 含有大量中小容量的分布式电源；② 功率是双向流动的；③ 能够实现自我控制、保护和管理等功能。微电网（microgrid）可以说是主动配电网的一种特殊形式。

主动配电网的结构可以分为三类：① 传统交流配电网与各微电网的并网互联；② 传统配电网通过基于电压源换流器（voltage source converters，VSCs）的柔性直流技术，与直流配电网相连，构成交直流混合配电网；③ 传统交流配电网、微电网、直流配电网的混合相联。

（一）微电网

最早提出微电网概念的是美国电气可靠性技术解决联合会（Consortium for Electric Reliabiltiy Technology Solutions，CERTS），其定义为：微电网由负荷和微源构成、能进行热电联供的小型独立电网；微源大多通过并网逆变器实现灵活的供电；其控制的灵活性使微电网能作为大电力系统的一个受控单元，以满足微电网内部负荷对可靠性和安全性的要求，如图 4－6 所示。

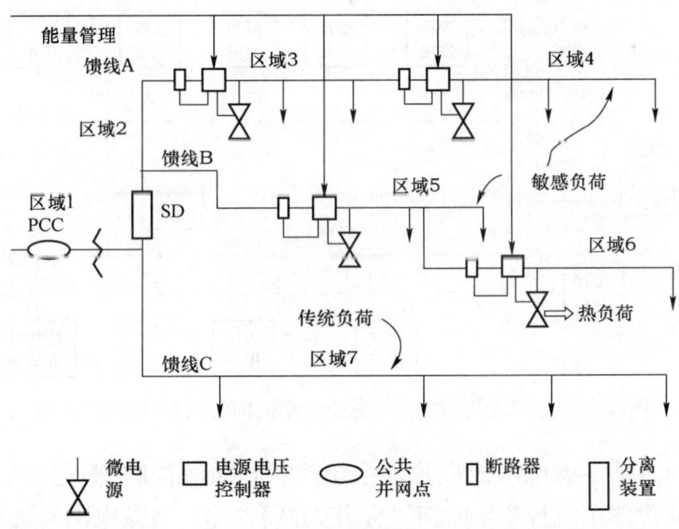

图 4－6　美国电气可靠性技术解决联合会定义微电网示意图

欧盟则认为：微电网是使用微源和储能装置，通过电力电子装置调节微源和储能输出功率，能够实现冷热电三联供的小型电网，如图 4－7 所示。欧盟更追求可再生能源的利用和减少碳排放，认为微电网是未来电网的支撑，在 2006 年欧盟提出了“智能电网”计划的技术实现方案，要求微电网具备友好、互动和多元负荷的特性，美国 CERTS 更关注微电网的用电质量、用能效率和供电安全，实现微电网不同模式间的自动无缝切换，并保证微电网离网状态下电压和频率的稳定性。

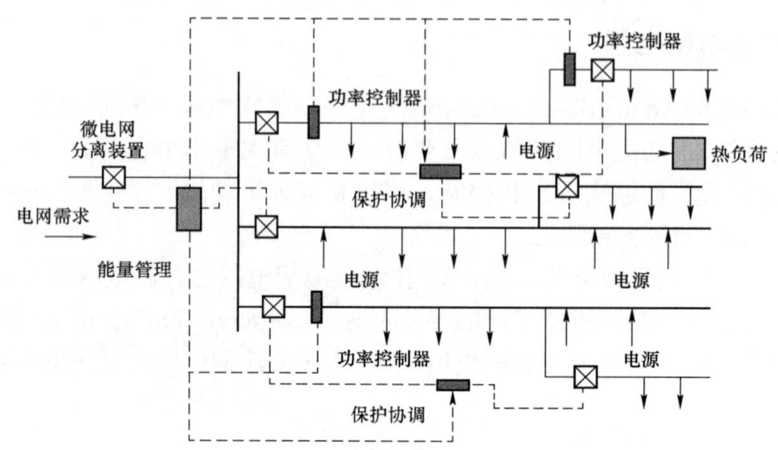

图 4－7　欧盟电气学会定义微电网示意图

日本新能源产业技术开发机构（The New Energy and Industrial Technology Development Organization，NEDO）没有明确提出微电网概念，NEDO 研究微电网的主要目标是：能源供给多样化、满足不同用户的电力需求、减少能源消耗过程中对环境的污染，如图 4－8 所示。

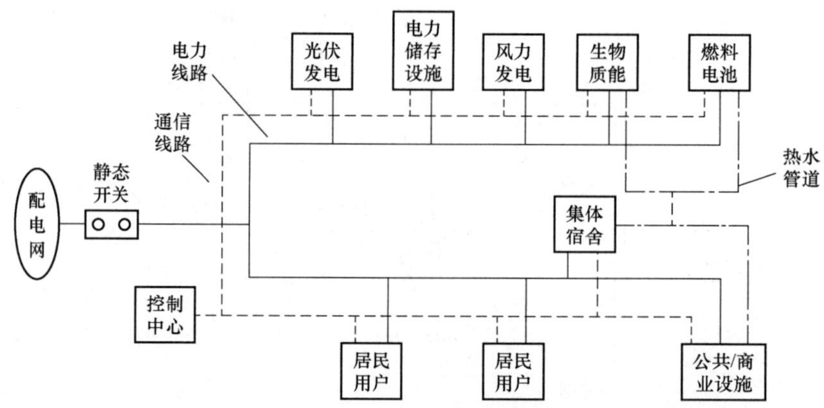

图 4－8　日本新能源产业技术开发机构定义微电网示意图

微电网的控制包括了微电网能量管理系统控制和微源控制。微电网能量管理系统控制类似于电网的能量管理系统控制，控制目标分为两种：① 当微电网与配电网并网运行时，依照电网调度的指令，控制联络线功率；② 当微电网孤岛运行时，在保证微电网电压频率稳定的前提下，尽可能使用新能源的出力。微电网工程采用的控制策略主要有递阶控制和分散控制。有文献提出多代理系统包括一次设备控制代理、二次能量管理系统控制代理和控制辅助代理。一次控制代理直接控制微电网内部的开关设备，决定微电网网络结构；二次能量管理系统控制代理负责控制整个微电网的能量使用，根据负荷和微源的运行状态给出控制策略；控制辅助代理则负责微电网内部的通信和数据存储，以及微电网和配电网的通信服务。还有文献提出一种分层分布式的多代理系统，包括配电自动化主站、微电网能量管理系统和分布式电源控制器的三层多代理系统架构，以保证配电网和微电网故障情况下的供电恢复。

微源是微电网的重要组成部分，为微电网用户提供功率来源，以实现微网孤岛运行时的功率平衡，也是微电网控制的执行者。微源的控制主要是按照微电网能量管理系统给出的控制目标进行功率输出，其控制方式多为 PQ 控制或 VF 控制。

（二）多端柔性直流技术改造交流配电网

多端柔性直流技术来改造交流配电网的主要思路是，在传统辐射状配电网中选取两条或多条馈线，在所选线路的末端连接电压源换流器（VSC），然后多个 VSC 之间通过直流线路进行连接形成直流环节，其结构示意图如图 4－9 所示。

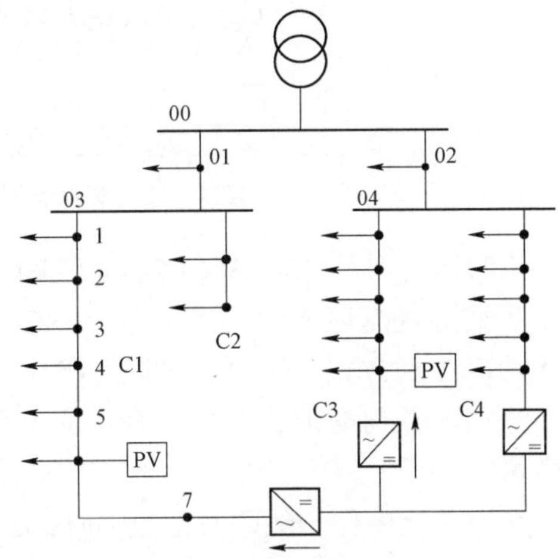

图 4－9　多端柔性直流技术在配电网应用案例

研究表明，通过多端柔性直流技术在配电网中加入直流环节主要有以下优势：

（1）可以持续地调节各线路间的功率流动；

（2）可以独立控制 VSC 的有功功率和无功功率，从而可以对所连接的交流线路进行合适的无功补偿；

（3）VSC 可以起到降低系统低次谐波、改善配电网电能质量的作用；

（4）直流环节可以实现不同线路间的“无缝”连接，而不用考虑它们之间的相角差和电压等级的差距；

（5）由于直流环节具有瞬时电路控制能力，因此加入多端直流环节之后，系统短路电流不会改变，即不用更换已有的保护装置。

（三）交直流混合型的主动配电网

基于多端柔性直流技术的交直流混合配电的网络结构如图 4－10 所示。

采用两个电压源换流器 VSC#1 和 VSC#2 替代原“手拉手”接线的两条线路间的联络开关与交流线路末端相连，VSC#1 和 VSC#2 的直流侧接入到新增的直流环节中。新增直流环节由两个电压源换流器 VSC#3 和 VSC#4、直流母线、分布式电源、储能设备和新增的直流负荷、ACw C 负荷组成。直流母线的接线方式选择供电可靠性较高，且易于扩展的两端式结构，其本质是一个两端式直流配电网。其中，VSC#3 和 VSC#4 与上级高压配电相连，作为直流电源向直流环节供电。所有的负荷、分布式电源和储能设备都按照使换流过程更少的原则接入对应的母线，即原有的交流负荷和新增的交流负荷通过交流变压器接入“交流单元”，光伏电池、小型风力发电机等分布式电源、储能设备以及新增的直流负荷和新增 ACw C 负荷通过适当的换流器接入直流环节的直流母线。另外，原交流线路所接负荷中的直流负荷和 ACw C 负荷也可根据实际情况，选择改接到直流母线。

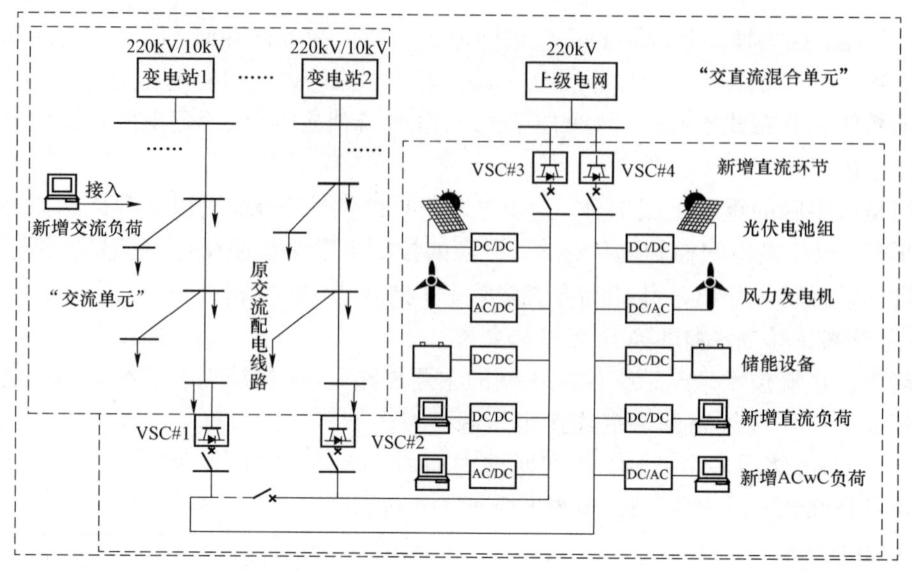

图 4－10　交直流混合型的主动配电网应用案例

正常运行时，VSC#3（VSC#4）采取定直流电压控制方式，作用是保证稳定的直流电压和维持直流环节的功率平衡；VSC#1、VSC#2 和 VSC#4（VSC#3）采取有功功率和无功功率控制方式，作用是根据上级控制系统的指令，灵活调节交流线路与直流环节的功率流动，并向交流线路提供合适的无功补偿，从而改善交流线路的电压分布，提高供电质量。

交流单元中任一线路发生故障时，在直流环节供电能力范围内，直流环节可以通过对应的 VSC 向该线路中非故障段的负荷供电，即"交流单元"的供电可靠性与之前"手拉手"接线时相同，而且由于 VSC 具有隔离交直流故障的作用，另一条正常交流线路以及直流环节的正常运行并不会受到故障的影响。当直流环节发生故障时，即当出现单侧的电源、换流器故障或中压母线故障时，直流母线中部的分段断路器断开，另一侧电源可以继续为非故障侧的负荷供电，从而减小停电范围，而且由于 VSC 具有隔离交直流故障的作用，交流单元和上级电网不会受到影响。

此外，交流单元中的交流线路和变压器不再需要像之前"手拉手"接线时一样留有50%备用容量，可以接入几乎多达一倍的新增负荷，其供电的备用容量由直流环节提供。由于直流环节的直流母线采用两端式结构，VSC#3 和 VSC#4 已经互为备用，若直流环节所接负荷与原交流线路所接负荷大致相等，在配电网 $N-1$ 原则的要求下，直流环节不必增加额外的备用容量，在一定程度上节约了供电走廊。

综上所述，交直流混合配电网的网络结构具有以下优势：

（1）可以有效改善原有交流线路的电压分布和负荷承载能力，提高供电质量，缓解配电网增容时供电走廊紧张的问题。

（2）减少负荷、分布式电源和储能设备并网时所需的换流过程，提高系统能源利用率，减小换流设备投资。

（3）交直流混合配电网网络结构具有较高的供电可靠性。

二、城市电网精益化管理

城市电网建设总体目标是以配电智能化为核心，以智能感知、数据融合、智能决策为主线，以云架构为基础平台，大数据为认识方法，智能分析为决策工具，通过“两系统、一平台”（精益化生产管理系统、新一代配电自动化系统、配电网智能运维管控平台，如图 4－11 所示）的建设，强化全设备、全状态、全过程、全时域四个维度的穿透分析，实现配电设备智能化、运维检修智能化和生产管理智能化，抓住设备状态全管控、业务流程全穿透工作重点，实现城市配电网信息业务的“在线化、透明化、移动化、智能化”，进一步提升精益化管理水平，保障供电的安全可靠和优质服务。

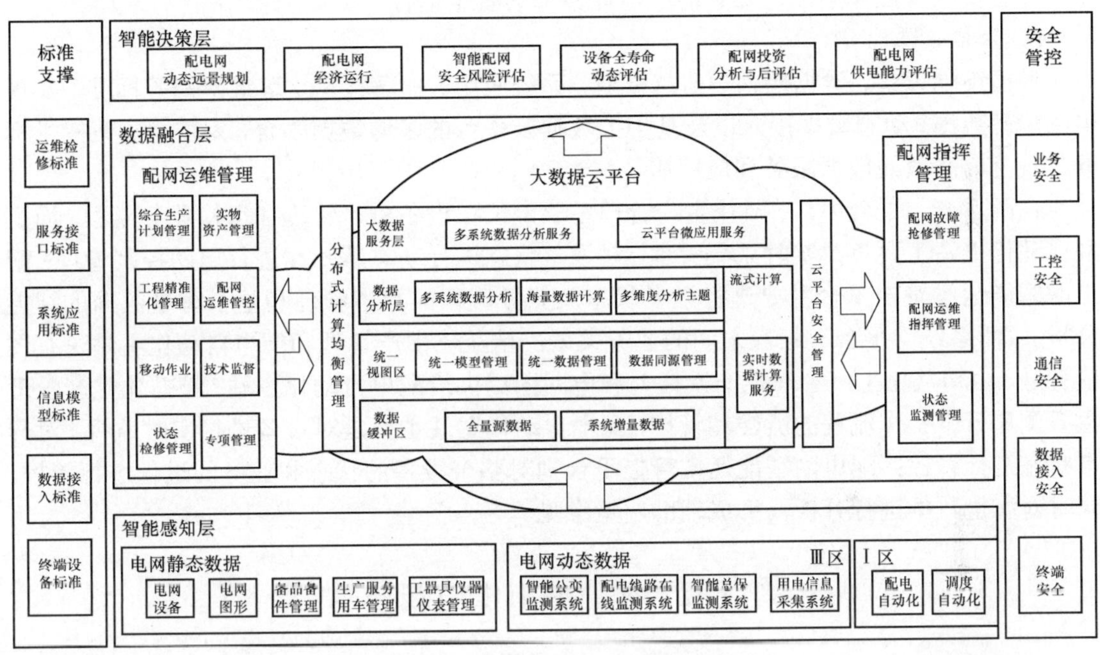

图 4－11　“两系统、一平台”架构

具体特点体现在以下几个方面：

1. 智能感知

电网静态数据的接入主要以配电网设备信息及电网图形信息为核心，结合移动终端采集的电网动态数据，在接入方面，与智能公变监测系统、配电线路在线监测系统、智能总保监测系统、配电自动化及调度自动化系统集成以实现实时数据接入，支撑配网抢修、配网调度运行等业务应用。

2. 数据融合

构建统一标准信息模型，在统一模型基础上，以云计算技术和分布式开源技术共同构建安全、计算、存储、管理及服务多层次大数据应用平台，从而实现以数据服务为核心，均衡计算为实现手段的统一数据服务层，形成屏蔽具体技术产品差异的高效、安全、统一数据处理及分析能力，提供面向配电网不同系统的无差异应用体验。

3. 智能决策

以智能感知和数据融合应用为基础，利用大数据、云计算等新技术，构建配电网动态远景规划、配电网经济运行、智能配网安全风险评估、设备全寿命动态评估、配网投资分析与后评估、配电网供电能力评估等主题应用，支撑配电网科学规划、精准建设、高效运检、精益管理的智能决策，保障配网安全可靠、经济运行，为社会发展提供更优质、便捷的电力供应和服务。

4. 安全管控

以终端接入安全、数据接入安全、通信安全、工控安全、业务安全为关键管控环节，以云平台安全管理为基础保障系统，构建基于云计算架构的“横向隔离、纵向认证”智能配电信息安全管控体系，保障智能配电业务持续安全运行。

5. 标准支撑

遵循终端设备、数据接入、信息模型、系统应用、服务接口、运维检修等标准，实现电网静态数据、动态数据接入以及基于大数据云平台的多源数据融合，为智能决策提供标准、规范、高效的数据服务和应用服务。

在两系统一平台中，精益化生产管理主要定位在设备资产管理和运检业务流程，而配网自动化主站主要负责实时采集管理，对设备状态进行动态感知和进行电网控制管理；配电网智能运维管控平台主要进行设备状态及业务流程的穿透管理和基于海量数据的智能分析。“两系统一平台”相互之间的业务关系：精益化生产管理和配电自动化主站进行图模贯通，由精益化生产管理把一次模型和电网图提供给配电自动化主站；精益化生产管理主要侧重日常工作流程的流转和管控，配电自动化主站主要是对设备进行实时监视，对异常状态进行管控；配电网智能运维管控平台则对整个设备的状态和业务的过程进行管控，同时对海量数据进行分析，形成辅助决策意见。

第三节　智慧城市供电新技术

一、以电为核心的电能转换技术

常见的分布式电源包括热电冷联产发电、内燃机组发电、燃气轮机发电、小型水力发电、风力发电、光伏发电、燃料电池等。由于电能在传输性能、利用效率、清洁效应方面具有巨大的优势，分布式能源均会转化为电能进行再利用。

1. 内燃机组发电、燃气轮机发电、热电冷联产发电技术

用小型或微型燃气轮机和内燃机等设备发电，发电后其高、中温排气用于制热或热冷兼制，这就是热电联产（CHP）或热冷联产（CCHP）。CHP 和 CCHP 包括小型或微型燃气轮机、发电机、余热锅炉和溴花锂（或氨）吸收式制冷机等主要设备。从图 4－12 可看出，压气机、燃气轮机和发电机同轴，运行时经压气机压缩的空气和燃料在燃烧室内燃烧，产生的高温高压燃气进入燃气轮机膨胀做功，带动发电机发电；做功后仍有约 350～500℃的乏气进入余热锅炉，在其中产生的蒸汽或热水一部分供用户所需，另一部分被用于吸收式制冷机产生冷能供用户使用，这就是 CCHP。如燃气轮机乏气的余热产生不了足够的蒸

汽或热水供用户使用，余热锅炉可通过补燃用的燃烧机来调节供热量。系统中燃气轮机也可用柴油机替代，就成为基于柴油机热电冷联产分布式电源。两者都可采用天然气，也可用煤层气、柴油。

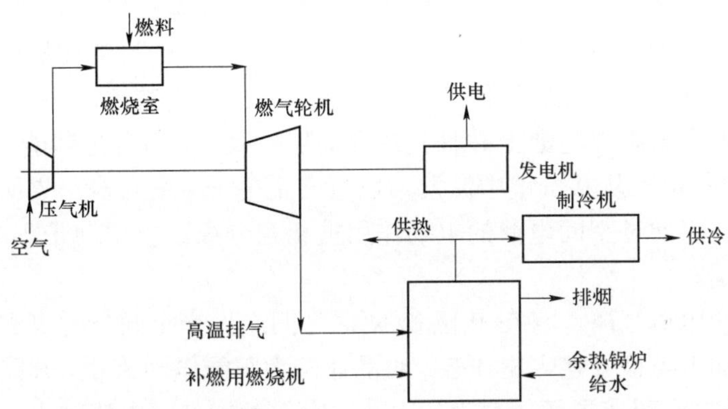

图 4－12　燃气轮机热电冷联产能源系统

2. 风力发电技术

风力发电机是风电场中最基本也最重要的因素，不同的风电机组都有其各自的特点，它们的运行原理、模型结构都不相同，国内一般采用的机型有异步风力发电机、双馈感应式异步风力发电机和永磁直驱式交流同步发电机三种。

（1）异步风力发电机。其结构简单、成本低廉、运行稳定，在我国被大部分风电厂采用。但是作为一种定速恒频机组，由于风速的变化随机性很大，风力机不能一直保持发电机在全额状态下运行，此时不变的运转速度就使得这种风机机组不能最大限度地利用风能，效率比较低。而且异步风力发电机需要在机端并联补偿电容器，用来提供无功功率，以满足风电场在并网时需要达到的功率因数要求。

（2）双馈感应式异步风力发电机。其采用变速恒频系统，风力机可以变速运行，并且有一个比较大的调节速范围，因此能够提高风能的利用效率，使发电机的电功率输出比较平滑，功率因数调节的范围已经可以达到要求。而且与异步风力发电机不同，这种发电机不需要再额外设置无功补偿设备。但是这种机型价格昂贵，一般都需要从国外进口。

（3）永磁直驱式交流同步发电机。对于风力发电机组来说，最容易出现故障的器件是风机里的齿轮箱。而永磁直驱式交流同步发电机不需要齿轮箱，大大减少了风机故障出现的概率，延长了风机的使用年限，降低成本。但是这种直驱式风机需要配合相应的手段来消除运行中出现的谐波问题。目前国内采用这种机型的风电场都需要经过交直交变换后再接入电网。

作为一门跨专业、跨学科的新技术，风力发电涉及空气动力学、电力电子技术、控制理论和机械结构学等多个领域内的多门学科。不管是陆地风电场还是海上风电场，都要涉及风电场内部机组组成与电网接入部分。目前异步风机由于技术成熟，故应用较广，但是随着电力电子技术的不断进步，永磁直驱式风机不断改进，其自身独特的优势也逐渐展现出来，与双馈式风机相比，永磁直驱式风机对电网的兼容性更强，具备较强的电容补偿和低电压穿越能力；没有用在齿轮箱上的维修费用；风速较低也依然可以运行；更安静、高效，更易于更新。此外，由于我国的低速风资源占全国风能资源的近一半，故永磁直驱式风机更适用于我国国情，在以后的几十年中，将会是我国风电场建设的重点。

3. 光伏发电技术

光伏发电是利用半导体界面的光生伏特效应而将光能直接转变为电能的一种技术。这种技术的关键元件是太阳能电池。太阳能电池经过串联后进行封装保护可形成大面积的太阳电池组件，再配合上功率控制器等部件就形成了光伏发电装置。

如果光线照射在太阳能电池上并且光在界面层被吸收，具有足够能量的光子能够在 P 型硅和 N 型硅中将电子从共价键中激发，以致产生电子－空穴对。界面层附近的电子和空穴在复合之前，将通过空间电荷的电场作用被相互分离。电子向带正电的 N 区、空穴向带负电的 P 区运动。

通过界面层的电荷分离，将在 P 区和 N 区之间产生一个向外的可测试的电压。此时可在硅片的两边加上电极并接入电压表。对晶体硅太阳能电池来说，开路电压的典型数值为 0.5～0.6V。通过光照在界面层产生的电子－空穴对越多，电流越大。界面层吸收的光能越多，界面层即电池面积越大，在太阳能电池中形成的电流也越大。

4. 燃料电池发电

燃料电池是一种把燃料所具有的化学能直接转换成电能的化学装置，又称电化学发电器。它是继水力发电、热能发电和原子能发电之后的第四种发电技术。由于燃料电池是通过电化学反应把燃料的化学能中的吉布斯自由能部分转换成电能，不受卡诺循环效应的限制，因此效率高；另外，燃料电池用燃料和氧气作为原料；同时没有机械传动部件，故没有噪声污染，排放出的有害气体极少。由此可见，从节约能源和保护生态环境的角度来看，燃料电池是最有发展前途的发电技术。

燃料电池是一种能量转化装置，它是按电化学原理，即原电池工作原理，等温地把贮存在燃料和氧化剂中的化学能直接转化为电能，因而实际过程是氧化还原反应。燃料电池主要由阳极、阴极、电解质和外部电路四部分组成。燃料气和氧化气分别由燃料电池的阳极和阴极通入。燃料气在阳极上放出电子，电子经外电路传导到阴极并与氧化气结合生成离子。离子在电场作用下，通过电解质迁移到阳极上，与燃料气反应，构成回路，产生电流。同时，由于本身的电化学反应以及电池的内阻，燃料电池还会产生一定的热量。电池的阴、阳两极除传导电子外，也作为氧化还原反应的催化剂。当燃料为碳氢化合物时，阳极要求有更高的催化活性。阴、阳两极通常为多孔结构，以便于反应气体的通入和产物排出。电解质起传递离子和分离燃料气、氧化气的作用。为阻挡两种气体混合导致电池内短路，电解质通常为致密结构。

燃料电池实质是一种电化学装置，其组成与一般电池相同。其单体电池是由正负两个电极（负极即燃料电极，正极即氧化剂电极）以及电解质组成。不同的是一般电池的活性物质贮存在电池内部，因此限制了电池容量；而燃料电池的正、负极本身不包含活性物质，只是催化转换元件，因此燃料电池是名副其实地把化学能转化为电能的能量转换机器。电池工作时，燃料和氧化剂由外部供给，进行反应。原则上只要反应物不断输入，反应产物不断排除，燃料电池就能连续地发电。这里以氢－氧燃料电池为例来说明燃料电池反应原理。

氢－氧燃料电池反应原理是电解水的逆过程，电极应为：

负极：$H_2+2OH^- \longrightarrow 2H_2O+2e^-$

正极：$1/2O_2+H_2O+2e^- \longrightarrow 2OH^-$

电池反应：$H_2+1/2O_2 = H_2O$

另外，只有燃料电池本体还不能工作，必须有一套相应的辅助系统，包括反应剂供给系统、排热系统、排水系统、电性能控制系统及安全装置等。

燃料电池的主要构成组件为电极（Electrode）、电解质隔膜（Electrolyte Membrane）与集电器（Current Collector）等。

（1）电极。燃料电池的电极是燃料发生氧化反应与氧化剂发生还原反应的电化学反应场所，其性能的好坏关键在于触媒的性能、电极的材料与电极的制程等。

电极主要可分为两部分，其一为阳极（Anode），另一为阴极（Cathode），厚度一般为200～500mm。与一般电池的平板电极不同，燃料电池的电极为多孔结构。由于燃料电池所使用的燃料及氧化剂大多为气体（例如氧气、氢气等），而气体在电解质中的溶解度并不高，为了提高燃料电池的实际工作电流密度与降低极化作用，发展出多孔结构的电极，以增加参与反应的电极表面积。多孔结构电极的成功研发也是燃料电池当初所以能从理论研究阶段步入实用化阶段的关键原因之一。

高温燃料电池的电极主要是以触媒材料制成，例如固态氧化物燃料电池（简称 SOFC）的 Y_2O_3 – stabilized – ZrO_2（简称 YSZ）及熔融碳酸盐燃料电池（简称 MCFC）的氧化镍电极等，而低温燃料电池则主要是由气体扩散层支撑一薄层触媒材料而构成，例如磷酸燃料电池（简称 PAFC）与质子交换膜燃料电池（简称 PEMFC）的白金电极等。

（2）电解质隔膜。电解质隔膜的主要功能是分隔氧化剂与还原剂，并传导离子，故电解质隔膜越薄越好，但也需顾及强度，就现阶段的技术而言，其一般厚度约在数十毫米至数百毫米。电解质隔膜的材质主要朝两个发展方向：一是先以石棉（Asbestos）膜、碳化硅（SiC）膜、铝酸锂（$LiAlO_3$）膜等绝缘材料制成多孔隔膜，再浸入熔融锂 – 钾碳酸盐、氢氧化钾与磷酸等中，使其附着在隔膜孔内；二是采用全氟磺酸树脂（例如 PEMFC）及 YSZ（例如 SOFC）。

（3）集电器。集电器又称作双极板（Bipolar Plate），具有收集电流、分隔氧化剂与还原剂、疏导反应气体等作用。集电器的性能主要取决于其材料特性、流场设计及加工技术。

二、以电为核心的电能并网技术

1. 光伏发电系统并网建模

光伏发电系统由光伏阵列、并网逆变器、滤波器、线路、负荷等构成。以并网单级式光伏发电系统为例，其结构如图 4 – 13 所示。

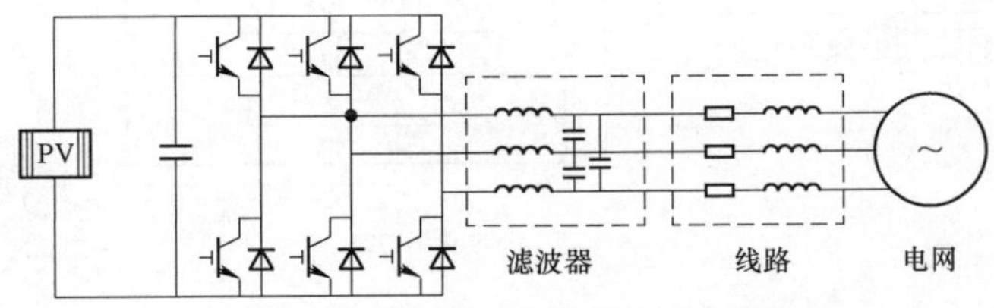

图 4 – 13　并网单级光伏发电系统结构图

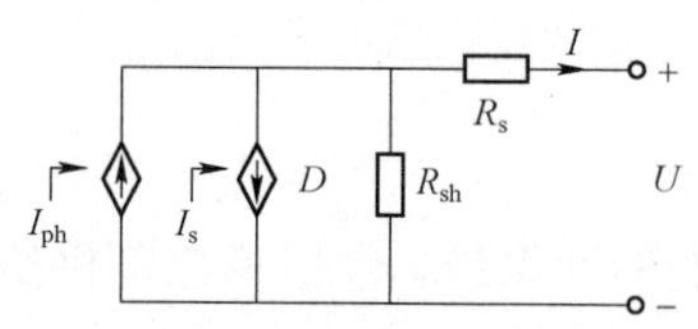

图 4–14 光伏电池等效电路模型

光伏阵列中的光伏电池采用单二极管等效电路模型，如图 4–14 所示，其中 U 为光伏列输出电压；I 为光伏阵列输出电流；I_{ph} 为光生电流源电流；I_s 为二极管饱和电流；R_s 为光伏电池串联电阻；R_{sh} 为光伏电池并联电阻。光伏发电系统的并网逆变器采用 $U_{dc}Q$ 控制，其中，直流电压控制的参考电压值由基于扰动观测法的最大功率点跟踪控制算法（Maximum Power Point Tracking，MPPT）给出。

2. 燃料电池发电系统并网建模

燃料电池发电系统包括燃料电池堆、直流电容、三相逆变器、滤波器、线路以及电网等，其中燃料电池堆的种类较多，且时间尺度较大，考虑到建模仿真的难易程度以及实际应用范围，采用燃料电池的中期动态模型。燃料电池发电系统可根据电力电子装置的不同分为单级式和双级式两种类型，其中双级式结构如图 4–15 所示。

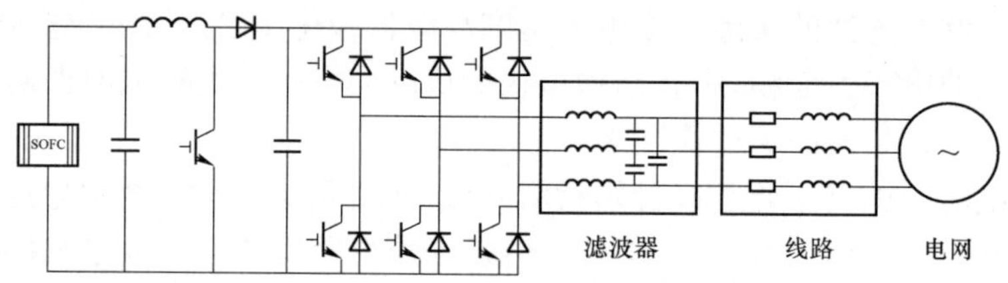

图 4–15 双级式燃料电池发电系统结构图

燃料电池堆模型由量测环节、燃料平衡控制系统、电化学动态部分及电气部分等组成，如图 4–16 所示，N_f 为天然气进气量的流速率（mol/s）；$N_{H_2}^{in}$ 和 $N_{H_2}^{r}$ 分别代表氢气进气量和反应量的流速率（mol/s）；K_{H_2}、K_{H_2O} 和 K_{O_2} 是相应气体的阀门摩尔常数（mol/（s•atm））；τ_{H_2}、τ_{H_2O} 和 τ_{O_2} 是相应气体的反应时间常数（s）。

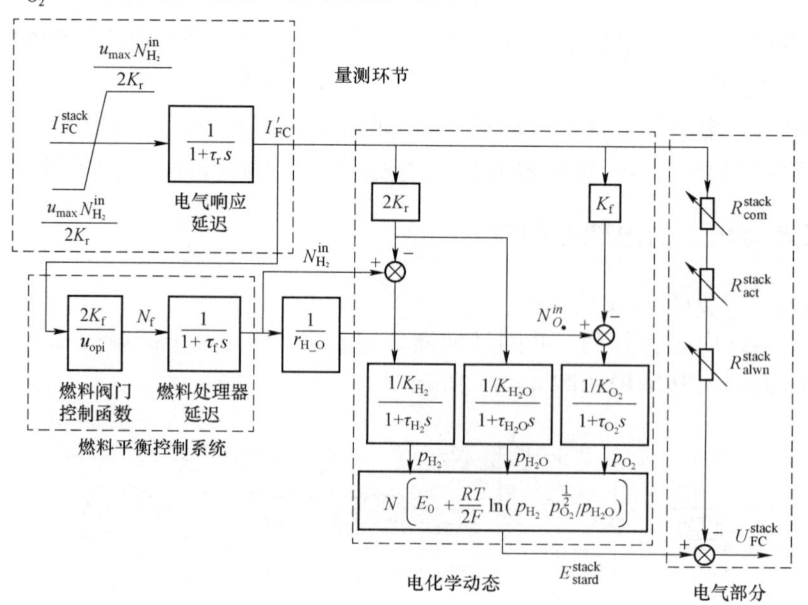

图 4–16 燃料电池堆模型

与单级式光伏发电系统结构相比，双级式燃料电池发电系统增加了升压斩波（Boost）电路。控制方式与光伏系统类似，仍然采用双环控制。通过控制 Boost 电路中 IGBT 的占空比，控制逆变器直流侧的电容电压。燃料电池发电系统的并网逆变器采用直接 PQ 控制，功率参考值预先给定。

3. 风机发电并网建模

现有风力发电场的并网方式一般分为交流并网和高压直流并网，而直流并网又分为传统直流输电并网与轻型直流输电并网。

（1）风电场高压交流并网。风电场交流并网方式的拓扑结构如图 4－17 所示，风力发电机发出的交流电经由机组整合后，再统一接入风电场传输端的交流母线，由升压变压器升压后，通过电缆接入主电网。为了使风电场出口电压稳定在正常的电压水平，需要在风电场母线出线端设置无功补偿装置。小容量的静止无功补偿器已经可以满足一般风电场的要求，新型静止无功补偿器更适于那些要求大容量无功补偿的风电场。

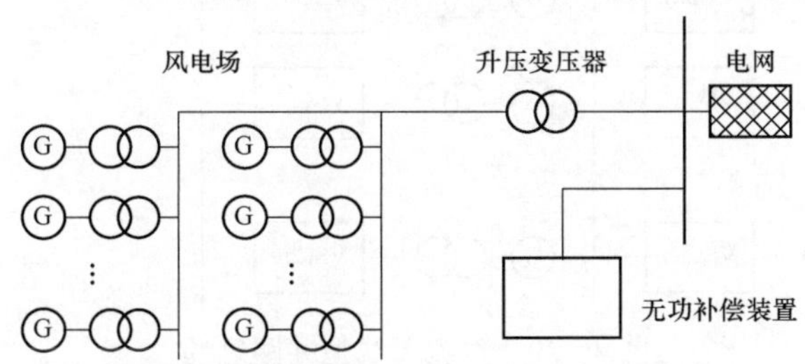

图 4－17　风电并网结构图－高压交流并网

（2）风电场直流并网。随着电力电子技术的进步，晶体闸流管组成的传统换流器正在被由绝缘栅双极型晶体管等全控型器件组成的电压源型换流器逐渐替代。后者又结合了直流输电技术一起构成了轻型直流输电系统。而用于风电场并网的直流输电方式，可以分为集中型、分散型和直流母线型三种。

1）集中型：结构如图 4－18 所示，每一台发电机组的输出端经由风电场整合后由一条输出母线接入风电场换流站。这种方式成本较低，但是不利于风电场的扩建与增容，风能利用率不高。

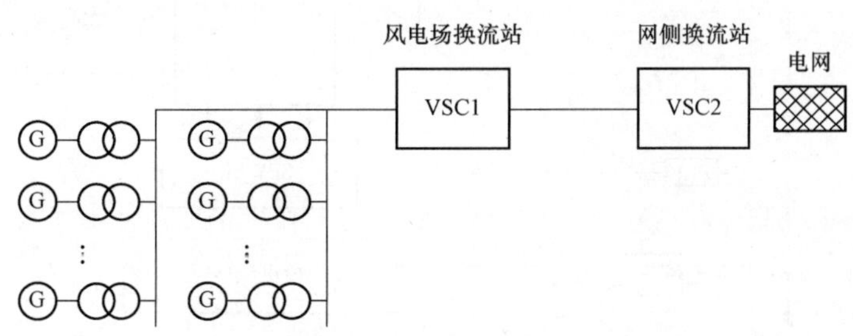

图 4－18　集中型并网风电场

2）分散型：结构如图 4－19 所示，每一个发电机组都独立运行，由各自的直流传输系统和电网相连。这种方式虽然能提高效率，但是成本也骤然上升。

3）直流母线型：结构如图 4－20 所示，每个发电机组都带有自己的整流装置，再由风电场内部的直流母线整合后通过一个逆变站接入电网。这种方式不仅能够提高每一台风电机组的效率，也可以方便地进行风电场的扩建与增容。要注意的问题是逆变站需要承担整个风电场的输出，对设备要求较高。

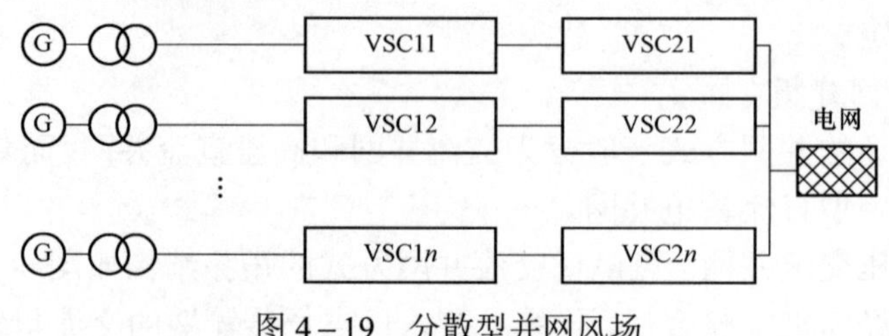

图 4－19　分散型并网风场

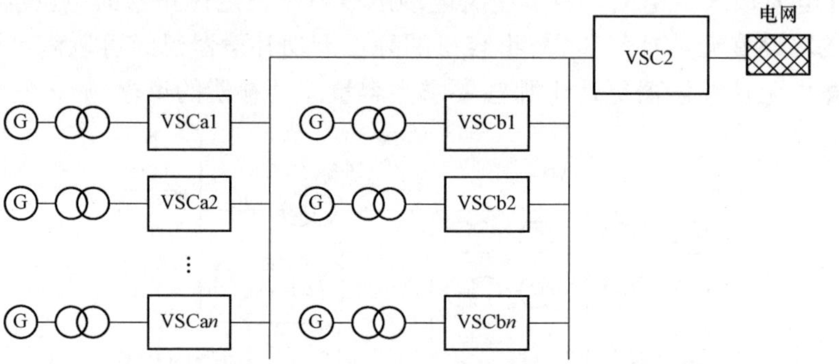

图 4－20　直流母线型并网风场

这里以风电并入直流输电系统为例，其控制策略一般分为两种：一是基于同步旋转坐标系下的直接电流控制策略；二是基于“电压幅值和相位控制”的间接电流控制策略。

直接电流控制可以独立控制系统的潮流，必须要对控制对象先解耦，然后对电流内环和电压外环来说，需要通过 PI 调节形成前馈控制环，这样才能做到稳定直流电压。若要调节系统的有功与无功，就需要设置相应的电流内环与功率外环，它们的控制结构如图 4－21 所示。

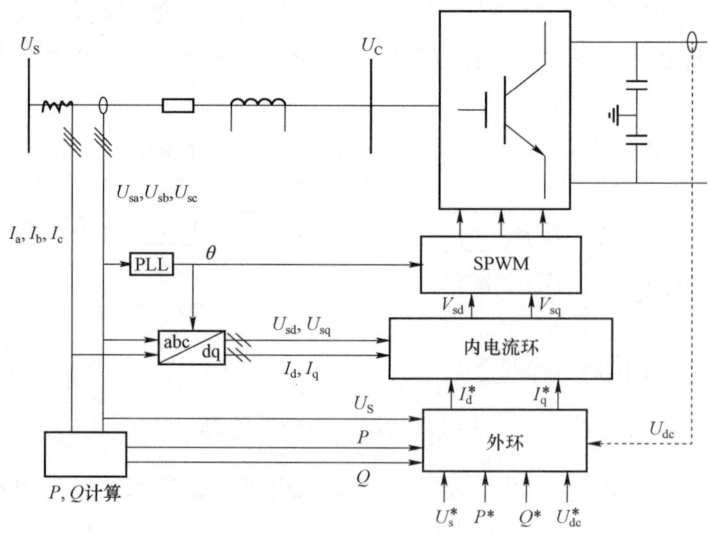

图 4－21　双闭环解耦控制结构图

三、以电为核心的电能管控技术

（一）新一代配电自动化系统

新一代配电自动化系统的定义是：以实现设备感知、状态感知和环境感知为目标，以标准统一的公共信息模型为基础，以“大云物移”新技术为手段，以混合组网通信与可信网络安全为保障，全面建设横跨Ⅰ/Ⅳ区的新一代开放式配电自动化系统，高度集成配电网专业管理信息化系统，大幅提升“变电站－配电线路－配变台区－低压用户”中低压配电网全环节智能化监测与管理水平。其系统架构如图4－22所示。

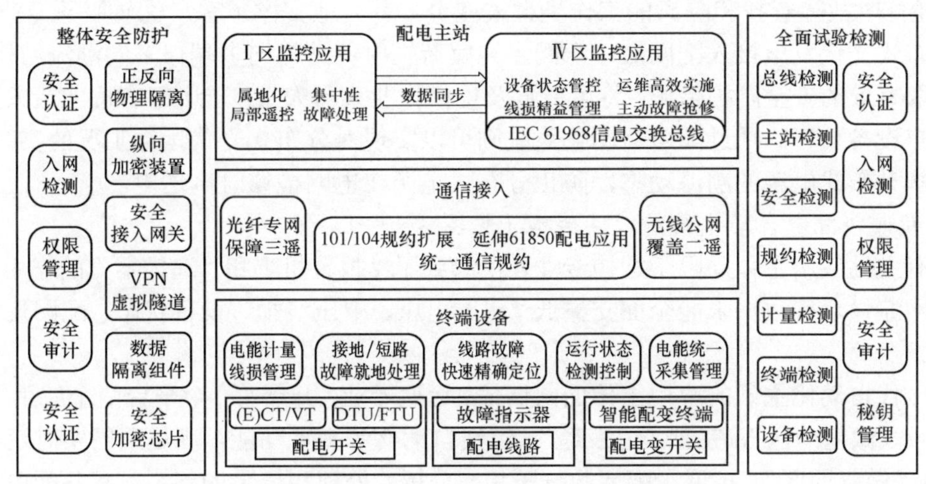

图4－22　新一代配电自动化系统架构

1. 新一代配电自动化系统特点

（1）全图模：点击变电站接线图—供电范围图—区域系统图—单线图—站室图—台区图。

（2）全采集：（点击有量测的图）包括变电站转发、线路上配电终端Ⅰ区采集，故障指示器和台区终端Ⅲ区采集，查看一条曲线。

（3）全展示：前面点击的Ⅰ区和Ⅲ区一致，包括图模和数据。

原有故障处理方式，调度在第一时间感知到故障发生，并在第一时间把故障从配电主干线路隔离出去，恢复配电主干线路的供电，调度对支线的故障处理缺乏控制手段，需要运检做进一步处理，但运检对故障并不能第一事件掌握，在现场故障排查中，由于没有进一步的区段定位信息，导致排查效率低下。新一代主站运检人员可以从短信、三区主站滚动告警，第一时间获知故障的发生以及调度处理情况，结合准确的故障定位信息，高效开展现场故障点排查。故障区域高亮显示。

以往单相接地发生时，调度第一时间通过电压异常得知发生了单相接地，但并不能准确定位发生单相接地的故障点，调度须通过试拉合方式排查故障点。新一代主站能够综合暂态录波型故障指示器录波信息，进行波形分析，定位疑似单相接地区段，由调度员进行区段试拉，快速排除单相接地点。运检人员通过三区主站系统也能够及时得知单相接地故障的处理情况，了解调度对单相接地处理情况，及时并有针对性地派人到现场进行主动巡查。

（4）有效解决配网调控运行管理：配电自动化是配网调度员的“千里眼、顺风耳”，在配网正常运行时，通过监视配网的运行工况，来优化配网的运行方式，合理控制用电负荷，改善供电质量，从而提高设备利用率，达到经济运行的目的；在配网故障时，进行快速诊断、自动隔离，以减少故障停电范围，恢复非故障段供电，提高供电可靠性。

（5）支撑配网运维检修专业管理：包括设备主人管理，运行状态监视，单相接地研判，中低压故障研判，缺陷诊断分析，低压台区监测。

实现配电自动化系统后，线路的平均故障隔离时间从53min降至15min以内，实现全自动馈线自动化的高可靠性区域下降到1min以内。配电自动化实施后，现场操作任务次数显著下降，抢修时故障查找和隔离的工作量大大减少，有力地支撑了客户优质服务专业管理。

分布式光伏发电接入配网后，配网由纯负荷辐射性结构向多端口多向潮流结构转变。若不采取有效的安全防护措施，将可能危及检修作业人员人身安全，并有可能造成配电设备和用户设备损坏。通过配电自动化系统则可以实现对分布式光伏运行工况的实时监控，及时了解分布式电源的潮流动态，防止分布式电源在电网检修时倒送电。

2. 新一代配电自动化系统软件架构（见图4－23）

现有主站应用主体局限于调控专业，仅起到了“报警机”和“遥控器”的作用；所采集的配网海量运行数据未能全面支撑低（过）电压、中压线损、设备状态、配网规划等专业管理。

新一代自动化主站的应用主体面向调控、运检专业，开展“一个平台两个应用”建设。主站建设“做精一区”，完善了“三遥”、馈线自动化等基本功能，满足配网实时运行监控的需求；“做强四区”，扩展了配网数据采集、分析、处理和记录的能力，具备配电变压器运行状态监测、单相接地故障分析、配电终端工况管理、线路和设备重过载分析等功能，全面支撑配网精益化管理。

配网主站系统从传统为调度服务提升至为整个配电专业服务，应用目标由实现配网运行监控向配网精益管理转变。

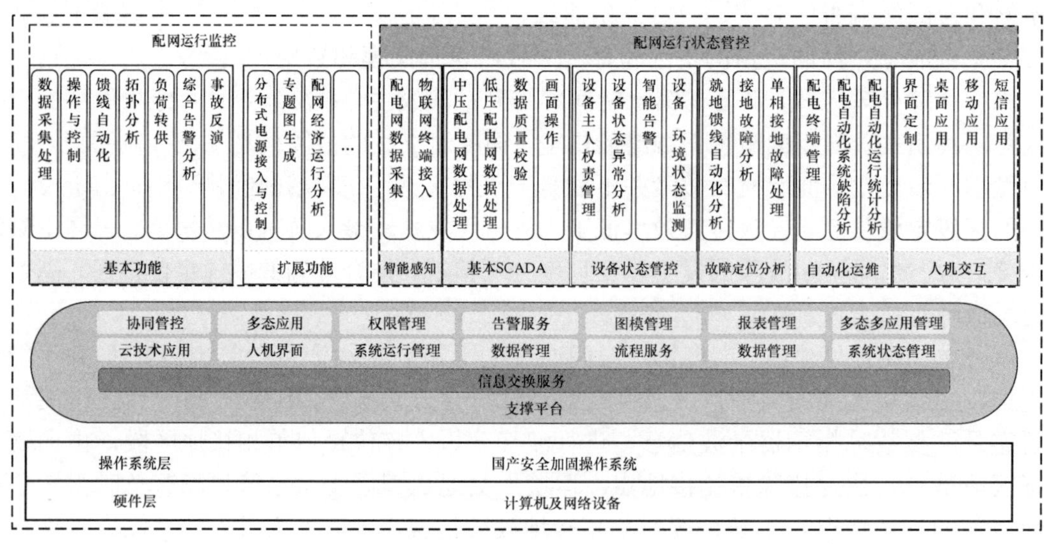

图4－23　新一代配电自动化系统软件架构

3. 新一代配电自动化系统硬件架构

新一代配电自动化系统硬件架构如图 4－24 所示，主要包括 1 区、3 区和安全接入区。3 区在省公司集中部署，1 区和安全接入区在地市公司分布式部署。

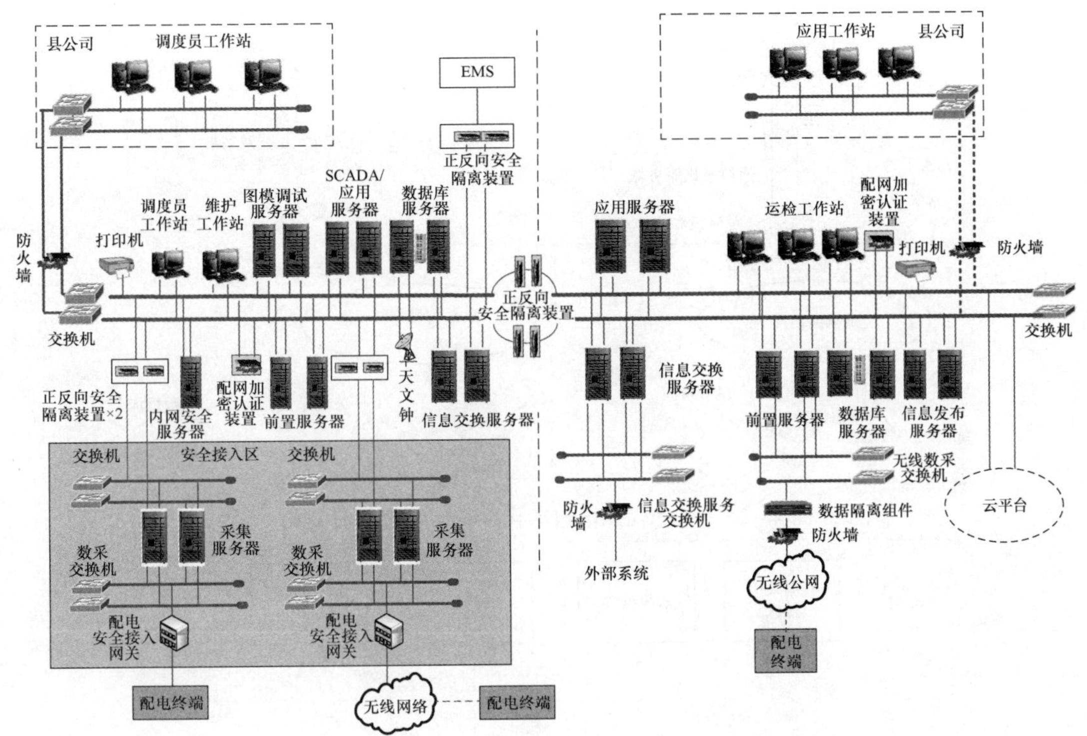

图 4－24　新一代配电自动化系统硬件架构

4. 新一代配电自动化系统数据架构

新一代配电自动化系统数据包含实时数据流和功能数据流，实时数据流架构见图 4－25，功能数据流架构见图 4－26。在这些数据中：遥信变位、故障信息等重要信息实时双向同步；遥测及其他数据采用断面加画面订阅的方式同步；分析应用的结果数据可实时推送或跨区调用；历史数据存储在管理信息大区，生产控制大区可跨区调用历史数据。

5. 新一代配电自动化系统模型数据流

在新一代配电自动化系统模型数据流架构中（见图 4－27）生产控制大区部署模型调试库，外部模型导入调试库，通过调度审核确认后，同步到生产控制大区的数据库服务器，再向管理信息大区数据库同步模型数据，同时将图模数据存入云平台。

（二）网源荷储协调检测与控制技术

网－源－荷（储）协调控制系统分成三层，从下到上依次为设备层（分布式资源）、分布控制层（分布式资源监控系统）、集中决策层（主动配电网网源荷储协调控制系统），如图 4－28 所示。

设备层包括光伏发电、储能和可控负荷。

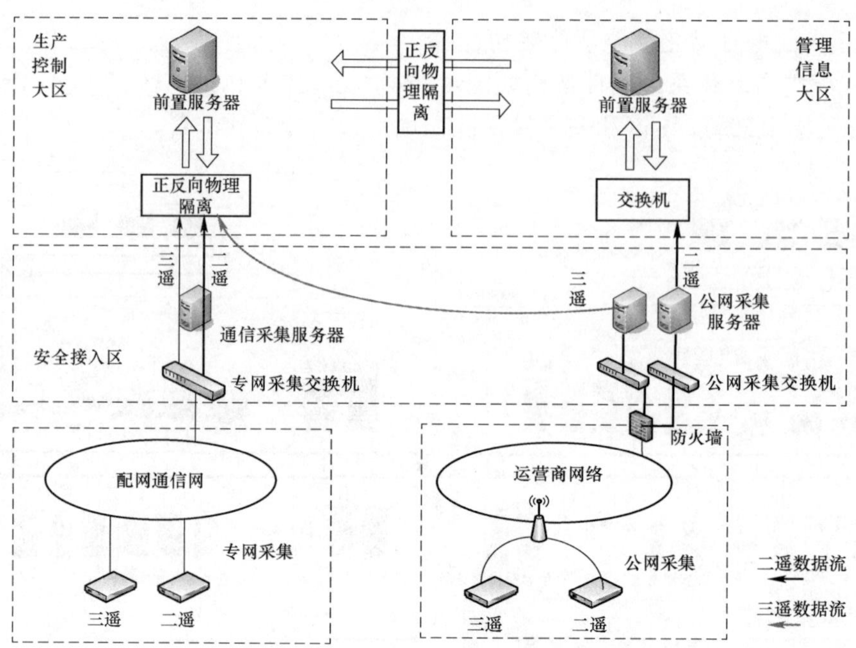

图 4-25　新一代配电自动化系统实时数据流架构

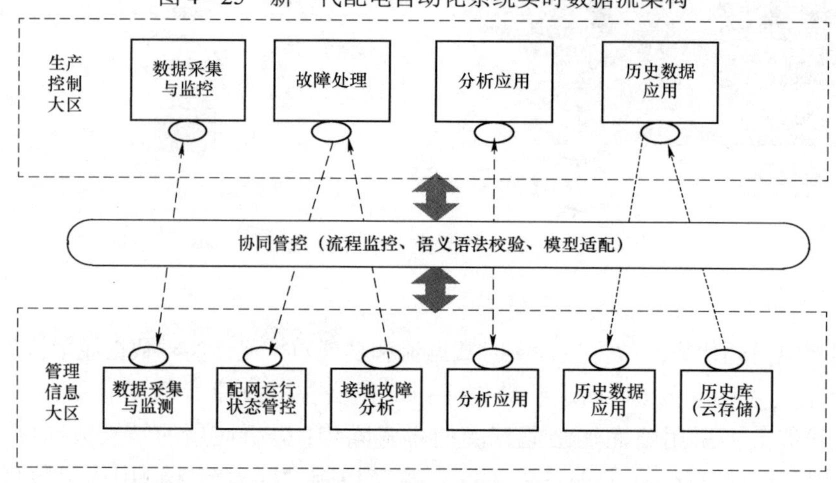

图 4-26　新一代配电自动化系统功能数据流架构

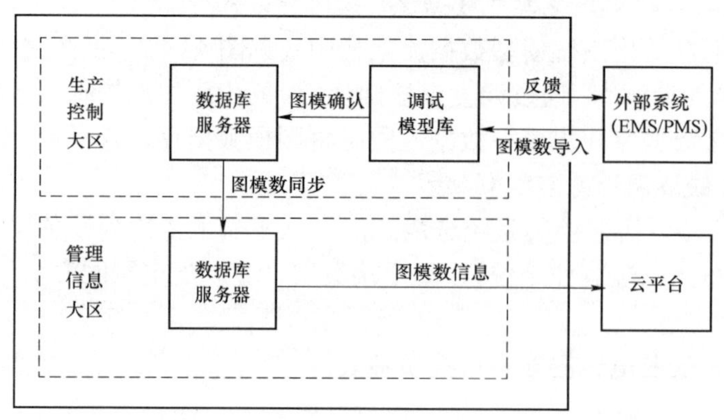

图 4-27　新一代配电自动化系统模型数据流架构

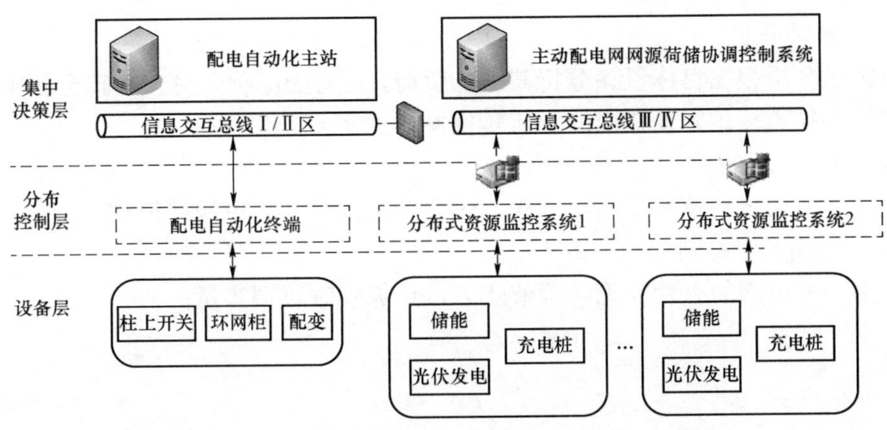

图4－28　网－源－荷（储）协调控制系统总体架构

分布式资源监控系统负责监控开闭所内分布式资源状态和出力，向集中决策层上送采集信息，接收集中决策层下发的控制指令并实际执行；配电自动化终端负责采集和向配电自动化主站/子站上送常规配电设备信息。

集中决策层的配电自动化主站和网源荷储协调控制系统通过正反向安全隔离装置进行信息交互，完成区域资源的调控，实现主动配电网协调优化调控，改善区域电压分布，降低配电网络损耗（变电站作为一个重要的电源节点）。

网－源－荷（储）协调控制系统实现对控制区域内分布式资源的全景综合监视和协调优化控制，适应分布式资源有序、合理、灵活接入和运行，降低配电网网损，提高能源利用效率，提高配电网整体经济效益。

网源荷储协调检测与控制技术包括网源荷储协调优化控制、电压无功协调优化控制、灵活拓扑主动优化重构、负荷转供分析、新能源消纳分析以及系统可调容量分析等功能。

1. 网源荷储协调优化控制

考虑可再生能源消纳、运行经济性、安全稳定等方面，建立主动配电网网源荷储协调优化调度的多目标优化模型，利用分布式发电功率预测结果、负荷预测结果以及配电网实时运行状态，在满足发电负荷平衡、分布式发电能力、储能充放电、电动汽车充放电等约束条件下，对主动配电网的源、网、荷进行协同优化调度，实现主动配电网能源互补和综合利用、可再生能源消纳最大化、经济效益最大化和安全稳定运行的目标。

2. 电压无功协调优化控制

充分利用主动配电网中各种无功控制设备和分布式电源的无功控制能力，通过无功协调控制、配电网络重构等主动管理措施实现馈线电压自动调整，解决分布式能源接入造成的馈线电压分布问题，避免光伏等可再生能源的随机波动和间歇性所造成的电网电压波动和偏差，保障主动配电网供电电压的稳定。

3. 灵活拓扑主动优化重构

利用分布式发电的随机灵活特性，在配电网正常运行状态下，考虑运行经济性和资产利用率，通过主动优化重构和预防校正控制，对配电网拓扑结构进行灵活优化调整，提升主动配电网对可再生能源的消纳能力，规避其对配电网运行的不利影响，提升配电网的安全裕度和抗扰动能力，积极支撑配电网运行。

4. 负荷转供分析

负荷转供分析根据目标设备分析其影响负荷，并将受影响负荷安全转至新电源点，提出包括转供路径、转供容量在内的负荷转供操作方案。

5. 新能源消纳分析

基于现有网架结构及典型运行方式，评估新接入分布式电源的消纳能力。

6. 系统可调容量分析

分析主动配电网的有功和无功调节能力，计算实时可调容量。

第五章

智慧城市用电服务新模式新业态

第一节　城市用电服务新要求

随着城市生活水平的不断提高，政企单位运行效率不断提升，满足用电客户便捷、低碳、经济的新要求，是电网企业在新形势下进行服务转型的工作重点。

一、新形势下公共服务行业的新要求

（一）“最多跑一次”改革

2016 年底，浙江省首次提出“最多跑一次”改革，这项“刀刃向内”面向政府自身的自我革命，已初显成效。“最多跑一次”改革通过“一窗受理、集成服务、一次办结”的服务模式创新，让企业和群众到政府办事实现“最多跑一次”的行政目标。加快推进更多服务事项网上办理，全面推广“在线咨询、网上申请、快递送达”的办理模式，除涉密或法律法规有特别规定外，基本实现服务事项网上办理全覆盖，大幅提高网上办事比例。

（二）“放管服”改革与优化营商环境

1. 营商环境是重要的发展基础

企业的壮大，创新创业的活跃，离不开良好的营商环境。打造营商环境，最终目的是要聚企业聚人心。营商环境好，已有企业才能留得住、发展得好，外来企业才会想进来创业兴业，各个方面的积极性和创造性才能充分涌流。从这个意义上说，优化营商环境就是解放生产力、提升竞争力。

2. 优化营商环境也是高质量发展的内在要求

进一步优化营商环境、激发市场活力，也将有助于提升原始创新能力和强化创新驱动。只有良好的、尊重与践行法治的营商环境与市场环境，才能严格依法平等保护各类产权，加大知识产权保护力度；才能鼓励各种社会创造力，使得资本与人力对创新的投入得到应有的回报。

3. 优化营商环境是一个系统工程

优化营商环境既要改善基础设施等硬环境，更要在提高服务水平、营造法治环境等软环境建设上有新突破，更好发挥制度的支撑、保障、激励作用。公共服务是营商环境的试金石，要以主动服务、优质服务让群众舒心、企业顺心，努力营造稳定、公平、透明、可预期的营商环境，给各类市场主体吃上“定心丸”。

“放管服”的改革目标不仅仅在于优化营商环境，还要通过这场改革打造一个服务型政府。“放管服”改革既要进一步做好简政放权的“减法”，又要善于做加强监管的“加法”和优化服务的“乘法”，真正做到审批更简、监管更强、服务更优。而营商环境的优化，则成为检验“放管服”改革成效的重要标准。

（三）“互联网＋”推动城市服务发展转型

1. 国务院印发《关于加快推进“互联网＋政务服务”工作的指导意见》（简称《指导意见》）

《指导意见》对加快推进“互联网＋政务服务”工作作出总体部署，明确了工作目标：2017年底前，各省（区、市）人民政府、国务院有关部门建成一体化网上政务服务平台，全面公开政务服务事项，政务服务标准化、网络化水平显著提升。2020年底前，实现互联网与政务服务深度融合，建成覆盖全国的整体联动、部门协同、省级统筹、一网办理的“互联网＋政务服务”体系，大幅提升政务服务智慧化水平，让政府服务更聪明，让企业和群众办事更方便、更快捷、更有效率。

2. 国务院办公厅印发《“互联网＋政务服务”技术体系建设指南》（简称《建设指南》）

《建设指南》提出通过加强顶层设计，对各地区各部门网上政务服务平台建设进行规范，优化政务服务流程，推动构建统一、规范、多级联动的全国一体化“互联网＋政务服务”技术和服务体系。以运用现代信息技术创新行政审批和公共服务方式为手段，切实增强政务服务的主动性、精准性和便捷性，为推进政府治理创新提供有力支撑和保障。

二、电网企业服务转型新要求

国网公司提出建设以客户为中心现代化服务体系，电网企业要坚持客户至上，围绕客户服务一条主线，实现“始于客户需求、终于客户满意”。坚持问题导向，抓住客户服务热点难点，精准发力，有效提升服务质效。有效解决服务短板，聚焦供电服务热点，加强服务精益管控，规范服务行为，持续提升客户体验，在做大做强传统业务的同时，要积极拓展新业态，推动服务转型。

（1）开拓能源服务新业态，满足客户多元化用能需求。

（2）打造综合能源服务新业态。

（3）打造光伏云网服务新业态。

（4）打造能源电商服务新业态。

第二节　城市用电服务新模式

一、“互联网＋用电服务”新模式

随着移动互联网技术快熟发展，各行业的“互联网＋”行动推动着城市综合服务能力和客户满意度的快速提高，电网企业传统的服务模式已不能满足客户的预期。面对客户对电力服务提出的新要求，电网企业建立了面向市场竞争环境和互联网模式的新型营销服务体系，创新了“互联网＋用电服务”新模式，为电力客户提供快捷、流畅、愉悦又兼具个性化的服务，赢得客户信任，实现企业与客户双赢。

“互联网＋用电服务”不是简单地将客户办电业务搬到网上，而是融合互联网思维、方法、技术，以客户为中心，以市场为导向，以大数据应用为驱动，以客户满意为目标，围绕服务全业务流程，引入成熟的O2O模式，打造一条前端触角敏锐、后端高度协同的服务链，推动服务渠道之间、前端后台之间、相关专业之间的无缝衔接，实现电网企业从被动粗放向主动创新型营销服务模式的转型。O2O这种零距离、透明式、更方便、更快捷的营销服务模式，是实现营销流程贯通、业务流转更快、供电服务更优的最佳途径，也迎合了现代人的互联网生活习惯，为客户带来了前所未有的用电新体验。

（一）“互联网＋用电服务”新模式的运行机制

互联网＋用电服务”新模式是互联网技术与传统营销服务的深度融合，它利用互联网技术来消除市场需求与营销服务之间的信息不对称，将智慧城市建设推行带来的新要求有效传导到企业价值链。电网企业运用“以数据应用为核心，以连接、互动、协同为路径”的方法论，通过改善渠道的在线连接、加强流程的双向互动、优化组织的协同关系、实施数字化精准营销等工作，已完成了线上线下相融合的新型营销服务模式构建和相应的体制机制完善，对客户实现了“需求全天候响应，服务一站式满足”。

“互联网＋用电服务”模式如图5－1所示，该模式共分为五层：① 服务产品层，围绕客户，以服务产品的形态来表达不同客户群体的需求，满足用户电费信息、停电信息、办电、缴费、报修、能耗监测与能效诊断等业务互动需求；② 服务接入层，通过多元化的渠道建立电网企业与客户之间随时随地的连接，形成敏锐的小前端触角，快速响应客户需求；③ 服务调度层，对服务请求分类处理形成规范的业务工单，合理调度大后台服务资源，更快速传导客户需求；④ 资源投放层，各专业通过在线方式，围绕业务工单开展业务协同，更快速满足客户需求；⑤ 数据运营层，利用大数据技术将碎片化的数据进行汇聚、提炼、分析，形成全方位的客户画像，更敏锐地洞察客户需求，实现经营风险的提前预警。在“互联网＋”时代，大量原始的客户用电数据资源是电网企业最具增值潜力的

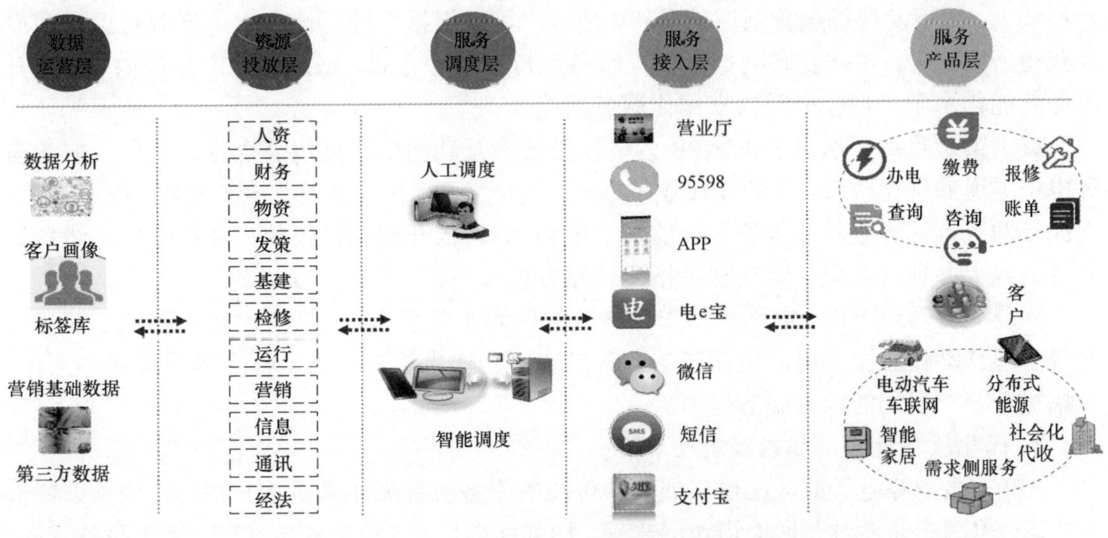

图5－1　“互联网＋用电服务”模式

资产。电网企业充分利用和挖掘数据资产的价值和功能，开展客户用电信息的深层分析和挖掘，构建立体化、多层次、多视角的电力客户全景画像，实施针对不同电力客户特征的精准营销。

（二）"互联网＋用电服务"新模式的实现方式

为了实现"互联网+用电服务"新模式的应用，电网企业服务链各环节管理要素均以客户需求为导向设计，建立"数据驱动"的智能互动运作模式，服务全流程借鉴O2O（即线上线下相结合）的方式，统筹兼顾规范与效率、集约与灵活、安全与便捷的要求等方面，塑造"安全、便捷、绿色"的电力服务新品牌，实现从"电力供应商"到"电力服务商"的角色转变，从专业化管理向专业化运营的机制转变，从单一服务产品到多元化服务产品的服务转变。

1. 拓展服务渠道，实现无缝连接

根据客户类别和定位，电网企业统筹渠道设计，明确渠道定位；利用互联网技术拓展电子服务渠道、现场服务渠道等，结合互联网渠道的推广运营，加速信息流动，实现客户需求快速接入，适应互联网时代的客户需求。

（1）统筹渠道设计，清晰渠道定位。电网企业根据客户用电量情况，可将用电客户分为大客户和小微客户。电网企业小微客户数量约占总客户数的99%，却只为电网企业贡献不到三成的销售电量，而电子渠道（微信、掌上电力APP等）可以大幅降低该类客户的服务成本，因此明确电子渠道为小微客户主要服务渠道。掌上电力APP是电网企业自主研发的平台，从功能灵活性和未来的商业价值的角度来看，是电网企业重点培养和发展核心电子渠道。微信拥有极其庞大的活跃用户数，但是微信公众平台存在较多功能限制和使用费用较高的情况，定位为一个极佳的信息发布平台，可作为掌上电力APP的流量导入口。在移动互联网时代，99598热线、营业厅等都只能作为辅助补充的服务渠道，以满足老年人、文化程度较低等客户群，彰显电网企业社会责任。

（2）实施渠道建设，打造立体网络。在传统供电营业厅线下服务渠道的基础上，全面开展线上、线下及现场服务渠道的升级，使客户可以根据个性习惯自主选择服务渠道和产品获得所需服务，依托互联网扩大客户服务入口和服务方式，增加服务产品和内容，提升服务智能化水平，形成全天候立体化服务网络。

线上渠道重点开展以手机APP为主以及智能互动网站、微信公众号、支付宝服务窗等电子渠道的优化改版，开通在线业扩办理、用电变更、用电咨询、电子账单、电子支付、用能自助查询等各项具体服务。目前掌上电力APP已开通业扩报装、业扩变更、缴费等业务的线上办理，实现了"动动手指，一站办电"。

现场服务渠道方面，增强移动作业终端的现场服务能力，创新应用基于移动作业平台的等多项移动作业微应用，全面覆盖业务勘查、停送电管理、用电检查等现场服务工作，大幅提升客户现场的综合服务能力。

2. 优化服务流程，加强双向互动

APP、微信等电子服务渠道拓展后，传统的服务流程无法满足客户快速、便捷、评价的需求。电网企业通过开展渠道协同管理，加强横向协同，精简业务环节，优化服务流程，加强双向互动，满足客户需求。

（1）开展主动互动，实现服务闭环。服务流程形成闭环，始于客户需求，终于客户评价。“客户”成为最重要的参与者、操作者。开展上门服务预约，与客户预约上门时间，工作时间30min内完成第一次预约，并同步触发短信告知客户及现场作业人员预约信息。对二次预约失败的，系统触发短信提醒客户回拨电话与坐席人员主动预约。关键环节主动告知，以业务痛点和服务难点为抓手，分析业务、服务流程等关键互动环节，及时、主动和客户发生有效互动。图5－2所示为客户视角下“互联网＋”办电服务过程。

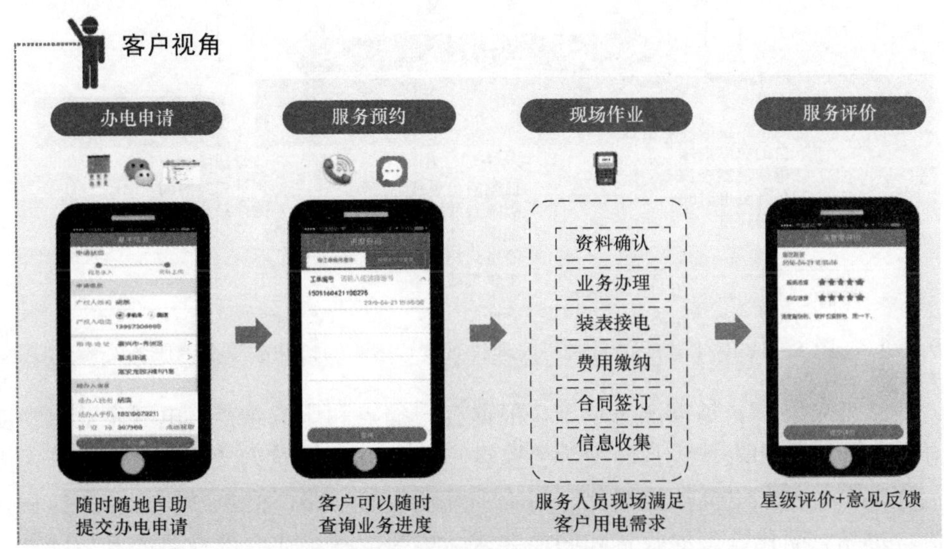

图5－2　“互联网＋”办电服务过程（客户视角）

（2）加强专业互动，加速业务流转。对于各渠道进来的用电业务，电网企业采取业扩全流程信息公开与实时管控。图5－3所示为业扩全流程信息公开与实时管控平台，通过开展跨专业业务流程融合，打通服务流程跨部门、跨专业、跨岗位的信息通道，以客户需求为主线，实现过程线上流转、专业协同无缝对接、信息及时反映。完善业务服务过程管控节点，增强现场作业数据采集，全面推行移动作业终端（PDA），实现工单接收、现场业务处理的在线录入和传输，应用GIS可视化手段，实现服务态势可视化监控、全过程透明管控。通过构建公司、部门、基层多层次、立体化的全过程管控模式，各个专业按环节设置不同时限预警值，实现全流程全环节超期前自动预警，以问题为导向，开展重点环节穿透分析，全面评价各基层单位、各协同部门的指标管控情况，促进跨层级问题闭环落实。

图5－3　业扩全流程信息公开与实时管控平台

以基于营配调贯通和地理位置（LBS）的自助故障报修服务为例，实现了“客户－平台－抢修人员”之间形成抢修全过程在线互动的，如图5－4所示。

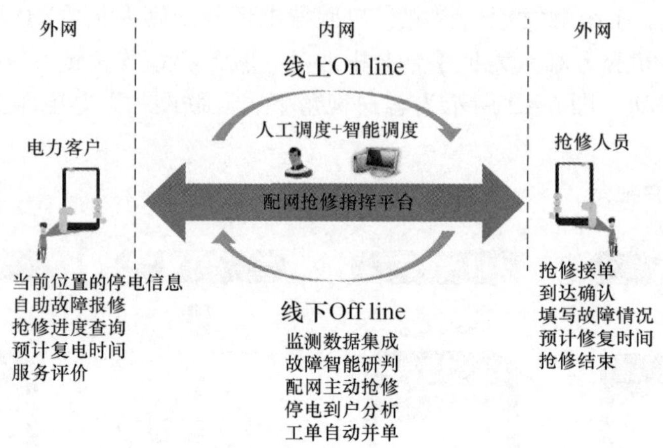

图5－4　基于营配调贯通和地理位置（LBS）的自助故障报修服务

（3）改造业务流程，精简服务环节。根据客户痛点和服务难点，电网企业将“以专业管理为导向”的流程和表单设计转变为“以客户业务办理场景为导向”重新设计，大幅简化业务流程环节。按照“低压重简化、高压强互动”的思路，整合分裂的专业流程，精简冗长的流程环节，简化繁琐的收资和归档要求，实现电网企业内部业务的高效流转，使营销业务逐步满足线上办电的需求。

3. 完善体制机制，强化部门协同

多元化的渠道建立后，以电子渠道为代表的新型业务量剧增，传统组织架构已经无法支撑新业务的正常运转，急需调整组织架构、健全运作机制。

（1）建立渠道运营体系，支撑渠道运营。建设省市县三级渠道运营支持机构，前端支撑线上渠道运营和客户服务需求接入，后端强化现场作业协同及管控，加强前端与后端衔接。省级电网企业成立在线渠道运营机构和全渠道监督管控机构，统筹负责电子渠道的运营管理，负责省级电子渠道受理的客户申请及其他诉求，管理统一电子坐席服务、地市公司的运营活动及全渠道全业务的监督管控等。地市电网企业成立渠道运营室作为渠道协同运营的属地业务支撑，负责市级线上办电业务的受理、预约派单、服务资源调度、现场作业管控及客户回访等。县电网企业成立渠道运营室，负责线上办电业务的受理、客户业务申请的预约派单、服务资源调度、现场作业管控及客户回访，以及投诉、不满意工单等现场调查等。

（2）设立服务调度机构，衔接线上线下。在市县两级电网企业设立服务调度机构，构建全服务链条中承接前端线上服务渠道接入与后端线下服务资源调配的核心纽带，快速响应客户需求，快速协同内部资源，确保线上线下同质、即时服务。

服务调度中心将客户需求集中对接、服务资源集中调度、现场作业集中管控、线上办电集中受理，加强业务融合，对于新装、增容、变更等业务接入流程服务调度的服务，开

展主动预约、协调指挥、跟踪督办、审核反馈、数据校核、流程管控与客户回访，实现服务资源统一调度、服务诉求统一处理、服务过程统一管控。

（3）创新实体服务机构，优化线下服务。全面应用互联网思维方法和技术手段，打造客户体验型营业厅，实现实体营业厅“三型一化”（综合性、智能型、服务型，线上线下一体化）转型升级。完善营业厅业务渠道，提升业务人员市场竞争意识，提高营业厅智能化管理水平等，全方位打破传统营业厅服务和业务模式，实现供电营业厅由“人工化、同质化、业务化”向“智能化、差异化、市场化”转变，从形象展示窗口向市场拓展平台转变，使其作为线上服务的线下体验和补充，成为供电企业吸引客户、抢占市场的前沿阵地。

紧跟增量配电市场和售电市场的改革变化，电网企业宜因地制宜快速布局园区供电服务机构。设置与园区相匹配的供电服务机构，聚焦电量大、增速快、符合经济转型要求的优质客户，重点将线下优质服务资源向优质客户倾斜，实现电网企业健康持续发展。

二、网格化综合服务新模式

网格化服务是公共服务领域推行的典型服务模式，通过资源优化配置，提高服务和管理效率。城区网格化综合服务是电网企业提出的一种新型前端服务模式。

网格化服务是电网企业践行以客户为中心的新型前端服务模式，目标是实现业务协同运行，人员一专多能，服务一次到位，全面、快速、精准响应和满足客户需求。

（一）网格化综合服务新模式的运行机制

城区推行网格化综合服务，将对电网企业组织机构、服务流程及服务机制带来重大变革。

1. 组织机构变革

服务组织机构从职能型组织向蜂窝型组织变革，如图5－5所示。电力行业作为技术密集型行业，一贯以专业化分工和集约化管理为特征，按业务条线向客户提供末端供电服务，以业务流程为驱动，从业务受理到服务交付按相应的业务部门和岗位设置负责业务处理，现场服务涉及多专业协作的情况由各专业形成虚拟组织共同开展，服务组织属于典型的职能型组织结构。而在网格化服务模式下，在服务前端成立多个网格服务单元，按照统一标准结合网格需求将服务资源纳入网格内管理，由网格单元全面负责网格内的低压客户服务，网格内也可根据实际需要设置相应的服务岗位，在现场形成由一个个独立服务经营团队组成的蜂巢型组织，充分发挥小团队和集团军协同作战能力，实现敏捷、高效和精准的客户服务。

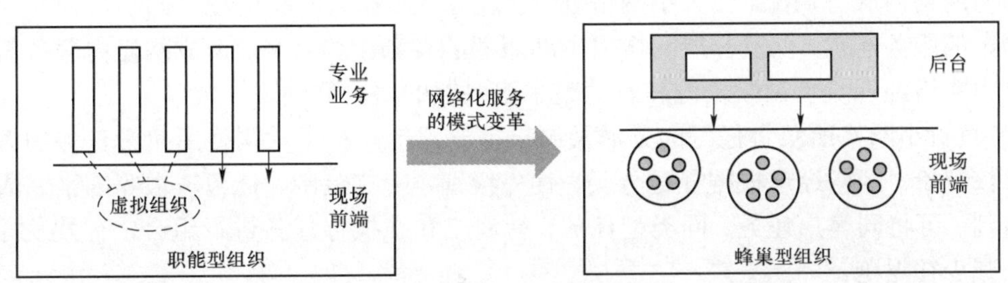

图5－5　城区网格化综合服务组织变革示意图

2. 服务流程变革

服务组织机构变革将驱动服务流程再造。传统的业务流程是典型的职能型运作模式，在网格化服务模式下已不适用。从降本增效和提升满意度的初衷出发，充分发挥网格化服务模式的作用，开展流程再造：纵向压缩业务条线，将业务流程权限及责任下放至网格单元；横向集成原各职能部门业务活动，实现在网格单元内的业务协作与组织；整体按网格开展业务集约化经营。按照业务流程重组的管理思想，从服务、成本、质量及时间四个维度综合考虑，减少流程中无价值的活动，消除跨部门协作沟通障碍，增强服务的灵活组织。

3. 服务机制变革

（1）服务组织方式从标准化到个性化。传统客户服务主要以客户需求为出发点，按标准业务流程、标准管理流程、标准服务规范、部门分工及统一服务调度组织服务的开展，而网格化服务模式的第一责任人是网格团队，在分区经营和考核激励的驱动下，各网格单元的服务组织方式预计将逐渐呈现个性化特征。

（2）服务协作机制从中央协同到分布协同。传统服务协作大多通过自上而下的指令调动部门间的协同，而网格化服务模式将赋予网格单元服务决策权力，服务决策不再来自于上级业务中心，而是广泛分布地贴近客户的网格单元，服务行动不一定来自于预先设计，而是随需而动，协调不是来自上级，而是由网格团队自动自发协同。

（二）网格化综合服务新模式的实现方式

为实现网格内全类型资源需求，电网企业通过大小网格、综合班组及网格内服务调配的方式实现网格综合服务。

（1）大小网格设置。根据网格划分标准完成网格划分后，采用台区、线路、行政区域、客户类型等要素为参考依据，将已划分的网格进行组合，形成不同的大小网格。对大小网格均设置网格经理，负责网格自主运营，大网格的网格经理对下属所有小网格均有管控职责，且大小网格绩效挂钩，兼顾考核。

在大小网格组织结构下，根据小网格内网格经理及网格员的能力结构将相应业务职责下放小网格负责，其他业务归属大网格组织负责。

（2）综合班组设置。基于大小网格的划分，为满足网格内服务的需要，在大网格内配置小网格所不具备的服务资源，如将配网运维、勘察设计、装表接电等专业工作落实到大网格职责范围，可以按营销、配网区分成立营销业务综合班组和配网业务综合班组，将具备一专多能要求的人员分配于此，最大化激活和发挥个人价值。通过上述资源划分配置，即可在资源不足情况下实现网格内的综合服务。

（3）网格内服务调配。在大小网格划分情况下，应在大网格内统一归集客户在任意场景下提出的服务需求，以及开展网格内主动服务的各项工作任务，形成网格内服务需求任务池，由网格经理负责调配资源和驱动整个服务链的协同联动。

1）负责小网格所负责任务的分派及结果审核评价，负责大网格所负责任务的派工及结果审核评价。网格经理根据任务分类、优先级别、影响范围、资源需求等因素完成服务需求研判，可将同客户任务、同类型任务、待派工和在执行任务进行组合，有效发挥资源价值，减少往返跑。

2）负责现场管控。一方面对应急任务可就近安排人员迅速到位，另一方面对于现场出

现资源不足或疑难问题的情况下及时增加资源或调配其他资源支持，必要时可跨网格调配。

此外，针对需大网格综合服务班组承担的作业任务，可引进抢单机制，激发班组人员的服务积极性。

第三节　城市用电服务新业态

一、服务渠道

（一）电网企业电子渠道

1. 手机 APP

电网企业基于互联网用户思维，突出办电功能及信息服务两大特色，建设了服务各类电力客户的“掌上电力”APP，通过客户聚合、业务融通和数据共享，以 C 端居民客户带动 B 端企业客户，实现电力传统业务、能源电商、个性化服务深度融合，打造向全社会统一开放、具有能源互联网服务特色的新型在线公共服务平台，为客户提供更加便捷、智能、贴心的智慧用能服务。

（1）服务场景。“掌上电力”APP 采用“一户多面、千人千面”的设计理念，面向不同客户群体定制专属服务频道，提供差异化服务。基于电网企业多年来线上线下客户服务经验积累和大数据分析，借鉴互联网服务成功实践，全新推出住宅、电动汽车、店铺、企事业、新能源五大服务场景，分别服务低压居民、电动汽车客户、低压非居民、高压企事业单位及光伏客户，规划乡村振兴（农业生产电气化、家庭电气化、特色（扶贫）农副产品代销）等扩展场景。图 5－6 为“掌上电力”APP 的 5 个频道。

	住宅	e车船	店铺	企事业	新能源
目标人群	个人	个人	个人/企业	企业	个人/企业
用电属性	低压	低压	低压	高压	低压
设计关键词	温馨	科技	兴隆	严肃	清洁
基本色调	橙色	紫色	红色	蓝色	绿色
服务内容	交费、业务办理	车辆管理、找桩充电	交费、用电管理	业务办理、能效分析	收益结算、电站监测

图 5－6 “掌上电力”APP 的 5 个频道

1）住宅场景：主要服务低压居民客户，聚焦交费、办电等基础性功能，辅助用能分析、积分、商城等特色化服务，提升客户活跃度。

2）电动汽车场景：主要服务电动汽车用户，注重充值、找桩充电、一网通办、港口岸电等专业化服务。

3）店铺场景：主要服务低压非居客户，除提供交费、办电等基础性服务外，侧重电费账单、用能分析、电费金融等专属化服务，引导客户合理用电、降本增效，同时有效解决客户融资交费等困难。

4）企事业场景：主要服务于高压客户，强化用电负荷、电子发票、能效诊断等专业化服务。

5）新能源场景：主要服务于光伏客户，提供建站咨询、光伏报装、运行监测上网电费及补贴结算等特色服务。

（2）特色服务。“掌上电力”APP 除了提供传统的办电、缴费等业务以外，还将能源电商、个性化服务进行了深度融合，实现了以下特色服务功能：

1）分布式光伏“一网通办”：电网企业通过整合建站咨询、设备购买、签约结算及线上分布式光伏并网申请等业务，与电网企业“电 e 宝”平台实现融通，客户可在线上实现光伏报装一站式办理，臻享一条龙服务。

2）个人充电桩“一网通办”：电网企业通过整合电动汽车咨询购买、充电桩销售建桩、充电桩运维以及充电桩报装办电等业务，与电网企业“车联网”平台实现融通，完善个人充电桩一站式服务，并提供个人充电桩线上管理、共享充电等服务。

3）能效服务“一网通办”：电网企业通过打通线上用电客户与综合能源服务公司用能诊断、节能改造、设备代维及电气设备租赁等业务流程，实现前端需求与后端服务对接，为用电客户提供更精准、更便捷的综合能源服务。

4）家庭再电气化“一网通办”：电网企业通过整合购买智能家居、家用电器及家庭电能替代等业务，与电网企业网上商城实现融通。同时，挖掘供电营业厅网点附加价值，发挥电网企业品牌效应，缩短供应链，实现客户和家电厂商互利共赢。

2. 智能互动服务网站

智能互动服务网站是基于互联网 PC 端，为个人家庭及政府企业用户提供用电查询、网上缴费、业务办理、信息订阅等服务，足不出户，方便快捷。同时还提供电动汽车相关业务办理及查询，节能服务，企业节能解决方案、积分兑换，提供服务监督等综合的智能互动网站。图 5－7 所示为国家电网公司 95598 智能互动服务网站的功能。

图 5－7　国家电网公司 95598 智能互动服务网站的功能

图 5-8　电网企业供电服务热线人工服务方式

3. 供电服务热线

供电服务热线是电网企业电力客户服务的呼叫中心，为电力客户提供的 7×24 小时电话服务热线。供电服务热线利用语音导航，向客户提供故障报修、咨询、投诉、举报、意见、建议和服务申请受理，停电信息公告，客户信息更新，信息订阅，并具备外呼功能。供电服务热线服务方式包括客户自助、人工通话、短信、录音留言、传真等。图 5-8 所示为电网企业供电服务热线人工服务方式。

（二）社会化电子渠道

1. 微信公众号

电网企业的微信公众号是基于微信公众号的平台，是电网企业客户宣传、业务办理的重要渠道。电网企业微信公众号支持用电户号绑定、用电分析、缴费充值、用电查询、户号管理、意见建议、营业厅网点查询、停电公告、热点文章阅读等功能。图 5-9 所示为浙江电网企业微信公众号的功能说明。

图 5-9　浙江电网企业微信公众号服务功能

2. 支付宝生活号

生活号是支付宝为企业、组织和个人提供的直接触达用户的服务平台，是用户连接世界的交互视窗。入驻的服务提供者可以通过此平台对用户进行信息推送、服务输出、交易场景打通和会员关系管理。生活号拥有庞大的消费者群体，在每个支付宝账户的背后，都有着完善的资金渠道、充足的消费行为习惯数据，入驻企业可以通过生活号提供优质的商品和服务。支付宝生活号是电网企业重要的客户运营渠道、也是电力客户重要的电费支付渠道。通过该渠道，电力客户可实现充值缴费、我的用电、电力服务和智能客服等功能。其中充值缴费包括缴费、余额查询、电费代扣、缴费记录查询；我的用电包括每日账单、我的账单、智能缴费管理等；电力服务包括户号管理、居民电价、网点查询、咨询等；智能客户主要向电力客户提供各类活动或功能咨询。图 5－10 所示为电网企业支付宝生活号的服务功能。

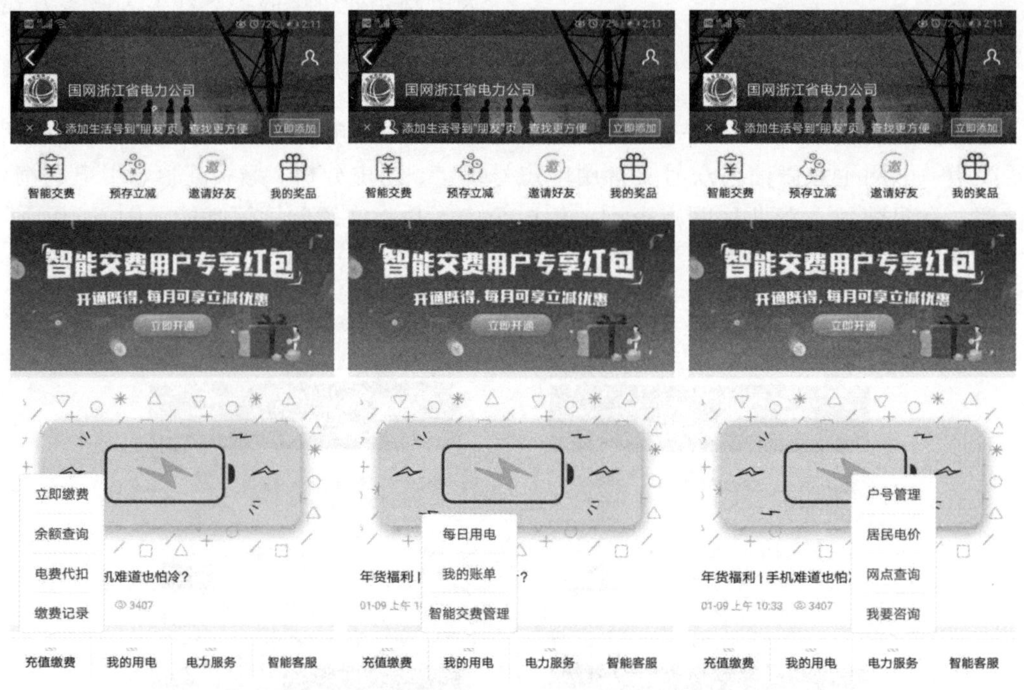

图 5－10 电网企业支付宝生活号的服务功能

（三）电网企业线下渠道

营业厅和自助服务终端是线下服务的重点渠道，能够为客户提供更真实的服务体验。

1. “三型一化”营业厅

电网企业从 2017 年开始进行营业厅“三型一化”互动化服务提升项目的建设，在营业厅原有的客户引导、柜台服务、设备运营管理、系统支撑的基础上进行优化提升。转型后的“三型一化”智能营业厅主要分为智能导览台、自助办理区、产品体验区、普通业务办理区和 VIP 客户业务办理区五个区域。图 5－11 所示为“三型一化”营业厅功能区域。

2. 自助服务终端

客户可以选择柜台办理，简单业务也可选择自助办理。自助办理区设置有自助业务办理机、自助查询交费机和增值税发票领用机等智能设备。客户选择在自助办理区办理业务，既方便又便捷，免去了叫号排队的烦恼。

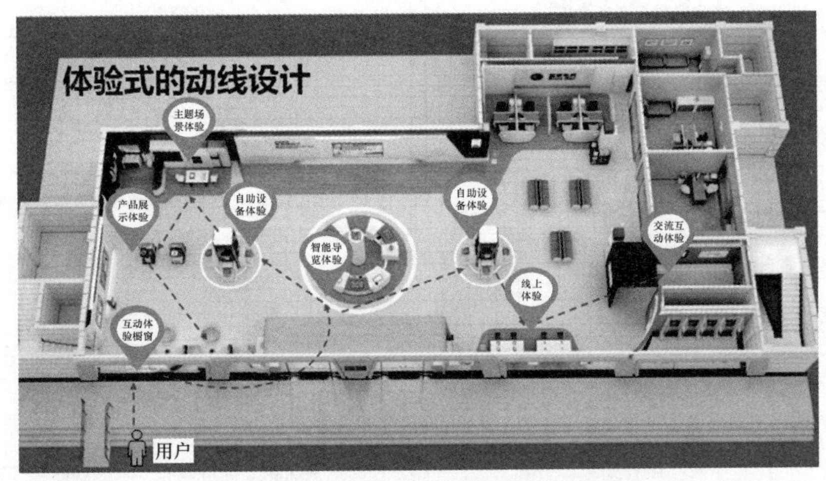

图 5-11 “三型一化”营业厅功能区域图

客户可通过在自助查询缴费机上自助交费，在增值税发票领用机上自助领取增值税发票。需要办理业务的客户，可选择在自助业务受理机上自助办理用电业务，提交后客户需求会直接转入服务调度环节，由服务调度人员统一预约调度服务资源。通过自助办理区办理业务，电网企业可分流客户线下办电需求，规范线上线下、前台后台一体化服务流程，优化简化服务手续，确保了“最多跑一次”目标实现。

二、服务平台

（一）传统业务服务平台

1. 营销业务应用系统

营销业务应用系统是用电服务的基本应用系统。系统功能包括新装增容及变更用电、供用电合同管理、抄表管理、核算管理、电费收缴及账务、用电检查、95598 客户服务、资产管理、计量点管理、计量体系管理、电能信息采集、市场管理、线损管理、能效管理、有序用电管理、客户关系管理、客户联络、稽查及工作质量、客户档案资料管理等 19 个业务类，覆盖整个营销业务。通过集成上述的业务功能，实现客户档案管理、客户服务管理、计量资产管理、电费抄核收管理、市场与需求侧管理，通过各领域具体业务的分工协作，为客户提供各类服务，完成各类业务处理，为电网企业的管理、经营和决策提供支持；同时，通过营销业务与其他业务的有序协作，提高整个电网企业信息资源的共享度。图 5-12 所示为营销业务应用系统功能架构图。

2. 用电信息采集系统

用电信息采集系统是对电力用户的用电信息进行采集、处理和实时监控的系统，实现用电信息的自动采集、计量异常监测、电能质量监测、用电分析和管理、相关信息发布、分布式能源监控、智能用电设备的信息交互等功能。用电信息采集系统是智能电网建设的重要内容；是支撑阶梯电价执行的基础条件；是加强精益化管理、提高优质服务水平的必要手段；是延伸电力市场、创新交易平台的重要依托。

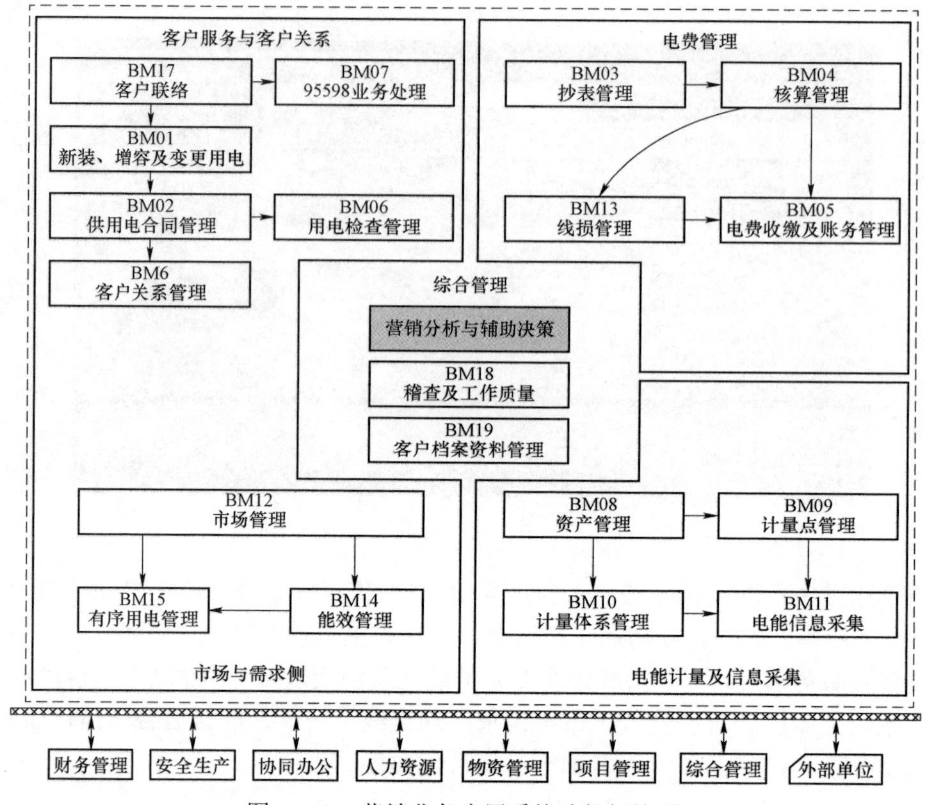

图 5－12　营销业务应用系统功能架构图

3. 智能移动作业平台

智能移动作业平台是基于电力营销业务系统，依托高效可靠的移动作业终端，综合采用移动通信、2G/3G 无线网络、GPS 导航、GIS 地图、电子标签/条码识读等技术，建立的一套高效稳定、安全可靠、功能齐全、技术先进、智能便捷的营销移动作业平台。平台可为不同专业的用电服务现场作业定制个性化功能，满足现场作业人员和管理人员的工作需要，实现用电服务智能移动作业应用，提高用电服务现场工作运转的持续性与完整性、信息处理的实时性与精准性，强化用电服务管理精益化、技术智能化、服务互动化应用水平，稳步提升用电服务能力、经营效益及服务形象。

（二）新型业务服务平台

1. “光伏云网”平台

“光伏云网”线上平台是电网企业向客户提供分布式光伏全过程服务的平台，实现了从并网申请受理到验收调试的全部线上受理，并且能实现分布式光伏上网电费结算及补贴代发功能。此外，基于数据挖掘技术，可向客户提供运行监测、风险预警、电量预测、收益分析等高级辅助决策功能。

（1）分布式光伏线上并网服务流程。客户可选择通过“光伏云网”办理分布式光伏并网业务。“光伏云网”向客户提供分布式光伏线上并网申请、接入系统方案答复及确认、设计审查意见答复、并网验收与调试申请、购售电合同签订（低压居民客户）等线上服务，满足客户在线申请、进度查询、服务评价等需求。图 5－13 所示为分布式光伏线上并网服务流程，其中重点环节内容如下。

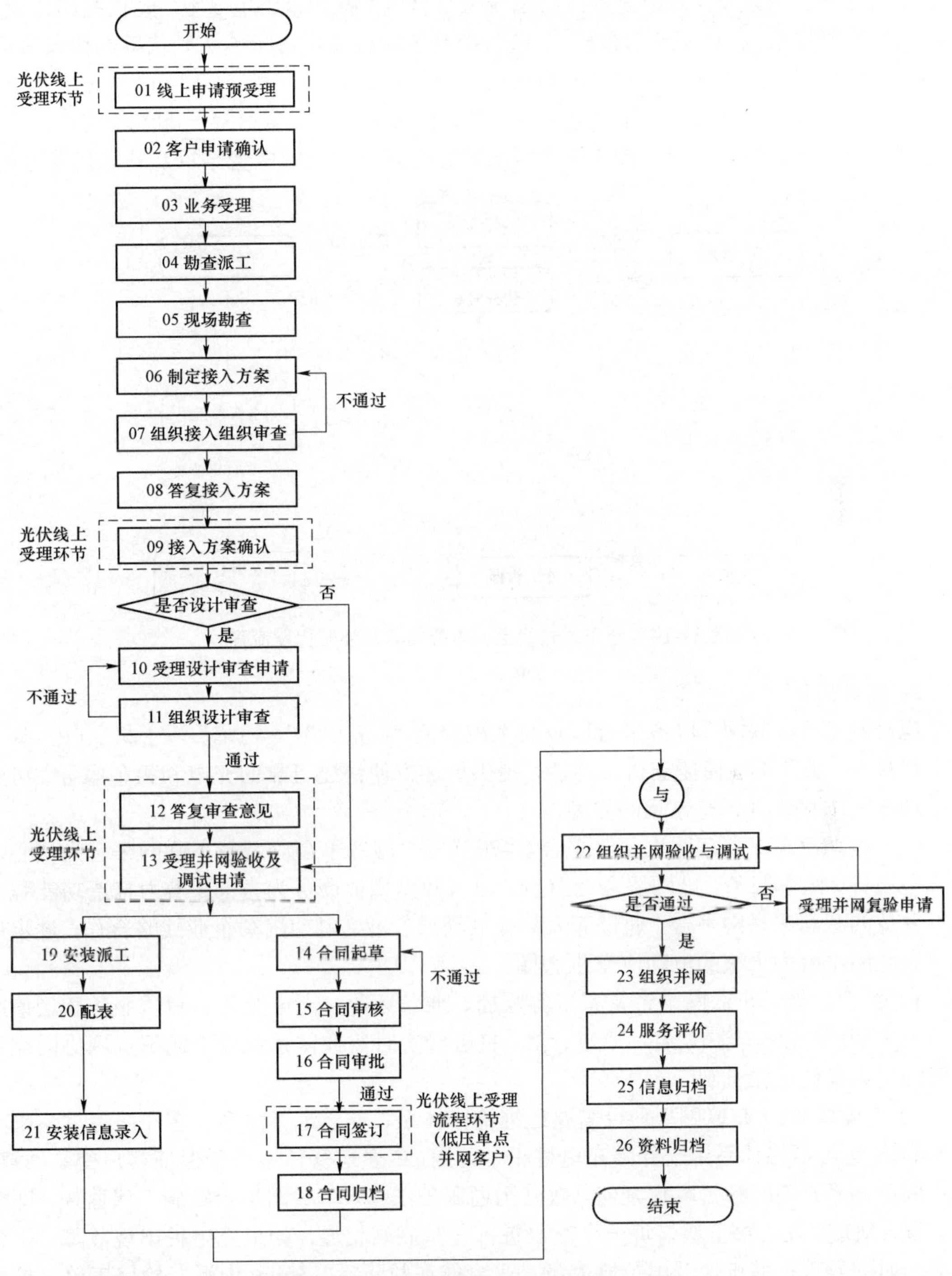

图 5－13　分布式光伏线上并网服务流程

（2）分布式光伏上网电费结算及补贴代发流程。客户可选择通过“光伏云网”结算上网电费、领取补贴资金。客户可进入“电 e 宝”APP 中的“光 e 宝”或 PC 端“国网商城光伏云专区”，选择地区并填写发电户号进行签约，“光伏云网”将光伏签约协议号等信息推送营销业务应用系统。营销业务应用系统每月将电费账单及“电 e 宝”光伏签约协议号同步至财务管控系统。对于签约客户，财务管控系统在核实电费账单及光伏签约协议号后，将当月应付电费与补贴资金支付国网电商公司所属汇通金财公司，同时向“电 e 宝”自动发送光伏签约客户明细数据，由“电 e 宝”统一向签约客户结算。对于非签约客户，直接支付到客户指定的银行账户。图 5－14 所示为分布式光伏上网电费结算及补贴代发流程。

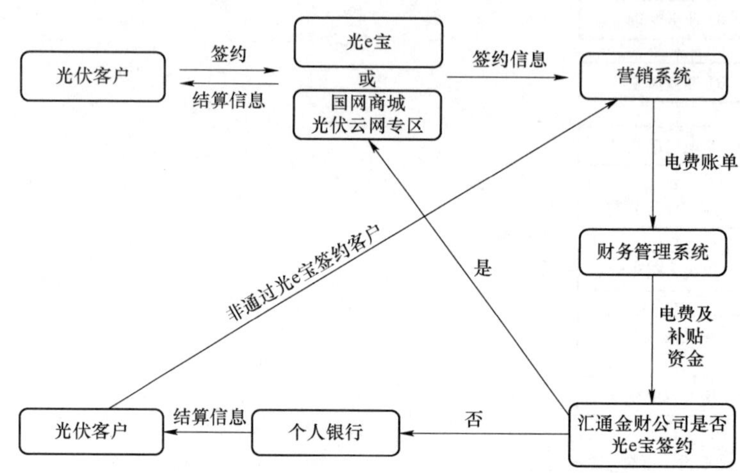

图 5－14　分布式光伏上网电费结算及补贴代发流程

2. 智能出行

电动汽车“车联网”服务平台以及与之配套的“e 充电”“e 约车”等手机 APP，具有一键找桩、一键租车、便捷支付等功能，提供更加方便快捷可靠的充电和租车服务，可解决电动车使用找桩难、充电难的问题。

（1）电动汽车“车联网”服务平台。“车联网”服务平台以智慧车联网平台为核心，以充电服务、汽车服务、电网服务为重点，以大数据增值服务为方向，着力打造功能强大统一开放的智慧车联网平台。通过深入与公共交通行业、电动汽车企业战略合作，逐步形成以车联网平台为土壤的电动汽车生态圈。

1）主要功能。车联网平台具有资源监控、业务运营、充电服务、租赁服务和增值服务等五大功能，以及全国、省、地市、站、桩五级实时监控体系和线上线下资源协同配合的智能运维检修工作机制。

2）支撑体系。“车联网”平台需要运维检修体系、资金运营体系和客户服务体系来支撑。其中：运维检修体系用于保障充电桩正常使用；资金运营体系用于保证客户交易结算；客户服务体系则随时解答客户疑问，做好沟通服务工作。车联网平台实施五级监控，即全国、省、地市、站、桩五级，每一个充电桩都与车联网相连，如果充电桩出现故障，平台会第一时间发现，并迅速派出抢修人员。平台能在故障后 15min 内派发检修工单、检修人员 45min 到场、2h 内完成处理，充电网络可用率超过 99%。

3）商业模式。车联网平台是典型的 O2O 模式，所有线上数据都是为了线下业务的顺利开展。车联网包含线上线下两个方面：客户线上找桩、租车；线下充电、选车；线上线下相互配合。商业模式的核心就是把线上的消费者带到现实的商店中去，在线支付购买线上的商品和服务，再到线下去享受服务。电动汽车的商业模式是以统一的充换电标准为基础，通过车联网平台将人、车、桩互联，建立起电动汽车互联网生态圈。线上作为入口，未来可提供的是套餐式的商业模式拓展。通过优质的充电服务增加客户黏性，可以衍生出其他商业模式，如广告业务、引导消费、充电免费停车等。

4）功能拓展。未来将依托数据采集、分析能力及成熟的收费清分结算系统，服务客户分布式电源、储能系统、智能用电设备与智能电网互联交易，全面提升车联网功能，积极开展电动汽车租售、充电桩建设运维、接入交费等一条龙服务，打造功能齐全、技术先进、竞争力强的电动汽车综合服务平台。车联网将成为与多方主体实时互动的核心数据源与信息交汇点，将发展为延伸到客户侧储能、分布式电源的智能用电综合管理平台，能够通过大数据为充电服务企业、新能源企业，特别是电动汽车企业提供精准信息，从而为消费者提供更加贴心产品与服务。

（2）“e 充电”APP。该 APP 是车联网平台的客户端，是集资源监控、业务运营、充电服务、租赁服务和增值服务五大功能于一体的车联网智能平台，可为电动汽车客户提供站点一键导航、充电计划优选、充电预约、充电支付等全方位一体化服务。

三、数据价值分析

（一）客户画像

客户画像是一种勾画目标客户、联系客户诉求与设计方向的有效工具。利用客户画像，企业可以全面了解客户，建立基于数据洞察的营销策略，并持续与客户进行个性化的互动，提升客户体验，最终达成商业目标。客户画像建立的过程就是添加相应标签的过程。标签是通过对客户信息分析而得到的高度精炼的特征标识，如唯品会、淘宝可根据客户的购物习惯及产品购买记录，最终形成不同标签，如价值高低、男女性别等标签，形成客户画像，这就是贴标签的过程。

电网企业拥有电力客户的大数据，通过建立电力客户标签库，对不同的客户群体进行区分，挖掘客户内在需求和价值，将客户特征显性化。通过对数据的挖掘和分析，对不同价值定位及不同特征的客户，提供对应的服务策略，为开展差异化、个性化的客户服务提供数据支撑。图 5－15 所示为客户画像应用示例。

（二）用电数据价值挖掘

通过客户画像，电网企业可进行客户和市场潜能挖掘。以下通过数据挖掘在电能替代中为例，讲解用户数据价值挖掘的应用。

利用客户画像进行电能替代是通过建立大数据挖掘算法，对各行业客户分别建模，分析替代企业的共性特征，结合行业特点、用电特性、企业经营状况的标签组合，帮助电网企业精准定位“潜在电能替代”客户群体，提高营销推广的成功率。因此，通过客户画像，电网企业可在多个行业的客户、多个区域的市场进行潜能挖掘。

电能替代潜力客户全过程服务系统通过客户基本信息、用电特性、外部竞争指数等三个维度进行大数据分析，精准找到电能替代的潜在客户，建立潜力客户清单；业务人员根据清单与客户进行接洽和实际调查，确定电能替代潜力项目储备库，对于意向明确的客户进行电能替代项目实施方案编制及实施，完成后进行效果评估并形成案例库，供同行业客户指导和示范。图 5－16 为电能替代潜力客户全过程服务流程示意图。

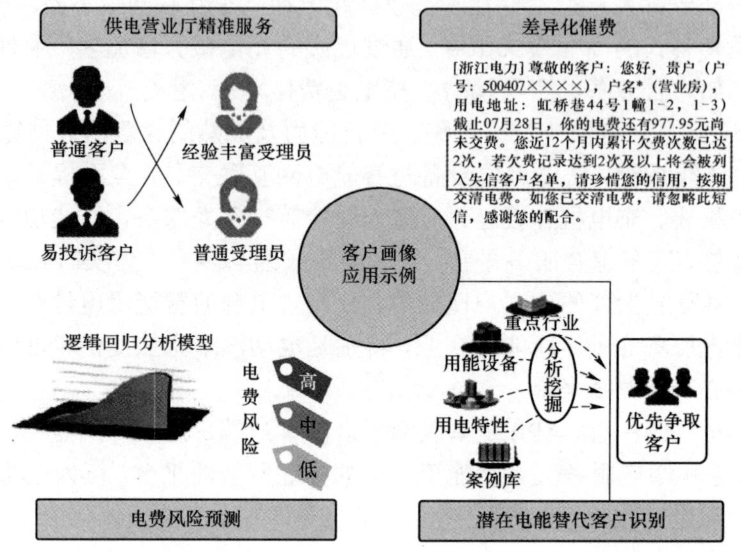

图 5－15　客户画像应用示例

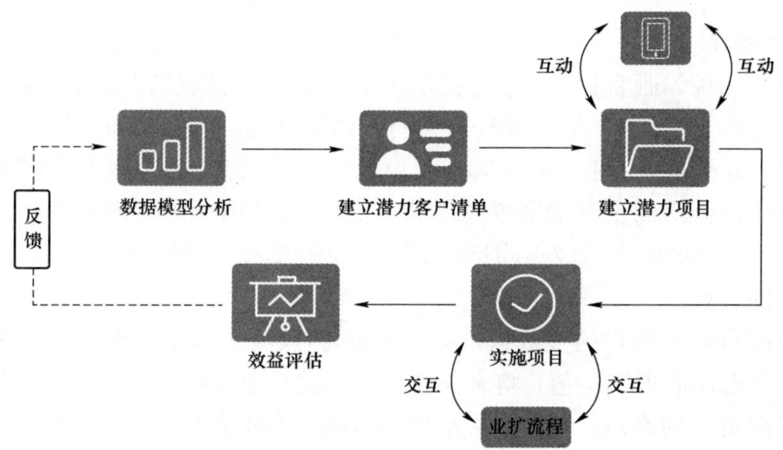

图 5－16　电能替代潜力客户全过程服务流程示意图

第三篇

智慧城市综合能源服务

智慧城市的建设中，能源的可持续发展关系到城市的可持续发展，它至关重要，也是贯彻“创新、协调、绿色、开放、共享”五大发展理念的要求。只有改变能源的利用方式、重构城市的规划体系、保障能源供给和服务的可持续性，才能实现城市和人类的可持续发展。城市的能源消费中心地位决定了城市能源变革在能源生产和消费革命中的核心位置。推动城市能源变革将成为打破传统发展模式惯性、实现城市升级和能源革命、引领工业文明和生态文明融合发展的重要路径。智慧城市建设和城市智慧能源系统是城市升级与能源转型的融合点，所孕育的新模式、新产业、新业态空间巨大，未来发展前景广阔。能源行业、互联网行业等跨界进入者开展了不同程度的业务转型、商业模式创新、产业化等尝试，地方政府也意识到城市能源变革对落实供给侧改革、促进新兴产业发展、改善生态、实现城市更高质量升级的重大作用。智慧城市综合能源服务，是围绕国家和政府的能源方针和政策，以实现“清洁、科学、高效、节约、经济用能”为宗旨，通过综合能源系统，为用户供应综合能源产品或提供能源应用相关的综合服务。

第六章

智慧城市综合能源服务概述

新一代能源系统以电力为中心，实现多种清洁能源协同互补，提高能源的清洁高效利用水平。多种能源综合利用的主要目标是在电网的基础上综合气网、热网、交通网等，建立能源互联网，以便使城市获得更高的能源效率。综合能源服务在近几年来得到迅速发展，引发了能源系统的深刻变革，成为各国及各企业新的战略竞争和合作焦点。综合能源服务能够实现城市的清洁用能、高效用能、节约用能、经济用能，是社会经济发展和能源日益紧缺这一矛盾的解决方法。智慧城市综合能源服务要服务于国家能源方针和政策，服务于城市能源的转型发展，提供城市能源整体变革解决方案，支撑城市综合能源服务顶层设计和发展战略研究。

第一节　智慧城市综合能源服务概念与发展现状

一、综合能源服务的定义

目前对综合能源服务尚无统一的定义。吴建中在《欧洲综合能源系统发展的驱动与现状》文章中，从能源产品的综合、服务方式的综合、服务内容的综合对综合能源服务进行了定义；封红丽在《国内外综合能源服务发展现状及商业模式研究》文章中定义了综合能源系统。本书认为综合能源服务至少需要考虑以下因素：

（1）国家能源发展方针与政策。

（2）能源“产供销用”的价值流。

（3）能源的管理、技术、经济和市场。

（4）能源服务对象与模式。

鉴于上述因素，给出综合能源服务的定义如下：综合能源服务是围绕国家和政府的能源方针和政策，以实现“清洁、科学、高效、节约、经济用能”为宗旨，通过综合能源系统，为用户供应综合能源产品或提供能源应用相关的综合服务。

上述定义中：

（1）清洁用能包含可再生能源的开发、清洁能源的利用、传统化石能源的清洁化利用；科学用能指能源的梯级利用、能源的科学管理；高效用能指通过先进的技术、管理方法和手段，提高能源开发、转换、使用效率；节约用能指能源使用过程中减少不必要的能源使用，使能源应用于必要的场合和时间；经济用能指政府可以通过经济手段或市场化的手段促进企业清洁用能、科学用能、高效用能和节约用能，企业通过采用先进的技术和管理，减少用能成本，获得经济效益。

（2）综合能源系统是具有各类能源存储、相互转换并为用户提供所需种类能源的能源系统及其相关的信息通信等基础设施。典型的综合能源系统一般由分布式能源、供电、供气、供暖、供冷、储能及其能源控制和管理信息系统等组成。

（3）客户主要指政府、企业、公共事业部门、科研院所等，包括能源开发和生产、能源输送及供应与销售、能源使用单位等（如电网公司、工业和商业企业等）。能源领域不同的对象，对能源关心的角度不同。例如在可再生能源发展初期，开发商比较关注国家可再生能源鼓励政策；电网公司比较关注大规模和分布式可再生能源发电对电网安全可靠运行带来的新要求；政府比较关注能源的宏观管理，关心能源消费总量和消耗强度的控制；用能企业比较关注能源在产品中的成本。因此，综合能源服务应细分客户，针对不同的对象、行业等制定不同的服务策略、内容。

（4）综合服务涵盖能源管理、技术、经济、市场等方面，方式可以是咨询、委托运维、合同能源管理、项目总承包等。

二、综合能源服务知识体系架构

随着分布式能源、能源互联网、小型和微型（冷）热电联产、能效提升、信息通信等技术和能源管理科学的发展和广泛应用，以及新的能源交易方式、新的商业模式的出现，与传统的能源服务相比，综合能源服务不仅涉及能源的全价值流，而且与国家及政府的能源方针和政策密切相关，更需要在将能源管理、能源技术、能源经济、能源市场进行综合后为用户提供全方位服务。图 6－1 是综合能源服务知识体系架构。

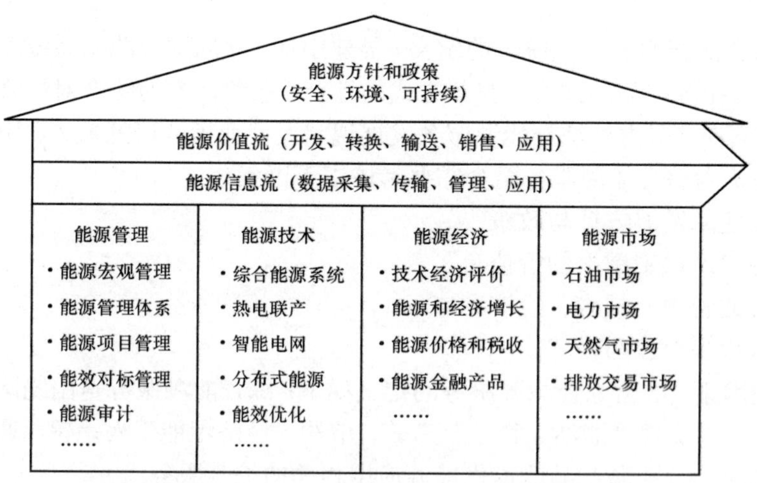

图 6－1　综合能源服务知识体系框架

（一）能源方针和政策

国家和政府的能源发展方针与政策一般从能源安全、能源的可持续发展、能源及其排放的市场化等方面出发，确定今后一段时期能源发展的目标，是能源领域“安全用能、可持续用能、价值用能”的行动纲领和指南。下面简要介绍浙江省的能源方针和政策。

自 2014 年浙江成为我国第一个国家清洁能源示范省以来，持续开展能源消费总量控制、能源结构优化和节能减排工作。在《浙江省能源发展“十三五”规划》中提出：到 2020 年，全省能源消费总量控制在 2.2 亿 t 标准煤以内，“十三五”时期年均增长 2.3%；全社会用电量达到 4220 亿 kWh，“十三五”时期年均增长 3.5%；到 2020 年，全省非化石能源、清洁能源、可再生能源（含省外调入水电）和煤炭占一次能源消费比重分别达到 20%、31.9%、12.5%和 42.8%，供热用煤占煤炭消费比重 85%以上，天然气消费比重达到 10%左右；到 2020 年，全省一次能源生产量达到 3226 万 t 标准煤（全部为非化石能源），年均增长 11.9%，其中，可再生能源 1805 万 t 标准煤；到 2020 年，单位地区生产总值能耗下降指标达到国家要求，单位能耗水平保持在全国前列，能源领域单位地区生产总值碳强度达到国家要求。

（二）能源价值流和信息流

能源价值流由能源的开发和生产、输送和供应、转换和利用等环节组成。随着分布式能源、储能、微能源网等技术的发展，传统的大规模电能/热能集中生产、远距离输送及供应的能源价值流向“清洁能源、高效转换、自产自用、余量上网、不足网供”的分布式能源与传统模式相结合的能源价值流发展。传统能源网（电网、热网）与微能源网、分布式能源、储能等的结合将进一步优化能源转换效率，降低用能成本。综合能源服务除了提供综合化的能源产品供应，还将充分利用现代通信和信息、互联网等技术，进一步深入企业生产工艺的各个用能子系统和设备，结合工艺提升用能效率，采取能效同行业对标等方式实现能源价值流终端环节的高效、节约用能。

（三）能源管理、技术、经济和市场的服务

（1）在能源管理方面，综合能源服务除了要加强能源开发、输送和供应等项目及其资产的管理，更要注重服务用能企业（特别是高耗能企业）科学能源管理体系的建立，政府要出台政策鼓励企业采用高效能源管理体系。

（2）在能源技术方面，除了要将可再生能源大规模开发、远距离输送与分布式开发、就地使用相结合，进一步加强综合能源系统、可再生能源、分布式发电等技术的研发，更要大力推广并促进清洁能源利用与能源梯级相结合的技术。在终端燃煤锅炉替代方面，可根据具体生产工艺用能特点和用能需求，推广小型/微型的分布式、以清洁能源为燃料、以热定电的（冷）热电联产技术；要加快中小型/微型热电联产机组的国产化研发；同时，要加强用能终端典型用能系统（如压缩空气系统、过程加热系统、风机/水泵系统、蒸汽系统）能效诊断技术的研发与推广，大力推广应用高能效设备。

（3）在能源经济方面，由于能源产业是一个高科技、高资金投入、高风险和高回报、回收期较长的产业，“四高一长”的特点决定了能源产业的发展需要全社会资本的支持。综合能源服务要根据这些特点开展能源金融服务，如能源市场预测、投资分析、技术经济比较、国家能源政策和金融咨询服务等。

（4）在能源市场方面，综合能源服务要关注能源价格并预测其发展趋势，分析其对能源供应、企业用能成本等的影响，同时要通过碳排放交易市场使企业用能排放成本最小。

三、国外综合能源服务发展现状

（一）欧洲

欧洲各国根据自身需求开展了大量深入的有关综合能源系统的研究，如英国 HDPS（highly distributed power systems）项目关注大量可再生能源与电力网间的协同，HDEF（highly distributed energy future）项目关注智能电网框架下集中式能源系统和分布式能源系统的协同等；德国自 2011 年开始，在环境部和经济与技术部等机构的统一领导下，从能源全供应链和全产业链角度，实施对能源系统的优化协调，近期关注的重点则是可再生能源、能源效率提升、能源储存、多能源有机协调以提高能源供应安全等方面。

根据 Utilities UK 集团的市场调研，欧洲已经涌现出上千家能源服务公司。对于欧洲很多国家而言，其能源系统间的耦合和互动急剧增强，英国和德国就是典型案例。

英国的企业注重能源系统间能量流的集成。英国作为一个岛国，和欧洲大陆的电力和燃气网络仅通过相对小容量的高压直流线路和燃气管道相连。英国政府和企业长期以来一直致力于建立一个安全和可持续发展的能源系统。除了国家层面的集成电力燃气系统，社区层面的分布式综合能源系统的研究和应用在英国也得到了巨大的支持。

与英国相比，德国的企业更侧重于能源系统和通信信息系统间的集成。其中 E－Energy 是一个标志性项目，并在 2008 年选择了 6 个试点地区，进行为期 4 年的 E－Energy 技术创新促进计划，总投资约 1.4 亿欧元，包括智能发电、智能电网、智能消费和智能储能四个方面。该项目旨在推动其他企业和地区积极参与建立以新型信息通信技术（ICT）通信设备和系统为基础的高效能源系统，以最先进的调控手段来应付日益增多的分布式电源与各种复杂的用户终端负荷。通过智能区域用能管理系统、智能家居、储能设备、售电网络平台等多种形式开展试点，E－Energy 最大负荷和用电量均减少了 10%～20%。此外，在 E－Energy 项目实施以后，德国政府还推进了 IRENE、Peer Energy Cloud、ZESMIT 和 Future Energy Grid 等项目。

（二）美国

在管理机制上，美国能源部（DOE）作为各类能源资源最高主管部门，负责相关能源政策的制定，而美国能源监管机构则主要负责政府能源政策的落实，抑制能源价格的无序波动。在此管理机制下，美国各类能源系统间实现了较好协调配合，同时美国的综合能源供应商得到了较好发展，如美国太平洋煤气电力公司、爱迪生电力公司等均属于典型的综合能源供应商。

在技术上，美国非常注重与综合能源相关理论技术的研发。美国能源部在 2001 年即提出了综合能源系统（Integrated Energy System，IES）发展计划，目标是提高清洁能源供应与利用比重，进一步提高社会供能系统的可靠性和经济性，而重点是促进对分布式能源（DER）和冷热电联供（CCHP）技术的进步和推广应用。

2007 年 12 月美国颁布能源独立和安全法（EISA），明确要求社会主要供用能环节必须开展综合能源规划（Integrated Resource Planning，IRP），并在 2007～2012 财年追加 6.5 亿美元专项经费支持 IRP 的研究和实施；奥巴马总统在第一任期就将智能电网列入美国国家战略，以期在电网基础上构建一个高效能、低投资、安全可靠、灵活应变的综合能源

系统，以保证美国在未来引领世界能源领域的技术创新与革命。在需求侧管理技术上，包括加州、纽约州在内的许多地区在新一轮电力改革中，明确把需求侧管理和提高电力系统灵活性作为重要方向。

（三）日本

日本的能源严重依赖进口，因此日本成为最早开展综合能源系统研究的亚洲国家。2009 年 9 月，日本政府公布了其 2020、2030 年和 2050 年温室气体的减排目标，并认为构建覆盖全国的综合能源系统，实现能源结构优化和能效提升，同时促进可再生能源规模化开发，是实现这一目标的必由之路。在日本政府的大力推动下，日本主要的能源研究机构都开展了此类研究，并形成了不同的研究方案。如由日本新能源产业技术综合开发机构（The New Energy and Industrial Technology Development Organization，NEDO）于 2010 年 4 月发起成立的 JSCA（Japan Smart Community Alliance），主要致力于智能社区技术的研究与示范。智能社区类似于加拿大 ICES 方案，是在社区综合能源系统（包括电力、燃气、热力、可再生等）基础上，实现与交通、供水、信息和医疗系统的一体化集成。Tokyo Gas 公司则提出更为超前的综合能源系统解决方案，在传统综合供能（电力、燃气、热力）系统基础上，还将建设覆盖全社会的氢能供应网络，同时在能源网络的终端，不同的能源使用设备、能源转换和存储单元共同构成终端综合能源系统，如图 6－2 所示。

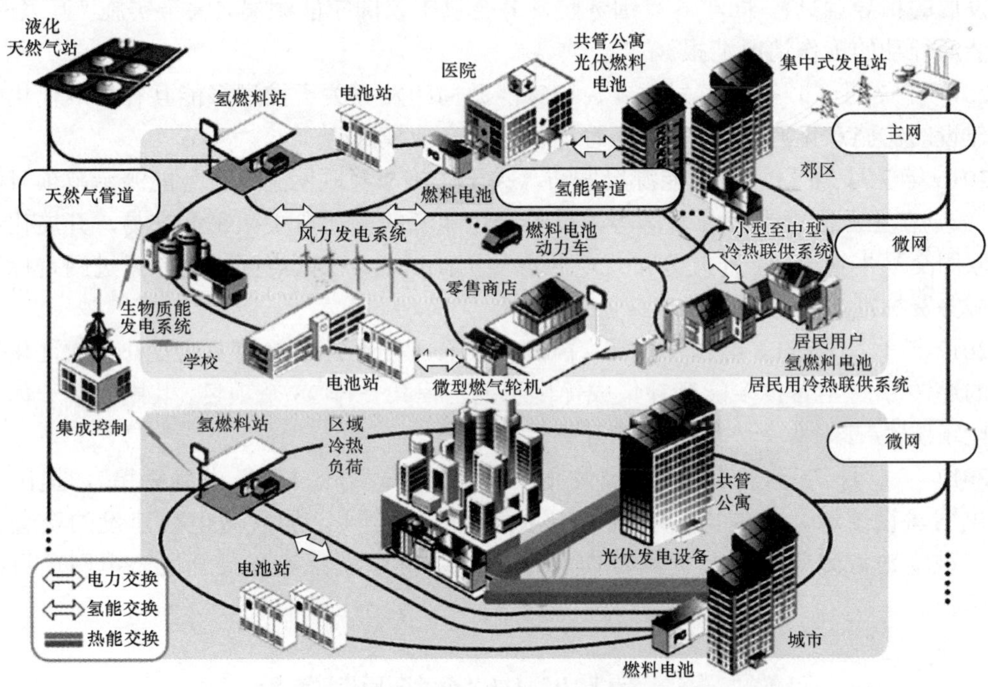

图 6－2　Tokyo Gas 公司综合能源系统解决方案

四、国内综合能源服务发展现状

（一）国内综合能源服务概况

目前，国内综合能源服务尚处于起步阶段。开展能源服务的企业类型包括售电公司、服务公司和技术公司等。典型的综合能源服务供应商有南方电网综合能源有限公司、广东电网综合能源投资有限公司、华电福新能源股份有限公司、新奥泛能网、协鑫分布式微能源网、远景能源、阿里云新能源等。广东电网综合能源投资有限公司、华电福新能源股份有限公司、华润电力、科陆电子等都在向综合能源服务转型。此外，2016 年 11 月，国内第一个发、配、售电一体化项目即深圳国际低碳城分布式能源项目获批参与配售电业务，也在向综合能源服务转型。

区域能源互联网概念的实质是多能互补基础上的综合能源服务，其发展路径可分为两类：一类是产业链延伸模式，如新奥、协鑫和华电的发展模式，其中新奥是以燃气为主导，同时往燃气的深度加工——发电、冷热供应方向发展；协鑫以光伏、热电联产为主导，同时往天然气、智慧能源布局。另一类是售电＋综合服务模式，是将节能服务或能效服务等增值业务整合在一起的能源服务，相比于前一种模式对其产业基础要求较低。

（二）国内的相关支持政策

2015 年，国务院发布《关于进一步深化电力体制改革的若干意见》，明确提出鼓励专业化能源服务公司与用户合作或以“合同能源管理”模式建设分布式电源。

2015 年 7 月，国务院印发《关于积极推进“互联网＋”行动指导意见》，提出“互联网＋”智慧能源行动。2016 年 2 月国家发改委等联合印发《关于推进“互联网＋”智慧能源发展的指导意见》。同年 6 月国务院常务会议审议国家能源局《关于实施“互联网＋”智慧能源行动的工作情况汇报》。

2016 年 7 月 4 日，国家发改委、国家能源局印发《关于推进多能互补集成优化示范工程建设的实施意见》，强调了创新管理体制和商业模式。

2016 年 7 月 26 日，国家能源局发布《关于实施“互联网＋”智慧能源示范项目的通知》，鼓励在工业园区或者开发区等，推动绿色能源的灵活自主微平衡交易，开展化石能源互联网交易平台试点，开展分布式电源直供负荷试点，在试点区域内探索过网费标准和辅助服务费标准、交易监管等政策创新。

2017 年 1 月 25 日，国家发改委、能源局发布《关于公布首批多能互补集成优化示范工程的通知》，提出首批多能互补集成优化示范工程共安排 23 个项目，其中终端一体化集成供能系统 17 个、风光水火储多能互补系统 6 个。

2017 年 2 月 7 日，国家能源局发布《微电网管理办法》（征求意见稿），提出通过城镇电网建设改造、智能电网等现有专项建设基金专项，加大微电网建设的资金支持力度。鼓励地方政府和社会资本合作（PPP），以特许经营等方式开展微电网项目的建设和运营。

第二节 智慧城市综合能源服务目标

智慧城市综合能源服务的目标，通过构建完善的综合能源服务体系，推进能源生产和消费革命，构建清洁低碳、安全高效的城市能源体系，实现城市能源的低碳、清洁、高效利用和能源的“双控”目标，为智慧城市的可持续发展提供能源的支撑与保障，最终实现城市生产、生活、生态的“三生融合”。

一、智慧城市能源“双控”与节能减排

（一）中国“十三五”节能减排工作主要目标

《“十三五”规划纲要》指出：到2020年，全国万元国内生产总值能耗比2015年下降15%，能源消费总量控制在50亿t标准煤以内。全国化学需氧量、氨氮、二氧化硫、氮氧化物排放总量分别控制在2001万t、207万t、1580万t、1574万t以内，比2015年分别下降10%、10%、15%和15%。全国挥发性有机物排放总量比2015年下降10%以上。

（二）优化产业和能源结构

1. 促进传统产业转型升级

深入实施“中国制造2025”，深化制造业与互联网融合发展，促进制造业高端化、智能化、绿色化、服务化。构建绿色制造体系，推进产品全生命周期绿色管理，不断优化工业产品结构。强化节能环保标准约束，严格行业规范、准入管理和节能审查，对电力、钢铁、建材、有色、化工、石油石化、船舶、煤炭、印染、造纸、制革、染料、焦化、电镀等行业中，环保、能耗、安全等不达标或生产、使用淘汰类产品的企业和产能，要依法依规有序退出。

2. 加快新兴产业发展

加快发展壮大新一代信息技术、高端装备、新材料、生物、新能源、新能源汽车、节能环保、数字创意等战略性新兴产业，推动新领域、新技术、新产品、新业态、新模式蓬勃发展。进一步推广云计算技术应用，新建大型云计算数据中心能源利用效率（PUE）值优于1.5。支持技术装备和服务模式创新。到2020年，战略性新兴产业增加值和服务业增加值占国内生产总值比重分别提高到15%和56%，节能环保、新能源装备、新能源汽车等绿色低碳产业总产值突破10万亿元，成为支柱产业。

3. 推动能源结构优化

加强煤炭安全绿色开发和清洁高效利用，推广使用优质煤、洁净型煤，推进煤改气、煤改电，鼓励利用可再生能源、天然气、电力等优质能源替代燃煤使用。因地制宜发展海岛太阳能、海上风能、潮汐能、波浪能等可再生能源。安全发展核电，有序发展水电和天然气发电，协调推进风电开发，推动太阳能大规模发展和多元化利用，增加清洁低碳电力供应。到2020年，煤炭占能源消费总量比重下降到58%以下，电煤占煤炭消费量比重提高到55%以上，非化石能源占能源消费总量比重达到15%，天然气消费比重提高到10%左右。

（三）加强重点领域节能

1. 加强工业节能

实施工业能效赶超行动，加强高能耗行业能耗管控，在重点耗能行业全面推行能效对标，推进工业企业能源管控中心建设，推广工业智能化用能监测和诊断技术。到2020年，工业能源利用效率和清洁化水平显著提高，规模以上工业企业单位增加值能耗比2015年降低18%以上，电力、钢铁、有色、建材、石油石化、化工等重点耗能行业能源利用效率达到或接近世界先进水平。

2. 强化建筑节能

实施建筑节能先进标准领跑行动，开展超低能耗及近零能耗建筑建设试点，推广建筑屋顶分布式光伏发电。编制绿色建筑建设标准，开展绿色生态城区建设示范，到2020年，城镇绿色建筑面积占新建建筑面积比重提高到50%。

3. 促进交通运输节能

加快推进综合交通运输体系建设，发挥不同运输方式的比较优势和组合效率，推广甩挂运输等先进组织模式，提高多式联运比重。大力发展公共交通，推进“公交都市”创建活动，到2020年大城市公共交通分担率达到30%。促进交通用能清洁化，大力推广节能环保汽车、新能源汽车、天然气（CNG/LNG）清洁能源汽车、液化天然气动力船舶等。

4. 推动商贸流通领域节能

推动零售、批发、餐饮、住宿、物流等企业建设能源管理体系，建立绿色节能低碳运营管理流程和机制，加快淘汰落后用能设备，推动照明、制冷和供热系统节能改造。

5. 推进农业农村节能

加快淘汰老旧农业机械，推广农用节能机械、设备和渔船，发展节能农业大棚。推进节能及绿色农房建设，结合农村危房改造稳步推进农房节能及绿色化改造，推动城镇燃气管网向农村延伸和省柴节煤灶更新换代。鼓励使用生物质可再生能源，推广液化石油气等商品能源。到2020年，全国农村地区基本实现稳定可靠的供电服务全覆盖，鼓励农村居民使用高效节能电器。

6. 加强公共机构节能

公共机构率先执行绿色建筑标准，新建建筑全部达到绿色建筑标准。推进公共机构以合同能源管理方式实施节能改造，积极推进政府购买合同能源管理服务，探索用能托管模式。2020年公共机构单位建筑面积能耗和人均能耗分别比2015年降低10%和11%。

（四）强化主要污染物减排

1. 推进工业污染物减排

推进京津冀及周边地区、长三角、珠三角、东北等重点地区，以及大气污染防治重点城市煤炭消费总量控制，新增耗煤项目实行煤炭消耗等量或减量替代；实施重点区域大气污染传输通道气化工程，加快推进以气代煤。加快发展热电联产和集中供热，利用城市和工业园区周边现有热电联产机组、纯凝发电机组及低品位余热实施供热改造，淘汰供热供气范围内的燃煤锅炉（窑炉）。严格控制长江、黄河、珠江、松花江、淮河、海河、辽河等七大重点流域干流沿岸的石油加工、化学原料和化学制品制造、医药制造、化学纤维制造、有色金属冶炼、纺织印染等项目。

2. 促进移动源污染物减排

实施清洁柴油机行动，全面推进移动源排放控制。提高新机动车船和非道路移动机械环保标准，发布实施机动车国Ⅵ排放标准。加速淘汰黄标车、老旧机动车、船舶以及高排放工程机械、农业机械。逐步淘汰高油耗、高排放民航特种车辆与设备。2020 年实现车用柴油、普通柴油和部分船舶用油并轨，柴油车、非道路移动机械、内河和江海直达船舶均统一使用相同标准的柴油。

3. 强化生活源污染综合整治

对城镇污水处理设施建设发展进行填平补齐、升级改造，完善配套管网，提升污水收集处理能力。合理确定污水排放标准，加强运行监管，实现污水处理厂全面达标排放。强化农村生活污染源排放控制，采取城镇管网延伸、集中处理和分散处理等多种形式，加快农村生活污水治理和改厕。到2020年，全国所有县城和重点镇具备污水处理能力，地级及以上城市建成区污水基本实现全收集、全处理，城市、县城污水处理率分别达到95%、85%左右。

4. 重视农业污染排放治理

大力推广节约型农业技术，推进农业清洁生产。促进畜禽养殖场粪便收集处理和资源化利用，建设秸秆、粪便等有机废弃物处理设施，加强分区分类管理，依法关闭或搬迁禁养区内的畜禽养殖场（小区）和养殖专业户并给予合理补偿。推广高效低毒低残留农药使用，到2020年实现主要农作物化肥农药使用量零增长，化肥利用率提高到40%以上。

二、构建清洁低碳及安全高效的现代能源体系

根据上述构建现代能源体系的主体要素，并考虑现代能源体系具备清洁、低碳、安全、高效的特点，除了政府、企业、公众这三个主要的参与主体外，从四个子功能模块方面来构建出具体的清洁低碳、安全高效的现代能源体系结构框架，如图6－3所示。

1. 现代能源环境支撑体系

从现代能源环境支撑体系来看，主要包含政策支撑、技术支撑、市场支撑三个方面的内容。在政策支撑方面，是由政府根据城市的实际情况，制定出总体的能源发展战略规划、相应的法律法规、鼓励企业发展的科技政策以及补贴政策。技术支撑方面，要符合现阶段的经济社会发展要求，应把“互联网＋”的信息技术和能源发展结合起来，构建互联网能源。另外，就是加强清洁利用技术和绿色开采技术的研发和应用。在市场支撑方面，主要是加快建立和完善开放的、自由的市场机制。

2. 现代能源结构体系

在发展电力方面，应着重以安全和高效的方式发展新型电力，如发展核电、风电、光电等可再生能源发电。同时，必须大力开发利用风能、太阳能、生物质能、地热能、潮汐能等可再生能源。此外，对于能源消费结构中占比最高的煤炭，应做好燃煤电厂超低排放和节能减排改造及进一步制定煤炭清洁生产标准，以有效提高清洁煤炭的利用，还必须完善矿区生态补偿机制，切实解决煤炭开采所带来的环境问题。

3. 现代能源供给体系

从现代能源供给体系来看，现代能源供给体系指的是在提供能源的产品或服务时，能够减少生产过程中对环境所带来的危害和降低输送损失，具备合理的价格，保证国家经济社会的稳定性和增强自身的竞争力。本文构建的现代能源供给体系包含三个方面，分别为生产体系、运输体系、价格体系。

4. 能源消费体系

从能源消费体系来分析，主要分为两方面的内容，分别为政府调控供需以及公众参与。

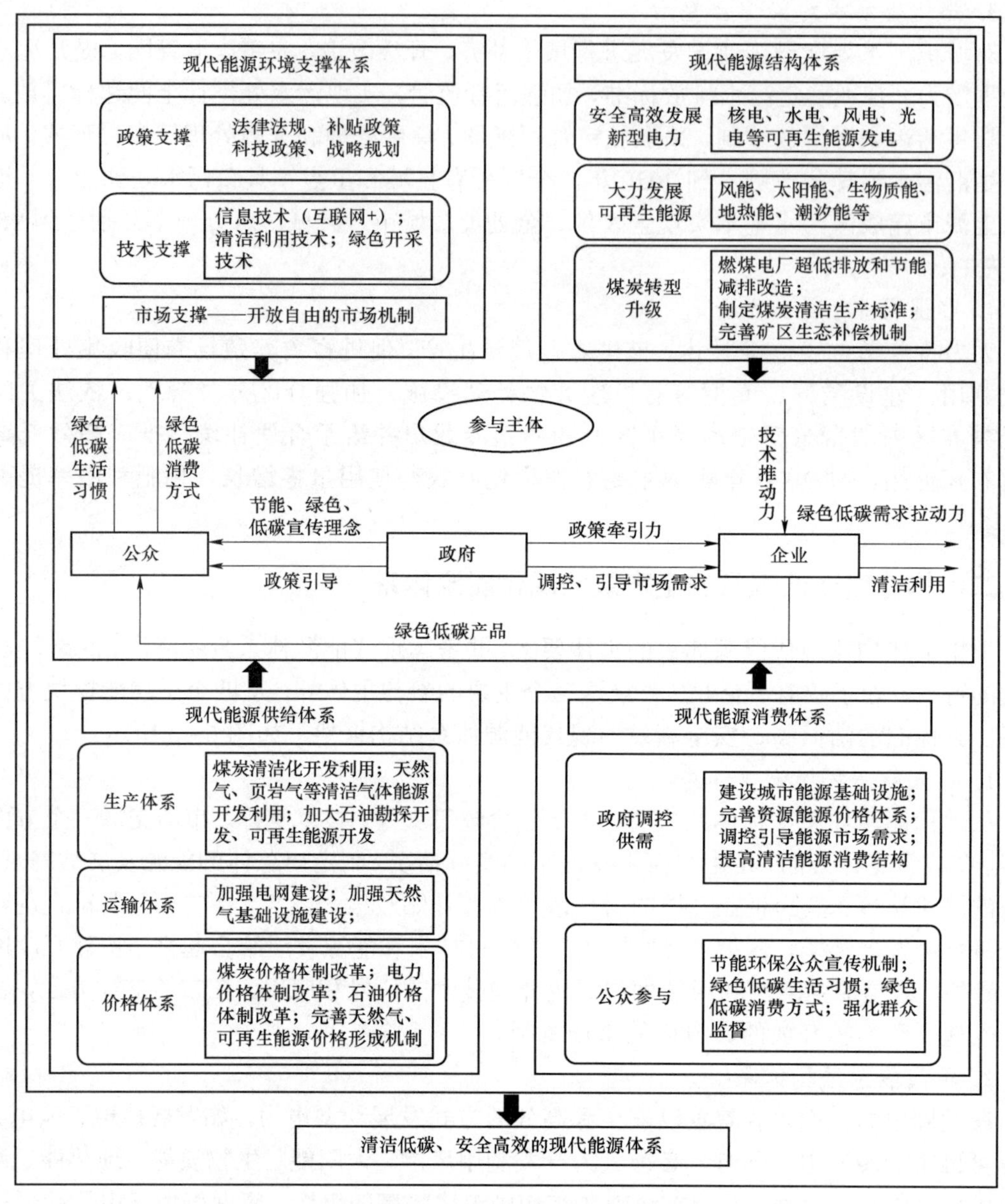

图 6-3　清洁低碳、安全高效的现代能源体系结构框架

在政府调控供需方面，政府作为现代能源体系建设的重要参与主体之一，具有不可替代的作用。要发展现代能源体系，必须有政府制定的相关法律法规、补贴政策等作为重要支撑。为了有效地弥补市场的不足之处，政府会及时出台相应的以市场为导向的宏观调控措施，积极调控和引导能源市场需求，推广使用清洁、低碳、安全、高效的产品。在公众参与方面，应建立节能环保的公众宣传机制，提高公众的节能环保意识。同时，公众自身应自觉培养绿色低碳的良好的生活习惯以及消费方式。还要进一步强化群众监督，使得现代能源体系能够稳步推进和有效实施。

第三节　智慧城市综合能源服务范畴

综合能源服务是为了满足客户冷、热、电、气等多种能源需求，提供规划、设计、投融资、建设及运营等整体解决方案的一种新型能源服务方式。

综合能源服务涵盖能源规划设计、工程投资建设、多能源运营服务以及投融资服务等多个方面。

一、为政府提供综合能源应用服务咨询和规划支撑

（一）城市能源行业发展分析预测

能源发展的历史是伴随着人类文明和科技发展的历史，能源转型往往表现为一次能源主导地位的更迭，新能源取代旧能源。世界能源结构曾经历了煤炭代替薪柴、石油代替煤炭两次重大变革，并正在经历从化石能源向可再生能源的变革。其演替情况如图 6－4 所示。

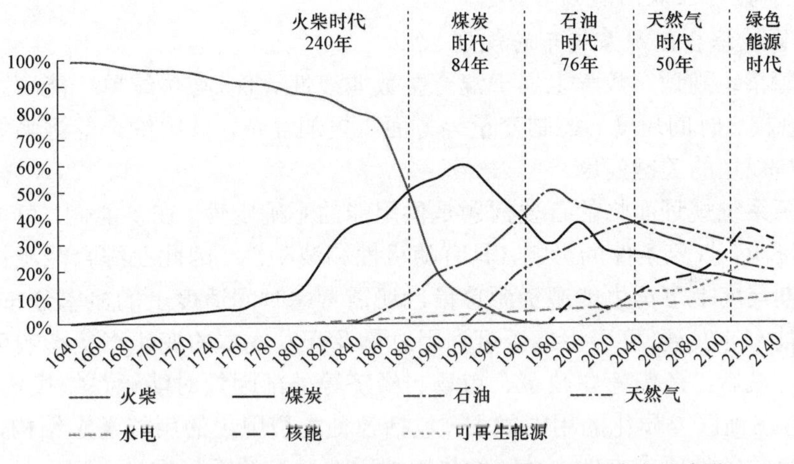

图 6－4　世界能源体系演替情况——各主要能源消费占比变化

能源演变基本遵循从低能量密度到高能量密度的过程，能源更迭替代基本遵循绿色、从单一化向多元化发展的方向。低二氧化碳、甲烷和氮排放的能源是未来能源发展的大方向，煤炭、石油消费占比将进一步下降，但考虑到地区能源政策、技术水平的差异，传统化石能源仍会占有一定比例。同时，伴随着能源技术进步和人类社会对气候环境问题的重视，城市能源使用比例中新能源占比也会进一步上升，届时能源多元化局面将逐步成型。新旧更迭是能源发展的必然趋势，能源转型是经济转型的重要推动力，能源转型为大国崛起提供重要契机。

据权威机构预测，2030 年非化石能源占比将达到 20%。三大化石能源的消费比较均衡，综合各机构的预测结果，2030 年煤炭、石油和天然气的消费占比范围分别为 18%～27%、24%～33%和 22%～26%；未来 50 年，天然气有望接棒石油成为第一大能源，成为化石能源向可再生能源转型的“过渡能源”。根据预测，2015～2035 年天然气消费量将以

每年 1.6%速度增长，超过煤炭和石油的增长率；2010～2015 年，可再生能源的消费量由 1.68 亿 t 油当量增加到 3.46 亿 t，预计电力领域的可再生能源消费占比将由当前的 7%增加到 2035 年的近 20%。

根据能源消费结构的发展规律和趋势，综合能源服务可以为相应的政府机构提供用能分析数据预测、用能产业技术发展预测等。

（二）能源双控政策咨询服务

根据当前的用能数据，分析高耗能行业项目单位产品（产值）能耗，为政府相关监管机构提供用能咨询及监督服务，为相关政策决策提供基础数据支撑；梳理火电、热电、水泥、玻璃、化纤、石化 PTA、印染、造纸、钢铁、饭店等多行业的用能指标，为变压器、电机、空气压缩机等 3 个产品制定能效“领跑者”标准；调研行业终端设备用能特性，发布能源利用效率最高的终端用能产品目录、单位产品能耗最低的高耗能产品生产企业名单、能源利用效率最高的公共机构名单以及能效指标，为政府及企业能效提升工程提供专业支撑；协助政府建立能效“领跑者”标准动态调整机制，规范能源双控管理。

（三）城市能源互联网规划咨询

1. 公共区域综合能源系统布局规划

综合能源系统规划在数学上属于混合整数非线性寻优，与传统单一能源系统的规划相比，在求解规模、时间尺度、控制变量等方面将更加复杂，其中综合能源系统的不确定性问题的处理是规划的关键问题。

综合能源系统规划面临的首要问题是供用能的不确定性。在供能侧，可再生能源的出力受到自然资源、气象条件的影响，具有随机性和波动性，因此在综合能源规划中不仅仅要考虑中长期尺度上可再生能源资源总量，还需考虑时间适度上的概率分布特性；再者，随着新能源技术的发展，可再生能源可利用总量及开发成本的变化直接影响可再生能源装机发展趋势；最后，还需考虑政策、市场、经济等外部因素对能源系统投资产生的影响。在用能侧，存在地区差异化的用能需求，包括各种类型用户的用能需求结构，外部条件如能源价格、气象条件所带来的电/气/冷/热用能需求总量的不确定性。

基于地区负荷需求和资源禀赋因地制宜地构建规划场景，综合考虑系统不同运行阶段特征，将不确定性影响因素进行边界化处理，并在此基础上，利用多场景优化方法有效降低规划问题复杂度。规划场景在综合能源系统规划中的应用贯穿始终，具体包括：通过引入规划场景，基于负荷及风、光资源的日特性和年特性，针对规划场景进行分析，计算时序出力曲线和负荷曲线，提高可再生能源装机增幅和出力、冷/热/电用能需求的预测精度；基于规划场景，分析综合能源系统中各种设备和环节的变工况特性，以获取系统不同工作模式下的约束条件；考虑规划场景进行系统分层系统规划以及规划结果的评估校验，全面评估规划方案的可行性和合理性，改善规划方案的实用性和经济性。

（1）大型集中式区域综合能源站。结合地区 110kV 变电站建设情况，就近接入高比例分布式光伏发电系统，利用集中式燃气轮机热电联产与光储一体化充电站，作为区域综合能源子系统可调控手段，实现综合能源系统冷热电高效运行及可再生能源就地消纳。项目场景组成如图 6－5 所示，包括 110kV 变电站、燃气轮机、燃气锅炉、余热锅炉、分布式光伏和充电站。

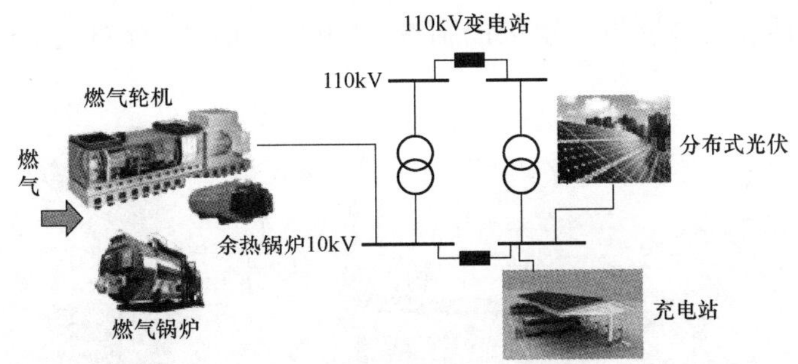

图 6－5　大型集中式区域综合能源站规划场景设计

（2）小规模区域综合能源站。结合 10kV 开关站建设，就近接入小规模分布式光伏发电系统，通过燃气内燃机、干热岩地源热泵及能源梯级利用提升局部能源子系统综合能效，同时通过区域柔性负荷、相变储热等灵活资源调控提高系统经济性。项目场景组成如图 6－6 所示，包括 10kV 开关站、燃气内燃机、溴化锂制冷、相变储热、分布式光伏、地源热泵。

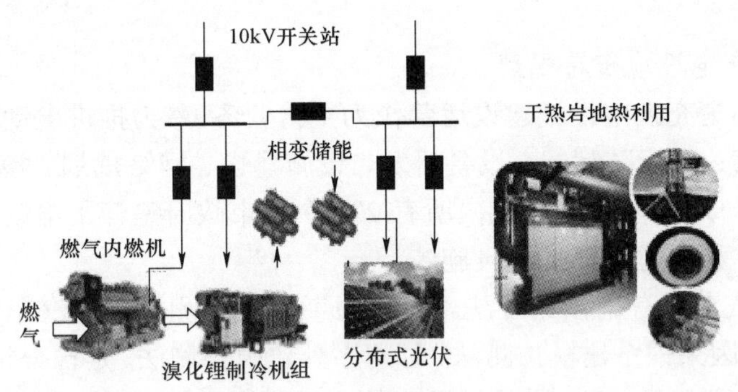

图 6－6　小规模区域综合能源站规划场景设计

（3）高可靠供能区域综合能源站。针对数据中心、医院等高可靠用能负荷需求，配置燃气内燃机、分布式光伏、空气源热泵结合余热回收等供能系统，提高高强度负荷用能经济性，同时通过区域柔性负荷、冷热电联供、电储能等多能流调控手段提高系统供电可靠性。项目场景组成如图 6－7 所示，包括燃气内燃机、溴化锂制冷、UPS 电储能、分布式光伏、空气源热泵、柔性负荷。

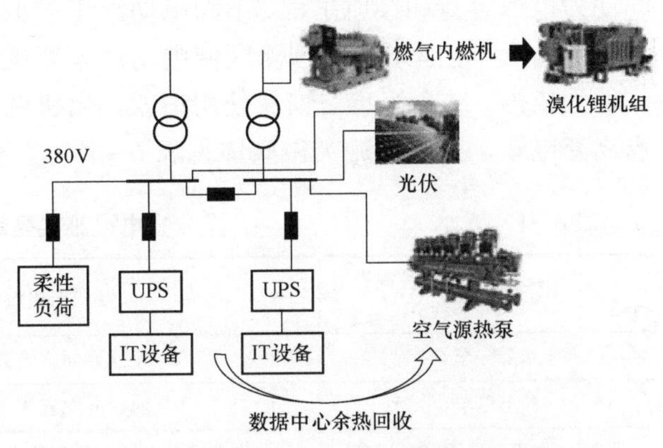

图 6－7　高可靠供能区域综合能源站规划场景设计

（4）大型公共设施区域综合能源站。针对大型商业设施、停车场等公共服务类负荷，配置燃气内燃机、溴化锂制冷机组等能源设施满足绿色用能需求，同时利用电池梯次利用、低压柔直系统、光储一体化充电站协同解决充电设施、停车场智能管理、分时租赁等模式创新。项目场景组成如图 6-8 所示，包括燃气内燃机、溴化锂制冷、UPS 电储能、分布式光伏、柔性负荷。

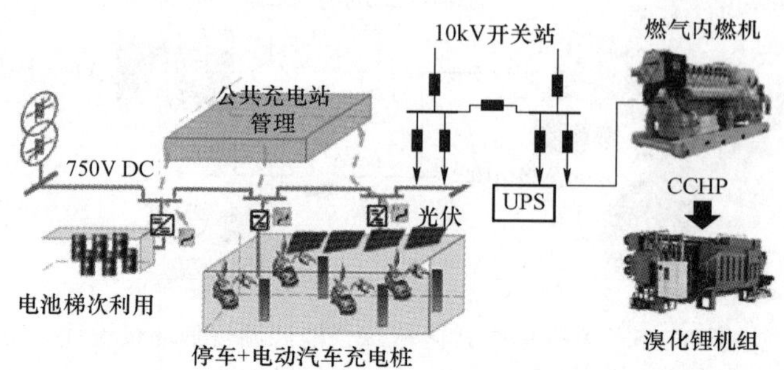

图 6-8 大型公共设施区域综合能源站规划场景设计

（5）绿色小镇区域综合能源站。利用村镇大规模的畜牧养殖场所产生的粪污水、动物粪便等废弃物，经过技术处理产生的高热值沼气，输送到当地沼气锅炉进行燃烧发电，同时与渔光发电、农光发电等多种形式互相补充，形成清洁无污染多能源联合，实现现代小镇多能互补的业态。项目场景组成包括生物质发电、垃圾发电、分布式光伏、分布式天然气三联供。

2. 电动汽车充电设施布局规划

国家电网公司把充换电设施建设运营作为主营业务，着力推进电动汽车智能充换电服务网络建设与运营；在标准制定、设备研发、设施建设、网络规划、模式创新、对外合作等方面取得了显著成效；与经营区域内所有 273 个省市政府签订了电动汽车充换电设施建设战略合作协议，积极建设充换电设施。

（1）新能源汽车保有量预测方法。针对短期年度预测，采用汽车销量来替代汽车需求量，通常有基于因果关系建模预测法、时间序列建模预测法、定性分析的情景分析法等；而中长期预测，主要基于 GDP 增长假设下的情景分析法。

（2）充电设施发展规划分析。由于电动汽车的技术特征、使用范围、运营模式以及充电需求具有明显差异，应综合考虑充电需求和使用范围等因素，针对不同充电功率、不同动力电池容量和续航里程、不同电动汽车类型以及充电情景的电动汽车使用情况，建造不同电动汽车模型，科学预测区域电动汽车充电需求。以新能源汽车充电设施推广要求及文件为依据，结合用户习惯及使用情景，配建直流充电桩及交流充电桩，充电桩群或片区设立充电站，充电设施类型具体见表 6-1。

表 6-1　　充电设施类型细分表

车型＼设施类型	专属充电设施	公共充电设施
公交车	配建专属直流充电桩	—
出租车	配建专属直流充电桩	配建少量公共直流充电桩
邮政、物流、环卫等专用车	配建交流充电桩；并配建少量专属直流充电桩	—

续表

车型＼设施类型	专属充电设施	公共充电设施
政府机关及企事业单位用车	配建专属交流充电桩	配建少量公共直流充电桩
私家车	配建专属交流充电桩	配建少量公共直流充电桩

在充电设施配建时序上，优先鼓励集约化程度高、管理制度完善、运营规范的公共运输领域使用新能源汽车和建设充电设施，进而鼓励以企业为主体积极探索开展新能源汽车分时租赁、以租代购、定向购买、网络租售等新型商业模式，推行私人租赁基础设施建设和统筹布局。

（3）充电设施选址布局规划。目前，国内已提出了几种不同的充电设施网络规划方法。北京交通大学提出了以充电站投资、运行成本和用户充电损耗成本之和最小为目标，建立了区域内充电站的优化选址模型；四川大学根据电动汽车充电特性和出行特征，计算电动汽车充电功率需求期望值，利用粒子群优化算法的全局寻优能力，结合加权伏罗诺伊图对充电站进行选址定容和服务区域划分的优化规划；华北电力大学以居民负荷的分布情况确定电动汽车充电站的规模及位置，建立了电动汽车充电站选址定容的最优费用模型；浙江大学考虑到充电站具有城市交通公共服务设施以及普通用电设施的双重属性，以俘虏的交通流量最大、配电系统网络损耗最小以及节点电压偏移最小为目标，建立了充电站最优规划的多目标决策模型；东南大学提出了使用层次分析法确定充电设施的候选站址和建立了候选站址优化模型，得到充电站选址和定容的结果。

综上，充电设施选址应与当地城市电网规划深度衔接，准确分析电网接纳能力，综合论证，结合城市发展政策，进而确定充电设施选址布点。

二、为能源项目提供全寿命周期建设管理

工程项目全寿命周期包括项目决策阶段、项目实施阶段、项目使用阶段。综合能源应用项目不再是单一能源的供应，而是将电、气、风、光、储能等新能源结合在一起，利用综合能源服务及能源交易等管理平台，实现对各类能源分配、转化、存储、消费等环节的协调与优化，是能量流和信息流的交互。因此，综合能源项目比一般的能源项目更为复杂，涉及外部因素较多，对项目的整个建设周期提出了更高的要求。

（一）投资分析

在各个投资领域中，为降低投资者的投资失误和风险，每一项投资活动都必须建立一套系统科学的，适合自己的投资活动特点的理论和方法。

投资价值分析需充分考虑多方因素，一般主要包含项目背景分析规划、外部环境分析、市场需求预测、内部分析、财务评价、融资策略、价值分析判断等方面。

（1）项目背景分析规划：项目背景及意义、项目建设规划及目标、主要产品和产量、工艺技术方案。

（2）外部环境分析：外部一般环境（PEST）分析、产业分析。任何一个行业、企业和项目的发展都离不开其所在的外部环境，而且不同区域的自然条件、资源禀赋、基础设

施建设、经济发展水平和风俗习惯等都有很大的差别。因此，了解目标区域的投资环境对投资决策有重要的参考作用。

投资环境调查分析分为针对区域总体投资环境的调查分析和针对具体项目在特定区域的投资环境调查分析。具体内容包括：① 硬件环境，如产业链环境、交通环境、运营基础环境、通信港口环境、市政环境；② 市场服务环境，如经济环境、金融环境、人力资源环境、产业环境、物流环境、科技环境；③ 政策和政府服务环境，如政策法规环境、政府服务环境、投资保护环境；④ 人文环境，如文明意识、价值取向、创业精神、交往操守、创新氛围。

（3）市场需求预测：国外市场需求预测、国内市场需求状况分析。

（4）内部分析：项目地理位置分析、资源和技术、项目态势分析（Strengths Weaknesses Opportunities Threats，SWOT）、项目竞争战略的选择。

（5）财务评价：评价方法的选择及依据、项目投资估算、产品成本及费用估算、产品销售收入及税金估算、利润及分配、财务盈利能力分析、项目盈亏平衡分析、财务评价分析结论。

（6）融资策略：资金筹措、资金来源、资金运筹计划等。

（7）价值分析判断：价值判断方法的选择、价值评估。

（二）规划建设

项目建设是指具有独立的行政组织机构并实行独立的经济核算，具有设计任务书，并按一个总体设计组织施工的一个或几个单项工程所组成的建设工程，建成后具有完整的系统，可以独立形成生产能力或使用价值的建设工程。

按照国家规定，基本建设程序包括项目建议书、可行性研究报告、初步设计、开工报告和竣工验收等工作环节。根据以上建设环节，可以将建设项目分为项目前期工程阶段、施工管理阶段、竣工验收三个阶段。项目建设必须严格执行以上各工作阶段的工作要求，确保国家项目建设资金的有效使用，充分发挥效益。任何部门、地区和项目法人都不得擅自简化建设程序和超越权限、化整为零进行项目审批。

三、为用户提供优质综合能源服务

传统能源服务模式是以产品为中心，而综合能源服务是以客户为中心。随着城市综合能源服务的推进，能源服务不再仅有供能企业和用能企业间形成的购买关系，而是强化企业间的互动。在充分分析了解企业的需求下，综合能源公司可以提供定制所需能源服务，甚至可以在不同需求的企业间展开能源交易、节能减排、需求响应等服务，让能源在区域内可以动态转换，充分开展能量流、信息流、业务流的互动，以保障业务长期进行。目前，国内外一些公司在开展售电业务的同时，也对该地区开展气、冷、热等其他能源甚至公共交通、设施等服务。

（一）合理用能和能效管理服务

为了提高客户满意度、增强客户黏性，综合能源服务企业甚至不仅仅提供能源服务，还可以针对客户对用能种类、投资成本、安全性能等需求，为用户提供节能诊断、解决方案、设备运营及能效管理等定制化服务。

1. 能耗诊断

通过深入生产车间、动力车及配电房，按审计工作要求了解企业各用能设备及生产工艺的基本情况。如设备配置及运行状况、能耗与物耗水平、管理状况，调取设备资料、运行记录，并对相关数据进行验证，进行物资盘存。

（1）工艺流程诊断。根据企业生产工艺流程进行审计及诊断，掌握生产工艺中重点用能区域低能效点情况，并了解企业生产工艺细节及各用能环节，评估是否存在优化空间。

（2）重点用能设备诊断。分系统对各重点用能设备的当前运行工况进行专家式诊断，并辅以必要的能效测试，调阅历史运行数据，就可能存在的节能技改空间进行分析、核算、评价。

（3）现场用能管理走访。了解企业现场能源管理工作的具体落实情况，如各项能源管理制度的制定与落实，现场设备管理现状，企业计量仪表的配备、完好情况，企业节能目标完成情况、节能奖惩机制、资金预算、人员能力和意识、宣传培训和内部沟通等情况。

（4）关键员工座谈。采用现场沟通的方式与设备管理人员就设备管理及经济性运行问题进行交流，了解企业能源管理工作现状及具体执行情况，必要时采用座谈会的形式开展。

2. 现状及节能分析

企业现有管理水平、设备运行效率与目标能源绩效之间的差距，即为节能潜力。节能潜力分为理论潜力和视在潜力。理论潜力是指理论上可回收和重复利用的节能空间；视在潜力是指在当前的技术条件下能够实现的回收利用的节能空间。随技术进步，视在潜力动态变化。

（1）结构节能分析。

1）分析产品结构、原料结构变化对节能的影响。

2）分析能源结构变化对节能的影响。

（2）技术节能分析。

1）与国内外同类工艺流程企业产品（或工作量）综合能耗及主要生产工序能耗差距的节能潜力分析。

2）按能源介质（系统）进行购入、储存、加工转换、输送分配环节的节能潜力分析。

3）按工序（单元）进行使用环节的节能潜力分析。分析每个工序（单元）能源的种类、流向、用途、能源利用效率及热平衡情况，以及主要用能设备（装置）经济运行情况。

4）在工序（用能单元）分析的基础上，分析工序（用能单元）间能源消耗的互相影响及其节能的潜力，对可能的技术改善机会以及淘汰落后产能的节能潜力进行分析等。

（3）管理节能分析。

1）分析企业现有能源管理机制的缺失或不足对节能的影响。

2）分析企业管理制度存在的缺失或不足对节能的影响。

3）分析企业能源管理工作执行与落实过程中的不足对节能的影响。

4）分析改进企业能源管理手段或者工具对节能的影响。

（4）行为节能分析。全体员工日常出行、在厂工作及生活行为对能源消耗影响分析。

3. 能效管理

根据对企业的能源审计结果，加强能耗设备管理，及时对锅炉、工业窑炉、各类电器等进行技术改造和更新；提高能源利用率，实行能源定额管理，计算出能源的有效消耗及工艺性损耗的指标，层层核定各项能源消耗定额，并通过经济责任制度和奖惩制度把能源消耗定额落实到车间、班组和个人，督促企业达到耗能先进水平；不断对能源有效利用程度进行技术分析，建立健全能源管理制度，形成专业管理与群众管理相结合的能源管理网；教育职工树立节能意识，并不断加强对能源消耗的计量监督、标准监督和统计监督。

（二）能源交易

长期以来，电、气、热等子系统独立运行，形成了各自的运营模式和运行规则。但随着全球能源格局的变化，能源结构朝着多元化、清洁化和低碳化的方向发展。目前，随着综合能源服务的进行，已逐渐形成了初步能源交易市场。

1. 电力交易

电力交易是指针对电力商品和服务进行的买卖活动，包括电能交易、辅助服务交易、输电权交易等。电能交易指不包括辅助服务的有功容量或有功电量交易。电力市场中的现货市场是保障电力市场稳定运行的必要条件，现货市场根据时间先后可以进一步划分为日前市场、日内市场、实施平衡市场。

电力交易类型有多种划分方法：

（1）按交易周期的不同分为现货交易和合同交易两大类。现货交易包括日前交易、时前交易、实时交易等（在一些国家，现货交易特指日前交易）；合同交易包括期货交易、期权交易、远期合同交易、差价合同交易、发电权转让交易、输电权转让交易等。

（2）按交易目的和交易标的的不同可分为电能交易、辅助服务（调频、备用、无功、黑启动等）交易、发电权交易、输电权交易等。

（3）按交易标的的性质不同可以分为电力实物交易和电力金融交易两大类。

2. 冷、热交易

区域供热供冷系统（District Heating and Cooling，DHC）是指对一定区域内的建筑物群，由一个或多个能源站集中制取热水、冷水或蒸汽等冷媒和热媒，通过区域管网提供给最终用户，实现用户制冷或制热要求的系统。

3. 天然气交易

管道、储气库和液化天然气（Liquefied Natural Gas，LNG）接收站的价格、可用容量、技术数据等通过天然气基础设施信息平台进行公布，交易合同中约定的天然气所有权转移，在天然气交易中心（多数为虚拟型的）发生。

（三）能源数据增值服务

随着大数据、云计算技术的兴起，以及数据的积累，数据本身的价值也在不断升值，也反映了世界事物由量变到质变的规律。在大数据基础上进行深度挖掘所衍生出来的增值服务，是大数据领域最具想象空间的商业模式。

1. 个性化的精准营销

综合能源服务公司可以通过对用户用能数据进行详细分析和深度挖掘，得到用户能源使用习惯和规律，再根据能源消费价格政策，依托互联网技术，就可以直接向用户推送能

耗账单，并针对性提供用能建议，有效降低用户用能成本。

2. 指导企业经营决策

针对大量的用户数据，运用成熟的数据挖掘技术，分析得到企业运营的各种趋势，从而给企业的决策提供强有力的指导。

对于能源服务公司，可以通过对用户大量的反馈意见进行分析，结合当地城市的能源结构和供给方式，得到用户最关心和最不满意的内容和服务方式，然后对公司的产品进行有针对性的改进，为用户提供更优质的能源服务，以提升消费者的满意度，同时也促进自身长远发展。

对于一般工商企业，可以根据企业能源消费情况进行分析，得到能源消耗规律以及进行趋势分析，进一步掌握企业发展状况，从而指导企业运营和发展规划。

而且，政府可以将企业能源消费情况引入征信体系，根据企业能耗数据分析，对用能企业进行公平公正的评估，完善企业信用档案，为其他企业以及个人提供决策指导。

总体来说，大数据分析和运用能力正成为企业的核心竞争力，深入研究和挖掘智慧城市能源数据，积极探索和开发其衍生的新的商业生态模式，实现能源数据的价值利用，对企业乃至一个城市的未来发展具有至关重要的意义。

四、以电为核心的综合能源服务业务

（一）智慧城市综合能源咨询服务

智慧城市综合能源服务首先要服务于国家能源方针和政策，服务于城市能源的转型发展；聚焦城市能源“理论、战略、技术、政策、市场、商业模式”六大领域研究，提供城市能源整体变革解决方案；支撑城市综合能源服务顶层设计和发展战略研究，开展智慧城市能源互联网的总体规划体系研究，开展城市组团综合能源解决方案的设计研究以及工程总承包的商业模式研究。

（二）能源资源综合利用

开展生物质综合利用、工业余热余压综合利用，开展微网和多能互补项目的规划、建设和能源管理服务，参与储能技术开发与应用业务。业务内容具体为：

（1）引领引导微电网多能互补示范项目建设。

（2）加快发展微电网业务。根据医院、高校、工业园区、偏远地区等客户实际用能需求，提供微网咨询、规划、建设和能源管理等服务，协助客户实现能源的自给自足以及参与电力市场交易。

（3）引导开展分布式光伏市场化交易试点项目，积极引导有关政策落地。

（4）大力开拓储能业务。为客户提供电储能服务，参与调峰调频服务，助力客户依据市场成交价格获得补偿收入并提高电网运行效率和安全稳定水平。

（5）发展工业余热余压、生物质综合利用业务。以余热余压综合利用、废弃物焚烧发电为切入点，逐步拓展清洁能源供应产业，推进生态环境改善和能源持续开发。

（三）能源基础服务

开展电力设施设计、建设、运营、节能、能源托管等一体化电能服务，开展能源服务设施研发、制造和销售，推进客户侧电气化改造提升等电能替代业务，开展综合管廊业务。

业务内容具体为：

（1）做强电力设施建设运维服务。依托已有优势，大力开展电力设计、施工、设施运维等业务，参与综合管廊投资、建设、运营业务。

（2）拓展能源托管服务。发挥能源公司人才、专业、维护、管理等优势，为用能企业提供能源专家型的价值服务，开展用能设备的专业化管理，提高能源利用效率。

（3）加快电能替代服务。推进客户侧电气化改造提升，结合热泵、电采暖、电锅炉（窑炉）、船舶岸电等电能替代技术，在工业、交通、建筑、居民生活等多领域为客户提供清洁、安全、便捷的电能替代整体解决方案。

（4）开展高端装备制造。加强面向市场的前沿技术攻关，加快科技创新成果应用转化，形成产学研一体化的产业发展模式。

（四）清洁能源开发供应

开展光伏、风电等可再生能源开发，冷热电三联供等集成供能，参与电动汽车、船舶岸电充电网络建设运营。业务内容具体为：

（1）示范引领集成供能服务项目。重点选择数据中心、医院、机场、酒店、工业园等具有稳定冷热负荷、投资回报率较高的优质潜在客户，根据客户用能需求提供冷热电三联供、基于电能的冷热综合能源系统建设服务，满足终端客户对电、热、冷、气等多种能源的需求。

（2）做优电动汽车、船舶岸电服务。围绕电动汽车、船舶岸电客户需求，以充电服务为核心内容，向客户提供购车平台、充换电服务、充电桩维护、安全保险等全方位服务。

（3）研究储备清洁能源发电项目。研究风光发电、分布式天然气三联供等技术，跟踪具有经济价值的投资项目。

（4）实施可再生能源发电业务。开展以分布式光伏发电、风电为代表的可再生能源发电业务，逐步拓展清洁能源供应产业。

（五）市场化配售电产业

开展增量配电业务，抢占增量配售电市场，开展电能替代打包交易、大用户直接交易等售电业务，参与售电市场的期货、现货交易，提供需求侧管理服务。业务内容具体为：

（1）开展增量配电业务。关注国家发改委试点项目动向，发挥能源公司投资优势，提供智能和高效的增量配电网整体解决方案，投资、运营增量配网和客户配电设施，快速响应增量型重要客户电力需求，开展增量配售电业务。

（2）快速响应售电业务。关注省发改委改革动态，组织开展市场化售电业务，做大配售电产业规模。

（3）深入开展需求侧管理服务。基于智能电网和大数据分析平台为客户提供能源管理服务，通过需求侧响应提高运行稳定性，降低客户用能成本。

（六）节能服务产业

开展工业节能、建筑节能、绿色照明、电网节能、电厂节能、能效管理提升等服务，以合同能源管理、工程总承包等多种模式为客户提供多样化的节能服务。业务内容具体为：

（1）做优工业节能服务。为工业企业提供节能咨询及诊断，开展工业电机、风机、水泵等节能改造、余热回收利用、能量系统优化等相关服务；为电网企业提供降损服务；

为发电侧提供节能改造服务。

（2）拓展建筑节能服务。提供建筑节能咨询、规划、改造施工等服务，开展建筑供暖（冷）、照明、保温等多系统改造业务，同时为客户提供建筑能效在线监测与智能控制解决方案。

（3）加快发展绿色照明服务。为商业照明和路灯照明客户提供绿色照明节能改造以及智能照明控制系统服务，涵盖绿色照明服务的设计、咨询、产品提供、工程实施、系统托管等领域。

（4）开展电网节能服务。开展电网高耗能配电变压器更换、配电网络升级改造、无功装置优化布点、导线扩径增容等电网节能改造业务。

（5）拓展能效管理服务。为客户提供能耗数据分析服务，为客户开展用能行为分析诊断，对客户能源的投入产出进行科学合理的建议与控制，提高客户能源使用效率。

（七）能源数据增值服务

开展多元信息交互的综合能源管理服务平台建设，通过大数据、物联网等技术，为客户提供能源评估、用能咨询、能源数据服务等多种增值服务，开展碳资产管理服务。业务内容具体为：

（1）发展能效咨询服务。为客户提供绿色企业评价、固定资产投资节能评估、清洁生产审核等多种能源综合利用评价咨询服务。

（2）开展能源数据服务。充分发挥电力营销系统、能源管理平台等资源优势，挖掘客户能源大数据价值，研究客户能源消费行为特征，为工商业客户经营发展、能源交易提供有效的决策支撑服务。

（3）深化智能电能表和用电信息采集系统应用。根据客户对电、气、热等多种能源需求，通过构建多元信息交互平台，优化客户用能方式。

（4）探索碳资产服务。开展碳资产咨询和管理服务，为客户提供碳资产交易托管代理服务。

（八）能源金融服务

开展能源供应领域的金融服务、融资租赁、经营性租赁、电子商务等服务，开展实业投资。业务内容具体为：

（1）开展融资和经营性租赁服务。加快开展融资租赁资质建设，拓展综合能源服务公司经营业务种类和范围，与银行、基金公司、投资公司等金融机构以及设备厂家开展融资和经营性租赁业务，满足客户经营和发展需求。

（2）积极拓展电子商务服务。充分挖掘客户群资源，拓展电子商务服务能力，多渠道开展电子商务推广。

第四节 智慧城市综合能源系统关键技术

综合能源服务的开展是建立在能源互联网的基础之上的，能源互联网作为一个物理网络协同平台，其关键的使能技术、信息通信技术、融合技术都对综合能源服务的开展起着决定性的作用。

一、能源互联网的三层技术体系

能源互联网作为能源技术和互联网技术与思维的深度融合，涵盖了材料、器件、设备、系统、通信、信息等多方面的技术环节以及政策、金融、运营、管理、标准、市场准入（检测认证）等多方面的非技术环节，形成了如图 6－9 的能源互联网技术体系。

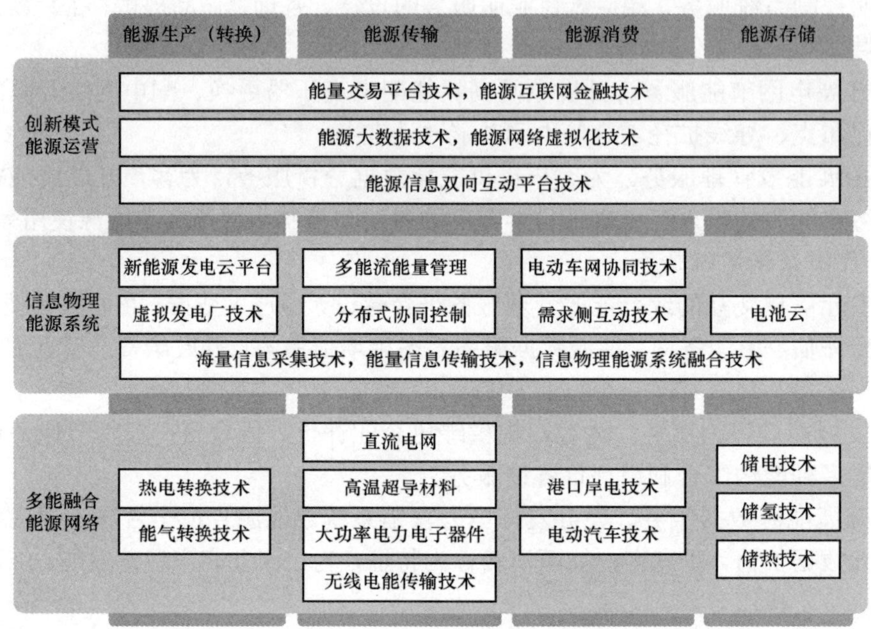

图 6－9　能源互联网的技术体系

能源互联网是以可再生能源为优先，以电等二次能源为基础，以其他一次能源为补充的集中式和分布式互相协同的多元能源结构，同时以互联网技术为管控运营平台实现多种能源系统需供互动、有序配置，进而促进社会的经济、低碳、智能、高效的平衡发展。

能源互联网可以划分为物理基础网络、信息数据平台和价值实现平台，每层的功能要求及具体内涵如下：

1. 物理网络层：多能融合能源网络

物理网络层以电力网络为主体骨架，融合气、热等网络，覆盖包含能源生产、能源传输、能源消费、能源存储、能源转换的整个能源链。能源互联依赖于高度可靠、安全的主体网架（电网、管网、路网）；具备柔性、可扩展的能力；支持分布式能源（生产端、存储端、消费端）的即插即用。多能互联的框架如图 6－10 所示。

2. 信息数据层：信息物理融合能源系统

多种能源系统的信息共享，信息流与能量流通过信息物理融合系统（CPS）紧密耦合。信息流将贯穿于能源互联网的全生命周期，包括其规划、设计、建设、运营、使用、监控、维护、资产管理和资产评估与交易。智能电网在信息物理系统融合方面做了很多基础性的工作，实现了主要网络的信息流和电力流的有效结合。

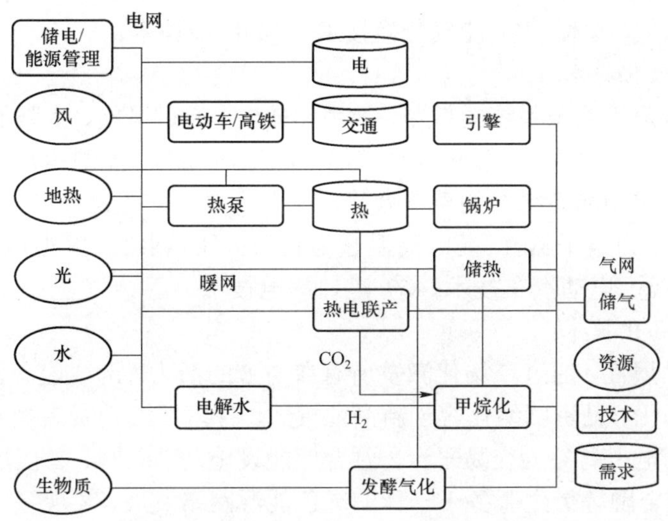

图 6-10 多能互联的框架图

3. 价值实现层：创新模式能源运营

创新模式能源运营要充分运用互联网思维，利用大数据、云计算、移动互联网等互联网技术，实现“互联网+”能源生产者、能源消费者、能源运营者和能源监管者的效用最大化。是充分发挥“‘互联网+’对稳增长、促改革、调结构、惠民生、防风险的重要作用”的核心所在。

二、能源互联网的关键使能技术

能源互联网的关键使能技术是一项或者一系列能够体现能源互联网基本特征的支撑技术。能源互联网包括能源协同化、能源高效化、能源商品化、能源众在化、能源虚拟化和能源信息化六大特征，如图 6-11 所示。

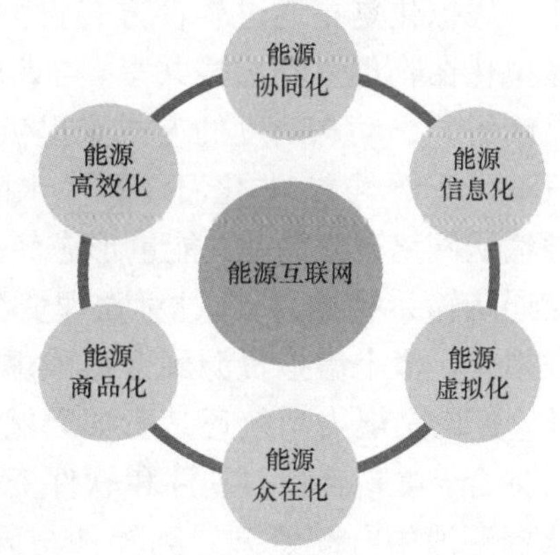

图 6-11 能源互联网的基本特征示意图

（一）能源协同化技术

能源协同化通过多能融合、协同调度，提升能源系统整体效率、资金利用效率与资产利用率。通过能源互联网技术可实现电、热、冷、气、油、煤、交通等多能源链协同优势互补，其潜在效益包括：在产能侧，通过储热、电制氢等方式，可应对可再生能源的不确定性，减少弃风弃光，提高可再生能源的消纳能力，支撑高比例可再生能源的接入；在用能侧，通过多能综合利用，实现梯级利用和余能回收，提高一次能源综合利用效率，减少能源消耗和各种污染物排放等；多能源系统协同规划建设，可减少重复建设导致的浪费，提高经济性；为用户多样化用能选择提供了优化空间，可满足用户不同品位能源需求，降低用能成本，提高供能的可靠性。能源协同化的关键使能技术包括：① 多能流能量管理；② 分布式协同控制；③ 电动汽车协同技术；④ 新能源发电云平台；⑤ 热电转换技术；⑥ 能气转换技术；⑦ 储能技术。

（二）能源高效化技术

能源高效化着眼于能源系统的效益、效用和效能。通过风能、太阳能等多种清洁能源接入保证环境效益、社会效益。以能源生产者、能源消费者、能源运营者和能源监管者等用户的效用为本，推动能源系统的整体效能。能源高效化的关键使能技术包括：① 直流电网；② 大功率电力电子器件；③ 高温超导材料；④ 网络友好型风力发电机；⑤ 无线电能传输技术；⑥ 电动汽车技术；⑦ 港口岸电技术。

（三）能源商品化技术

能源具备商品属性，通过市场化激发所有参与方的活力，形成能源营销电商化、交易金融化、投资市场化、融资网络化等创新商业模式。探索能源消费新模式，通过以智能电网为配送平台，以电子商务为交易平台，融合储能设施、物联网、智能用电设施等硬件以及碳交易、互联网金融等衍生服务于一体的绿色能源网络发展，实现绿色电力的点到点交易及实时配送和补贴结算。建设能源共享经济和能源自由交易，促进能源消费生态体系建设。能源商品化的关键使能技术包括能源交易平台技术和能源互联网金融技术。

（四）能源众在化技术

能源生产从集中式到分布式到分散式实现泛在，能源单元之间对等互联，使能源设备和用能终端基于互联网进行双向通信和智能调控，实现分布式能源的即插即用，逐步建成开放共享的能源网络。能源链所有参与方资源共享、合作，将促进前沿技术和创新成果及时转化，实现开放式创新体系，推动跨区域、跨领域的技术成果转移和协同创新。能源众在化的关键使能技术包括：① 能源大数据技术；② 能源信息双向互动平台技术；③ 能源路由器；④ 电动汽车技术。

（五）能源虚拟化技术

虚拟化是指通过软件方式将物理资源抽象成虚拟资源，以提升物理资源利用率。能源虚拟化在物理基础层按共享、可调度、可重用的模式设计而形成物理资源池，以按需分配、灵活组装、动态调度的方式来提供物理资源服务，涉及的物理资源包括化石能源（煤炭、石油、天然气）、非化石能源（水能、核能、风能、太阳能、地热能、生物质能等）及能源输送网络（含储能、能量形态转换等装置/设备/系统，涉及电力系统、石油天然气系统、交通运输系统等）。通过对物理资源的描述、抽象、配置、调度等，来实现物理资源池的虚拟化。多个虚拟资源聚合形成虚拟资源池，在虚拟资源池之上，形成虚拟网络。虚拟化前，无论是电力系统还是石油天然气网络系统，其硬件与软件资源独立，软件必须与硬件紧耦合。虚拟化后，硬件和软件资源抽象成共享资源池；软件与硬件解耦，上层操作系统从资源池中分配资源。当软件与硬件彻底解耦时，可以实现软件定义和提供每一项服务（Software Defined Everything，SDE）。能源虚拟化的关键使能技术包括：① 需求侧互动；② 虚拟发电厂；③ 电池云；④ 能源网络虚拟化技术。

（六）能源信息化技术

能源信息化基于能量流和信息流的融合，能源链的资源和信息共享，实现互联网与现有业态无缝对接的使能技术。能量信息化与互联网化管控的核心思想是在物理上把能量进行离散化（碎片化），进而通过计算能力赋予能量信息属性（信息化），改变能量的时空控制粒度，实现未来的个性化定制化的能量运营服务。基于能量信息化与互联网化技术，使能量变成像计算资源、带宽资源和存储资源等信息通信领域的资源一样进行灵活的管理与调控，从而使供电与负载在用户侧无缝融合，进而支撑能源互联网发展中技术体系、模式与思维创新的需要。能源信息化的关键使能技术包括：① 海量信息采集技术；② 能量信息传输技术；③ 信息物理能源系统融合技术。

三、物联网技术

物联网是未来网络的整合部分，它是以标准、互通的通信协议为基础，具有自我配置能力的全球性动态网络设施。在这个网络中，所有实质和虚拟的物品都有特定的编码和物理特性，通过智能界面无缝链接，实现信息共享。

这个系统通过信息传感设备，按照约定的协议，把任何物品与互联网连接起来，进行信息交换和通信，以实现智能化识别、定位、跟踪、监控和管理，是在互联网基础上延伸和扩展的网络。从通信对象和过程来看，物联网的核心是物与物以及人与物之间的信息交互。物联网的基本特征可概括为全面感知、可靠传送和智能处理。

（1）全面感知是指利用射频识别、二维码、传感器等感知、捕获、测量技术随时随地对物体进行信息采集和获取。

（2）可靠传送是指通过将物体接入信息网络，依托各种通信网络，随时随地进行可靠的信息交互和共享。

（3）智能处理是指利用各种智能计算技术，对海量的感知数据和信息进行分析并处理，实现智能化的决策和控制。

物联网主要有以下信息功能：

（1）信息获取功能，包括信息的感知和信息的识别。信息感知是指对事物状态及其变化方式的敏感和知觉；信息识别是指能把所感受到的事物运动状态及其变化方式表示出来。

（2）信息传输功能，包括信息发送、传输和接收等环节，最终完成把事物状态及其变化方式从空间（或时间）上的一点传送到另一点的任务。这就是一般意义上的通信过程。

（3）信息处理功能，指对信息的加工过程，其目的是获取知识，实现对事物的认知以及利用已有的信息产生新的信息，即制定决策的过程。

（4）信息施效功能，指信息最终发挥效用的过程。信息施效功能具有很多不同的表现形式，其中最重要的就是通过调节对象事物的状态及其变换方式，使对象处于预期的运动状态。

为实现以上功能，物联网自下而上分为底层传感器网络、泛在传感器网络接入网络、泛在传感器网络基础骨干网络、泛在传感器网络中间件、泛在传感器网络应用平台 5 个层次，见图 6－12。

物联网技术涉及多个领域，这些技术在不同的行业往往具有不同的应用需求和技术形态。物联网的技术构成主要包括感知与标识技术、网络与通信技术、计算与服务技术以及管理与支撑技术四大体系。

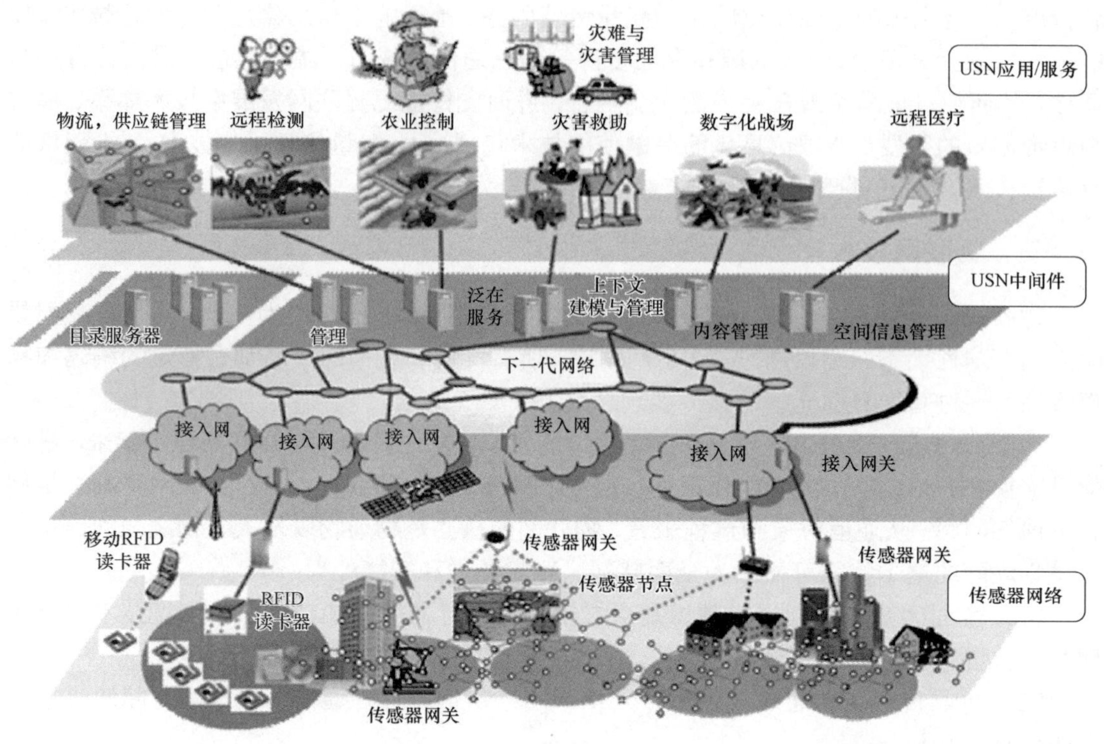

图 6－12　物联网体系框架示意图

（一）感知与标识技术

感知与标识技术是物联网的基础，负责采集物理世界中发生的物理事件和数据，实现外部世界信息的感知和识别，包括多种发展成熟度差异性很大的技术，如传感器、射频识别（Radio Frequency Identification，RFID）、二维码等。

1. 传感技术

传感技术利用传感器和多跳自组织传感器网络，协作感知、采集网络覆盖区域中被感知对象的信息。传感器技术依附于敏感机理、敏感材料、工艺设备和计测技术，对基础技术和综合技术要求非常高。目前，传感器在被检测量类型和精度、稳定性、可靠性、低成本、低功耗方面还没有达到规模化应用水平，是物联网产业化发展的重要瓶颈之一。

2. 识别技术

识别技术涵盖物体识别、位置识别和地理识别。对物理世界的识别是实现全面感知的基础。物联网标识技术是以二维码、RFID 标识为基础的，对象标识体系是物联网的一个重要技术点。从应用需求的角度，识别技术首先要解决的是对象的全局标识问题，需要研究物联网的标准化物体标识体系，进一步融合及适当兼容现有各种传感器和标识方法，并支持现有的和未来的识别方案。

（二）网络与通信技术

网络是物联网信息传递和服务支撑的基础设施，通过泛在的互联功能，实现感知信息高可靠性、高安全性传送。

1. 接入与组网

物联网的网络技术涵盖泛在接入和骨干传输等多个层面的内容。以互联网协议版本 6（IPv6）为核心的下一代网络，为物联网的发展创造了良好的基础网条件。以传感器网络为代表的末梢网络在规模化应用后，面临与骨干网络的接入问题，并且其网络技术需要与骨干网络进行充分协同。

2. 通信与频管

物联网需要综合各种有线及无线通信技术，其中近距离无线通信技术将是物联网的研究重点。由于物联网终端一般使用工业科学医疗（ISM）频段进行通信（免许可证的 2.4GHz ISM 频段全世界都可通用），频段内包括大量的物联网设备以及现有的无线保真（WiFi）、超宽带（UWB）、ZigBee、蓝牙等设备，频谱空间将极其拥挤，制约物联网的实际大规模应用。为提升频谱资源的利用率，让更多物联网业务能实现空间并存，需切实提高物联网规模化应用的频谱保障能力，保证异种物联网的共存，并实现其互联互通互操作。

（三）计算与服务技术

海量感知信息的计算与处理是物联网的核心支撑，服务和应用则是物联网的最终价值体现。

1. 信息计算

海量感知信息计算与处理技术是物联网应用大规模发展后面临的重大挑战之一。需要研究海量感知信息的数据融合、高效存储、语义集成、并行处理、知识发现和数据挖掘等关键技术，攻克物联网“云计算”中的虚拟化、网格计算、服务化和智能化技术。核心是采用云计算技术实现信息存储资源和计算能力的分布式共享，为海量信息的高效利用提供支撑。

2. 服务计算

物联网的发展应以应用为导向，在“物联网”的时代，服务的内涵将得到革命性扩展，不断涌现的新型应用将使物联网的服务模式与应用开发受到巨大挑战，如果继续沿用传统的技术路线必定束缚物联网应用的创新。从适应未来应用环境变化和服务模式变化的角度出发，需要面向物联网在典型行业中的应用需求，提炼行业普遍存在或要求的核心共性支撑技术，研究针对不同应用需求的规范化、通用化服务体系结构以及应用支撑环境、面向服务的计算技术等。

（四）管理与支撑技术

随着物联网网络规模的扩大、承载业务的多元化和服务质量要求的提高以及影响网络正常运行因素的增多，管理与支撑技术是保证物联网实现“可运行、可管理、可控制”的关键，包括测量分析、网络管理和安全保障等方面。

1. 测量分析

测量是解决网络可知性问题的基本方法，可测性是网络研究中的基本问题。随着网络复杂性的提高与新型业务的不断涌现，需研究高效的物联网测量分析关键技术，建立面向服务感知的物联网测量机制与方法。

2. 网络管理

物联网具有“自治、开放、多样”的自然特性，这些自然特性与网络运行管理的基本需求存在着突出矛盾，需研究新的物联网管理模型与关键技术，保证网络系统正常高效地运行。

3. 安全保障

安全是基于网络的各种系统运行的重要基础之一，物联网的开放性、包容性和匿名性也决定了不可避免地存在信息安全隐患。需要研究物联网安全关键技术，满足机密性、真实性、完整性、抗抵赖性的四大要求，同时还需解决好物联网中的用户隐私保护与信任管理问题。

将“物”纳入“网”中，是信息化发展的一个大趋势。能源行业也是纳入网中的重要部分。物联网将带来信息产业新一轮的发展浪潮，必将对经济发展和社会生活产生深远影响。

第七章

智慧城市综合能源系统的架构

第一节　智慧城市综合能源系统规划原则

一、智慧城市综合能源体系构建的背景

新时代我国社会主要矛盾在城市能源领域的体现之一是城市升级所蕴含的能源消费模式升级需求与现有城市能源系统不同程度存在的高污染、高排放、高能耗之间的矛盾。研判城市智慧能源系统发展前景要放在这个大背景下思考，一方面是城市升级带来的能源转型需求，即消费模式升级拉动产业创新；另一方面是新时期能源转型将驱动城市升级。

新时期能源转型成为城市升级的重要新旧动能转化点，将由基础性位置转为创新动力地位。“互联网+”成为当今时代重大创新动力源泉。而从人类历史长河来看，能量作为与信息一样的基础要素，实际上已经历多轮“能源+”过程，从柴薪、煤炭、油气到可再生能源，均带来生产生活的巨变。尤其是工业革命以来，能源革命更成为先导，每轮变革都带来生产力大幅提升。这是驱动社会发展到成为基础设施再演化为新一轮驱动力的过程。正在推进的清洁低碳、安全高效能源体系建设，为产业转型、城市升级提供了新动能。能源转型驱动城市升级将带来用能方式巨变。能源互联网将成为未来能源系统主要形态。随着互联互通能力增强、技术进步、产品与服务丰富、组织模式与市场模式进化，在未来极有可能像“互联网+”破除各行各业的信息壁垒一样，以“能源+”或“能源互联网+”的形态改进各类高污染、高排放、高能耗生产生活方式，推动全社会绿色可持续发展。

本轮能源转型驱动城市升级具有新特点：① 围绕气候变化、生态问题、资源紧缺的这次能源转型，改变了一次能源利用由低能量密度向高能量密度进化的路径，广泛使用分散、低能量密度、高波动的新能源，这种不同引发了不同于化石能源时代产业链条、商业模式的进化；② 随着电气化水平提升、能源消费者向产销者转变、电网平台能力增强，以用户为中心、互动性更强成为能源系统典型新特征，这将为更高效地解决有关城市病、发展智慧城市提供更多新途径；③ 由能源领域科技进步单一驱动转为深度结合大数据、人工智能等技术和互联网思维，以跨界融合、更智能方式创新发展模式和业态。

综上，城市能源变革将成为本轮城市升级的核心内容，城市智慧能源系统，即智慧城市综合能源系统，将成为智慧城市的有机体，并由基础性、保障性的位置转为驱动性、核心位置，为智慧城市建设提供新思维、新手段、新模式、新业态，进一步丰富和延伸智慧

城市产业链，为城市生产生活提供更丰富的能源产品与服务。

二、智慧城市综合能源系统的规划原则

智慧城市综合能源系统应遵循“统一规划”的原则，设计原则按照创新、协调、绿色、开放、共享的新发展理念，城市智慧能源系统建设要遵循五大原则：

（1）以问题为导向，解决城市当前存在的一系列“城市病”，促进城市可持续发展。

（2）以平台化为目标，着眼未来能源系统发展形态，激发基于城市智慧能源系统平台的城市发展活力与创造力。

（3）以一体化设计为基础，城市智慧能源系统设计不能局限于能源系统自身，应与能源、信息、市场等要素有机融合，实现能源系统与城市其他基础设施一体化融合。

（4）秉承绿色发展理念，充分考虑城市区域清洁能源资源开发潜力，最大限度地利用清洁能源，实现城市绿色低碳发展。

（5）注重系统的开放包容性，满足各类能源品种、能源形式的接入，满足各类设备的即插即用，满足多主体的广泛参与，系统具有可扩展性。

第二节　智慧城市综合能源总体规划架构设计路径

总体规划应考虑到能源与城市的关系，通过统一合理的规划，保证能源利用的最大化和城市发展的合理化。智慧城市综合能源系统的总体规划框架如图 7－1 所示，具体包含城市能源与城市空间规划协同、城市能源与城市产业规划协同、城市能源与城市生态规划协同以及城市（区域）间的规划协同四个方面。

一、城市能源与城市空间规划协同

1. 城市空间概述

城市空间形态，主要是指功能区的分布和组合，是城市总体布局形式和分布密度的综合反映，影响城市的建筑和交通用能。城市的建筑和道路高度集中，从而引发高能耗、高强度的基础设施建设和维护。同时，城市的基础设施运行依赖于高强度能源使用。城市的空间布局，对居民出行、货物运转也带来巨大影响，居民出行频率和距离直接影响城市的交通用能；城市的建筑密度、高度和使用功能等是建筑用能重要的影响因素。

协同考虑城市的能源与空间规划，可以最大程度地利用好能源和空间，避免不必要的浪费，提升城市运行效率，增强城市规划的科学性和权威性，促进“多规合一”，全面开展城市设计，完善新时期城市建设方针，科学谋划城市发展。

2. 城市能源与空间规划目标

（1）明确形势，确定目标。明确城市发展空间布局、功能定位，科学规划城市空间布局，明确城市各类空间发展的规模，形成制定规划的依据。

（2）现状分析，明确需求。通过调研、数据分析等方法，对城市目前的空间分布、能源分布有一个清晰的认识，梳理出城市发展对于规划的需求，从而明确城市空间的建设需求。需求分析应该包括目标分析、用户分析、业务需求分析、信息资源需求分析、基础

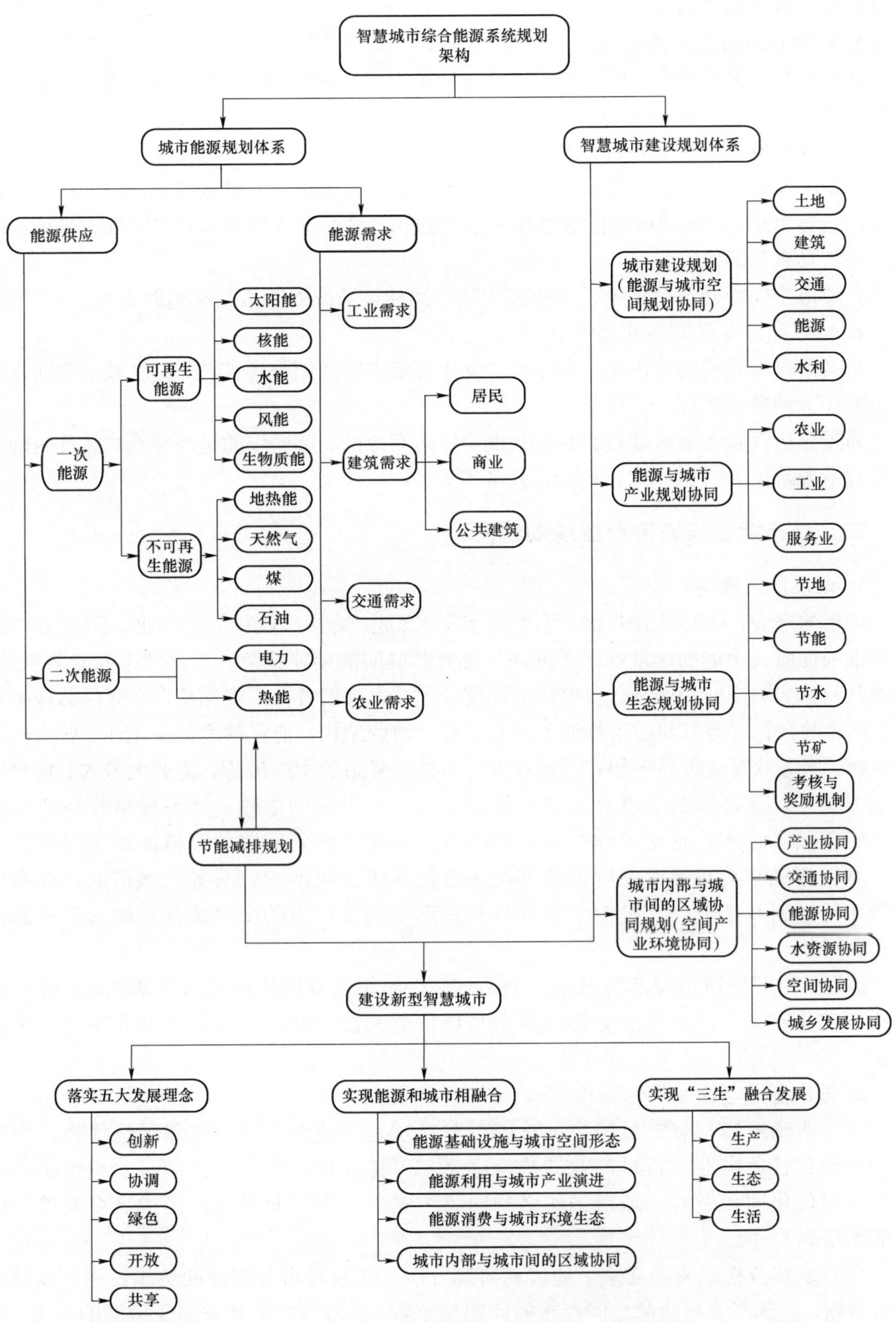

图 7-1　智慧城市综合能源系统总体规划框架图

设施建设需求分析等内容。

3. 城市能源与空间总体设计

在需求分析的基础上，确定城市能源与城市空间规划的指导思想、基本原则、建设目标等内容，识别城市空间规划的重点建设任务，提出城市空间规划总体构架。

建设目标宜分为总体目标、细分目标、阶段目标。阶段目标宜明确各个阶段的主要任务、建设内容和建设成果。建设目标应该是明确的、可衡量的、可达成的，应该符合总体设计的指导思想，应该与城市的智慧化发展设想相一致，应该与城市的空间规划目标相一致，应该具有明确的时限。

在城市空间的建设过程中，宜根据实际空间建设情况对阶段目标适时调整。

4. 城市能源与空间实施路径规划

从城市空间建设角度出发，结合总体设计与城市空间的整体架构，提出城市空间规划的主要任务和重点工程。

通过分析现状与最终建设目标的差距，提出有效的、可操作的过渡路径，并且明确过渡过程中各阶段的实施计划、目标、任务等。

二、城市能源与城市产业规划协同

1. 城市产业概述

城市的产业，从宏观上来看，可以分为第一产业、第二产业和第三产业。不同的产业，其用能的性质、用能的总量都是不同的，都有其鲜明的用能特色。因此城市的能源总量、能源品种都要与产业相结合。城市的产业发展水平，包括城市产业结构、产业内部技术水平、产业融合程度等都与城市能源的消费总量、消费结构、消费强度紧密相连。城市的工业生产、服务业发展等环环相扣，有着更加多样和复杂的生产流程，需要大量的、集聚的劳动力需求，这都对高强度和大量的能源使用有着更强的依赖。经济发展带动研发投入，带动技术进步，带动产业内部能效提升；不同产业之间单位产值能源消耗差异巨大，城市产业结构对城市能源消费强度和总量形成直接影响。另外，城市的产业布局使得工业原料和工业产品等的运输依赖长距离交通，相应的交通能耗也随着产业的发展不断增加。

因而，协同好城市能源与城市产业的规划，如何使城市能源利用效率更高，使产业结构、产业布局、产业发展更符合国家与城市的利益，在城市发展中具有举足轻重的地位。

2. 城市能源与产业规划目标

（1）明确形势，确定目标。分析城市发展规划，结合资源禀赋和区位优势，明确主导产业和特色产业，推进产业结构合理化、可持续化转型。与此同时，城镇化必须同农业现代化同步发展，城市工作必须同“三农”工作一起推动，形成城乡发展一体化的新格局。

（2）现状分析，明确需求。通过调研等方法，获取城市各产业的结构占比、能源消耗等数据，明确产业与能源之间存在的问题与矛盾，获取各产业用户对于能源的需求，政府和城市对于能源发展的需求。

3. 城市能源与产业总体设计

城市能源与产业总体设计的建设目标宜分为总体目标、细分目标、阶段目标。阶段目标宜明确各个阶段的主要任务、建设内容和建设成果。建设目标应该是明确的、可衡量的、可达成的，应该符合总体设计的指导思想，应该与城市的智慧化发展设想相一致，与城市产业规划目标相一致，与节能减排、能源“双控”目标相一致，与产业限制进入目标相一致，应该具有明确的时限。

在城市产业的推进过程中，宜根据实际情况对阶段目标适时调整。

4. 城市能源与产业实施路径规划

从城市目前产业的角度，结合未来的发展情况，提出城市空间规划的主要任务和重点工程。通过分析现状与最终建设目标的差距，提出有效的，可操作的过渡路径，并且明确过渡过程中各阶段的实施计划、目标、任务等。

三、城市能源与城市生态规划协同

1. 城市环境生态概述

目前化石能源消费造成的环境问题已经成为制约城市可持续发展的最主要因素之一。城市中化石能源，特别是煤炭的高强度使用带来大量的二氧化硫和烟尘集中排放，是造成全球变暖和大气污染的主要来源。机动车尾气污染等问题日益严重，特别是在大城市，煤烟型空气污染已开始转向煤烟与尾气排放的混合型污染。

2. 城市能源与生态规划目标

（1）明确形势，确定目标。明确城市环境生态的重要性，构建生态环境、绿色低碳、海绵城市、循环经济、可持续发展体系，将绿色经济发展与环境保护、绿色低碳、空气质量监测、能耗监测、循环经济和可持续发展结合为一体，实现环境保护、绿色低碳、海绵城市、能源管理、循环经济等信息互联互通和数据共享交换的智慧生态城市。

（2）现状分析，明确需求。分析目前城市环境中存在的问题，梳理城市能源发展与生态环境之间的矛盾，明确需要改进的需求。城市工作要把创造优良人居环境作为中心目标，努力把城市建设成为人与人、人与自然和谐共处的美丽家园。

3. 城市能源与生态总体设计

城市能源与生态总体设计的建设目标宜分为总体目标、细分目标、阶段目标。阶段目标宜明确各个阶段的主要任务、建设内容和建设成果。建设目标应该是明确的、可衡量的、可达成的，应该符合总体设计的指导思想，应该与城市的智慧化发展设想相一致，与城市生态规划目标相一致，与习近平生态文明思想相一致，与绿色发展方式和生活方式相一致，应该具有明确的时限。

4. 城市能源与生态实施路径规划

在前期阶段成果的基础上，依据城市生态规划的重点建设任务，提出城市能源建设的重点任务，并且明确工程属性、目标任务、实施周期、成本效益、政府与社会资金和阶段建设目标等。

从城市能源与生态城市的建设目标出发，依据系统论和结构分析等方法论基础，结合总体设计和架构设计的内容，提出生态建设的主要任务和重点工程。

四、城市（区域）间的规划协同

1. 城市（区域）间协同规划目标

（1）明确形势，确定目标。明确城市与城市之间并不是完全独立的个体，要充分认识到城市之间协同发展、协同规划的可行性与积极性，城市之间互相协同、互相协作、共同发展，确定共同发展目标。

（2）现状分析，明确需求。从城市空间、城市产业、城市能源等多方面对城市进行调研分析，明确城市的长处与短板，明确城市间互相的需求。各城市根据自己的资源优势、区位优势、产业优势等方面的优势，强化与周边城市和区域的协同合作，加强创新合作机制建设，构建开放高效的创新资源共享网络，以协同创新牵引城市协同发展。

2. 城市（区域）间协同总体设计

根据实际情况，城市与城市之间应该确立明确的、可实现的协同建设目标。建设目标宜分为总体目标、细分目标、阶段目标。阶段目标宜明确各个阶段的主要任务、建设内容和建设成果。建设目标应该是明确的、可衡量的、可达成的，应该与区域协同发展目标相一致，与其他城市的能源建设目标相协同，应该具有明确的时限。

在实施过程中，宜根据实际情况对阶段目标适时调整。

3. 城市（区域）间协同实施路径规划

从城市与城市间目前的协同情况，结合未来的发展情况，提出城市协同规划的主要任务和重点工程。通过分析现状与最终建设目标的差距，提出有效的、可操作的过渡路径，并且明确过渡过程中各阶段的实施计划、目标、任务等。

第八章

智慧城市综合能源服务的商业模式和政策

第一节　智慧城市的综合能源管理

一、能源管理机构主要职责

在政府层面设立专门的能源管理机构，智慧城市综合能源管理的组织机构属重点能源管理机构，履行的职责包括：

（1）建立节能目标责任制。制定本单位的能源管理方针和节能目标，建立节能目标的统计、监测、考核体系，分解和落实能耗总量、单位作业量单耗等政府下达或本单位指定的各类节能目标，要就有利于节能目标完成的各项节能措施和保障措施，拟定实现节能目标的主要途径和实施步骤，明确责任人、责任部门，并按照计划实施，确保节能目标的顺利完成；组织开展本单位节能目标完成情况检查和考核。

（2）建立节能工作机制。依法设置能源计量、统计、审计、节能技改等能源管理岗位，聘任能源管理人员，组织能源管理负责人参加岗位培训；不断完善节能管理体系，加强节能工作的领导、组织和管理，定期开展节能检查和节能工作督导；制定本单位年度节能工作计划，对上年度节能工作认真总结。结合本单位的节能目标责任制建立节能奖惩机制。

（3）完成节能专项工作。制作并组织实施节能工作规划、计划和节能技术措施；组织开展能源利用状况报告的编制、报送等；按时、准确报送月度能耗信息、节能指标完成情况以及节能技改动态实施情况；按照本市能源审计工作要求，对本单位能源消耗数据、能耗指标等进行全面审计与分析，查找存在的问题和漏洞，分析对比，挖掘节能潜力，提出切实可行的节能措施和建议；开展能效对标活动，不断提高本单位能源利用水平；完成市相关行政主管部门交办的其他各项工作。

（4）加强能源基础工作。按照国家及本市的有关规定，配备能源计量器具、仪表，建立健全原始记录和统计台账，加强能源计量、统计管理，建立定期能源消费、利用水平的分析报告制度，不断夯实节能基础工作；组织开展本单位固定资产投资项目的节能评估工作，并落实具体节能措施。

（5）加强节能宣传与培训。定期组织能源计量、统计、管理等能源管理人员的业务学习和培训，建立健全岗位责任制度，加强企业节约型文化建设。

（6）法律、法规、标准及本单位规定的其他职责。

二、能源管理负责人主要职责

企业应设立相应的能源管理岗位（企业能源管理负责人），负责开展本单位的能源管理工作，并完成下列工作：

（1）贯彻执行国家、地方有关节能及能源管理方面的法律、法规、规章、制度及有关技术标准；制定和实施本单位的节能及能源管理制度、节能规划和节能奖惩办法等。

（2）按要求组织编写本单位的能源利用状况报告；对本单位用能状况进行分析、评价，包括对本单位能源消费情况进行分析，对各用能环节、部门的能源消费合理性进行评价，并进一步查找尚需改进的地方。

（3）组织开展本单位的能效对标活动，对重点用能系统、设备开展能效诊断等，提出本单位节能工作改进措施并组织实施，不断提高本单位的能源利用水平。

（4）完成相关政府部门布置的节能月报、能源审计等交办的各类专项管理工作；督促本单位按照规定配备和使用经验依法检定合格的能源计量器具，做好能源计量工作以及能源统计基础工作，建立能源消费统计台账。

（5）协助和配合节能监察执法及用能检测等工作的开展，组织本单位职工开展节能知识培训和节能宣传工作。

（6）法律、法规、标准及本单位规定的其他职责。

三、国外能源管理机构设置和运行机制的启示

（一）美国能源管理体制

美国实行的是国家高级别集中型能源管理模式，即由国家的相关主管部门对全国的能源实行集中统一管理。能源部是美国联邦政府的能源主管部门，主要负责建立和实施国家综合能源战略和政策。具体职责包括：收集、分析和研究能源信息，提出能源政策方案和制定能源发展与能源安全战略，研究开发安全、环保和有竞争力的能源新产品，管理核武器、核设施及消除核污染，负责石油战略储备和石油天然气进出口，对油气资源开发、储运、油品加工、环境治理等方面做监管分析、经济分析和市场分析等。

除能源部外，美国联邦政府内政部下属的矿产管理局、联邦环保署、劳工部及运输部等其他政府部门也负有部分油气资源管理的职责。

美国实行政监分离的能源监管体制。联邦能源监管委员会是一个独立的能源监管机构。该委员会的主要职责是负责依法制定联邦政府职权范围内的能源监管政策及实施监管。它主要拥有以下权力：① 市场准入审批的权力；② 价格监管的权力；③ 受理业务申请的权力；④ 受理举报投诉的权力；⑤ 行使行政执法与行政处罚的权力等。此外，该委员会还负责就监管事务进行听证和争议处理等。

美国的能源监管权分属于联邦政府与州政府，它们各自在法律规定的范围内行使职权。以石油天然气运输管道管理为例，美国联邦政府和州政府对石油天然气运输管道建设和运营实行行政审批制。全美跨国和跨州石油天然气运输管道的管理工作，如对国际和州际大中型管道建设及运营企业的经济、技术、环保能力的审查，对跨洲管道建设地点的选

择和放弃运营后的设施清除的审查和监督，对跨洲管网运输公司制定的运输服务质量、数量标准和服务费率的审查和监督等，由联邦能源监管委员会承担。而完全位于一州境内的油气运输管道管理工作则由州政府负责。

为了加强和规范能源监管工作，美国建立了较为完备的能源监管法律体系。早在20世纪30年代，美国就制定了《天然气法》。此后，美国联邦政府又陆续制定了《菲利普斯决议》《天然气政策法》等法律法规。此外，美国还有与能源监管相关的反垄断法律法规，如《谢尔曼反托拉斯法》《克雷顿法》《联邦贸易委员会法》等。

（二）加拿大能源管理体制

加拿大实行的是资源所有权、处置权和管理权基本一致的管理体制。自然资源部是加拿大联邦政府的能源主管部门。其使命是确保能源发展与环境、社会目标的协调，促进可持续和可替代能源的发展，构建全面的能源监管体制框架。具体职责包括：① 向加拿大人提供最前沿的地球科学知识，引导和帮助加拿大人合理使用国家资源，减少成本，保护环境和开发新产品，提供新的服务；② 建立和保持有加拿大特色的土地和资源观念，以便所有的加拿大人都能够很容易地接受最新的经济、环境和科学信息；③ 制定政策法规，确保加拿大自然资源部门在环境、贸易、经济、国土、科学和技术发展等问题上为社会提供最经济的服务，并保护加拿大人环境、健康和生命安全；④ 同其他国家和国家性组织一起，提高加拿大在国际上的影响，帮助加拿大承担对自然资源的义务，不断为加拿大产品、服务和技术开拓市场。

此外，为了确保国家能源政策的落实和能源的有效利用，加拿大联邦政府早在1959年就建立了国家能源委员会，负责对加拿大联邦政府职责范围内的石油、天然气、电力行业实行监管。该委员会的主要职能包括：① 市场准入许可和收费；② 市场分析和咨询；③ 制定能源监管的政策目标和具体的监管政策。该委员会隶属于自然资源部，通过自然资源部长向议会报告工作。但它是一个相对独立的机构，不受自然资源部的行政领导，自然资源部各职能部门不得干预其工作。

加拿大能源管理体制在纵向上表现为联邦和省两级管理。联邦政府主要负责协调国家能源政策，监督省际及与其他国家的贸易，为能源开发提供帮助，对能源部门提出总体发展框架等。省政府主要负责本省区内的资源管理、各种能源的开发及具体政策的制定。联邦政府和省政府的能源主管部门及监管部门之间不存在行政等级关系，它们各自在法律授权的范围内行使职权。但为了更好地行使监管权力，避免漏管或重复监管，联邦政府与省政府之间建立了沟通、协作关系。

加拿大政府依法对能源的开发和利用实行监管，先后制定了多项法律法规，形成了较为完备的能源监管法律体系。其中主要的法律有《国家能源委员会法》《能源管理法》《石油和天然气操作法》《环境评价法》《石油资源法》《竞争法》等。此外，国家能源委员会和相关各省也都制定了一些法律法规，如《陆上石油天然气管道条例》《管道仲裁委员会处事规则》《管道公司资料保护条例》等。

（三）日本能源管理体制

日本政府对能源实行低级别集中型能源管理模式，能源管理工作主要由政府内设机构来承担。经济产业省是日本政府的能源主管部门。日本经济产业大臣负责能源管理工作，具体职责主要包括：① 编制能源基本计划草案，谋求内阁会议的决定；② 制定关于促进新能源利用的基本原则并予以公布，制定或修改新能源利用方针；③ 听取综合能源调查委员会的意见，制定新能源利用目标；④ 统一管理电力、天然气、石油等的市场运作，如许可、取消许可、编制相关能源计划等。经济产业省下设若干职能部门，如资源和能源厅、核能和工业安全厅等，分别管理与能源相关的某一和某些方面的事务。厅下再设若干部、处负责管理相关的具体事务。

除了专门的管理机构之外，日本政府还设立了能源管理协调机构，如能源咨询委员会、新能源和工业发展组织、日本核能安全委员会等。另外，日本政府还通过一些行业监管机构行使能源方面的监管职能。以日本电力系统利用协会为例，它是一个电力业务监管机构，主要承担电力系统各种规则的制定和监管任务。

日本政府能源监管的内容和手段主要包括：① 制定法律法规，日本政府主要依靠法律手段对全国能源产业进行指导和调控；② 价格监管，日本能源价格主要依靠市场进行调整，政府只进行必要的监管；③ 环境保护监管，能源监管部门有责任根据环境厅的要求和标准，对污染行业进行相应的管制；④ 争议处理，作为裁判和仲裁者，能源监管部门负责就电力、石油、天然气等能源产品的价格、项目建设和环境等问题，在能源生产者、销售者、消费者之间进行调解或协调。

（四）韩国能源管理体制

韩国实行的是国家集中型能源管理模式。产业资源部是韩国政府的能源主管机构，负责对全国能源政策的制定、国内外能源开发、市场运行、节能、替代能源、能源安全等进行专门管理。主要职责是制定综合性的能源政策及与能源、资源相关的计划，具体包括：① 制定并推行节能、替代能源、能源安全及国内外资源开发的政策；② 制定并推行稳定石油、煤炭、煤气、电力、原子能供应的政策和加强能源产业竞争力的有关政策。

产业资源部下设的能源资源政策总部、能源资源开发总部、能源产业总部分别主管韩国能源的政策制定、勘探开发和产业运营。此外，产业资源部还设立了一些专门性的委员会，承担能源政策与技术的审议和研究工作。

除产业资源部外，韩国国家能源委员会、科技部、韩国能源管理公团和一些隶属于产业资源部的大型国有能源企业也具有部分能源管理职能。国家能源委员会是韩国能源管理的最高议事机构，由总统担任委员长。其主要职责是确保能源供求稳定，审议有关能源的主要政策、项目、预算、运营等问题。科技部主要负责核工业的审批、立法和监督。韩国能源管理公团是韩国主要的能源服务机构，其服务宗旨是促进提高能源效率和能源安全。该公团的主要任务是具体执行国家节能计划和组织提高企业及社会的能源利用效率。具体职责包括：① 执行自愿性减量计划；② 对高耗能工业、建筑业及运输公司进行能源管理；③ 对节能项目提供资金协助；④ 进行节能宣传、教育、出版及资讯交流；⑤ 支持地区节能计划、区域供热与集中供热事业；⑥ 进行替代能源技术开发；⑦ 进行国际交流与合作等。

（五）启示与借鉴

通过以上分析，结合我国目前能源监管现状，可以看出，国外能源管理体制在以下几个方面值得借鉴。

（1）建立高级别国家集中型能源管理模式。实行高级别的国家集中型能源管理模式，有利于确保国家科学地制定能源发展战略和能源政策，保证国家的能源安全；有利于优化能源产业结构和能源经济结构，促进能源的有效开发和利用；有利于实现生态、环境和经济的可持续发展，提升能源产业的国际竞争力；有利于理顺国家能源管理体制，提高国家能源管理的效率，降低协调和交易成本。我国应该改变目前能源管理的低级别分散型管理模式，设立高级别的、权威性的国家宏观能源管理机构，将分散在多个部门中的能源管理权限集中起来，专司全国的能源战略管理工作，强化对能源的综合管理，提高能源宏观调控能力，促进国家能源的可持续发展。

（2）实行政监分立的能源管理体制。实行既相互分立又相互协调的能源监管体制，由能源主管部门负责能源大政方针及能源相关政策的研究制定，由专门的监管机构对能源实施经济、安全、环境保护等方面的专业化监管，有利于保证国家能源政策的有效实施，有利于有效保障相关各方的合法权益，有利于提高监管的有效性和公正性。因此，我国在设立高级别的国家能源主管部门的同时，应该同时考虑设立高级别的、地位相对独立的能源监管机构，由其对具有垄断特征和安全问题较突出的能源行业和部门依法实行独立监管。

（3）建立完备的能源监管法律体系。能源监管法律法规健全，对能源实行依法监管是国外能源管理的一大特点。在这方面，我国还存在许多问题，相关的法律法规很不完善，能源监管的法律基础十分薄弱，造成政府部门管理无法可依、无章可循，企业的主体地位难以完全确立，消费者权益得不到切实保障。因此，加强能源监管方面的立法就成为当前十分紧迫的任务。应该加快能源监管的立法工作，逐步建立和完善以能源法为核心，基本法、单行法、行政法规、规章、实施条例、实施细则等相互衔接、相互配套的完备的能源监管法律体系，使能源管理和能源监管有法可依，有章可循。

（4）建立和完善能源监管协调机制。为协调各级政府、政府各部门、产业部门与政府部门、产销者与消费者之间的关系，许多国家都建立了能源协调机制，在各利益主体之间建立起沟通、协作关系。借鉴国外的这一做法和经验，首先要科学地确定监管权力的横向和纵向划分，在不同的监管部门和监管机构之间合理分配监管权力。其次，要加强不同监管机构之间的分工协作，注意能源领域上下游监管的协调，特别是要加强能源产业的经济性监管同社会性监管的协调，提高监管效率。再次，要建立多层次、全方位的协作机制，如建立一些合作协调机构和会议制度等，来协调各方的利益，解决可能会出现的矛盾和冲突。最后，要以不同门类能源的共性为基础，以不同门类能源之间的相互关系为协调的纽带，利用一体化的综合管理运行机制对不同门类的能源实行统一管理，以提高效率，降低成本。

（5）实施多样化的管理手段。为了科学、合理、高效地对能源实施管理，许多国家的政府都采用了强制与引导相结合，管制与开放相统一，立法、行政、经济等多种手段并用的管理方式。如加拿大政府在能源资源开发领域监管政策的基本目标是构建开放的市场框架，坚持效率与公平的原则，注重健康、安全和环保，照顾边远农村和土著居民的利益，着眼于资源的长期发展和利用。在这一目标下，能源监管机构（联邦或省的）依据相关法律法规对进入这一领域的企业颁发市场准入许可证，并对所涉及的土地征用、环境保护、地下资源所有权收益、矿区使用权转让及相关居民利益等问题进行监督检查，而对开发投入、价格形成等则实行市场化运作，政府基本不予干预。

第二节　智慧城市综合能源开放的市场机制和商业模式

一、智慧城市综合能源的市场机制

市场机制是通过市场竞争配置资源的方式，即资源在市场上通过自由竞争与自由交换来实现配置的机制，也是价值规律的实现形式。具体来说，它是指市场机制体内的供求、价格、竞争、风险等要素之间互相联系及作用机理。市场机制有一般和特殊之分。一般市场机制是指在任何市场都存在并发生作用的市场机制，主要包括供求机制、价格机制、竞争机制和风险机制。特殊市场机制是指各类市场上特定的并起独特作用的市场机制，主要包括金融市场上的利率机制、外汇市场上的汇率机制、劳动力市场上的工资机制等。

（一）构建有效竞争的能源市场体系

全面推进能源企业市场化改革。着力推动能源结构、布局、技术全面优化。实施国有能源企业分类改革，着力推进电力、油气等重点行业改革。按照管住中间、放开两头的原则，有序放开发电和配售电业务。优化国有资本布局，完善现代企业制度，提高投资效率，充分发挥在保护资源环境、加快转型升级、履行社会责任中的引领和表率作用，更好适应能源消费需求升级。增强国有经济活力、控制力、影响力、抗风险能力，做优做强，更好地服务于国家战略目标。

（1）分离自然垄断业务和竞争性业务。完善市场准入，鼓励各类投资主体有序进入能源产业的各个领域。

（2）建立健全能源市场基本交易制度。分步建立全国统一市场与多个区域市场相互衔接，规则统一、功能互补、多层级协同的现代能源市场体系。

（3）建立调度和交易相对独立的天然气、电力系统等交易体系。能源交易中心建设，形成公平规范的现货期货市场交易平台。在交易规则、交易程序和交易范围上逐步与国际接轨，逐步形成全国统一的能源交易市场，形成由不同区域价格构成的全国能源价格体系和能源市场流通格局，构建全国性和区域性为主与省级和其他分销市场相结合的能源交易和调度体系。

（4）对石油、天然气、煤炭等资源矿业权完全采用招投标。通过市场竞争有偿取得，实施输电网与配电网业务和资产的有效分离，推进石油和天然气管网产权独立以及管道运输服务和销售业务的完全分离，全面强制推行管网等基础设施第三方公平准入。

（5）加快培育能源互联网、泛能网和综合能源服务市场。构建集中式能源、分布式能源以及储能设备、负载设备无差别对等互联的能源系统。

全面放开能源供应市场，符合条件的各种主体均可进入市场，形成主体多元的市场竞争格局。通过创建能源互联网市场规则，健全能源互联网市场机制，建立统一开放、竞争有序的市场体系。其中：能量市场完成能量交易，辅助服务市场保证整个系统的安全稳定运行，增值服务市场提供超出常规服务范围的服务，金融资本市场提供能源领域金融性资

本运作平台。商业模式由参与市场的主体决定，或可出现能源交易供需方都是商家的 B2B 模式，能源供应商直接把商品或服务卖给终端用户的 B2C 模式，个人与个人之间在网上买卖能源或提供能源服务的 C2C 模式，用户发布能源或服务需求信息并选择性价比最佳供应商（由供应商报价、竞标）的 C2B 等交易模式。

（二）建立由市场决定价格机制

全面放开竞争性环节价格，凡是能由市场形成价格的，都要交给市场。加强对市场价格的事中事后监管，规范价格行为。推动形成由能源资源稀缺程度、市场供求关系、环境补偿成本、代际公平可持续等因素决定能源价格机制。稳妥处理和逐步减少交叉补贴。

（1）基于市场竞争和新能源需求偏好建立新能源上网电价新机制，发挥其边际成本低的优势。可采用基于差价合约的上网电价机制，由政府制定不同时期新能源的执行电价，发电商通过电力市场出售电力，但以执行电价进行结算，以保障新能源投资收益的确定性，促进新能源的发展。

（2）切实落实可再生能源配额制，实现可再生能源的优先调度和利用。

（3）推行可再生能源电力绿色证书交易机制，建立完善绿色证书登记及交易平台，实现可再生能源电能的绿色价值，提高可再生能源发电企业的收益水平。

（4）引入容量市场、辅助服务市场，激励市场参与各方提供多样化的市场服务，提高新能源的消纳水平。

（5）建立完善碳排放权交易体系，推动排放权的有偿发放，加强碳排放约束，提高碳排放主体使用新能源的比例。

（6）强化需求侧响应机制，通过采取有效的价格激励措施，引导电力客户改变用电方式，提高终端用电效率，构建用户积极参与的电力市场，实现用户与电网互动，缓解新能源波动对电网的影响。

（三）市场与计划相结合推进可再生能源市场化发展

可再生能源政策的初衷是通过补贴支持，使可再生能源逐步发展成熟，最终同常规能源并驾齐驱，展开竞争以服务于社会。面对未来，我国的支持政策也有一个逐步市场化和逐步退出的问题，当然，这与我国电力市场化改革进程及技术进步密切相关，需要一个发展过程。当前，我国可再生能源发展的市场化程度还较低，相对传统能源来说还存在生产成本较高，稳定性较差等问题，严重制约着我国可再生能源的发展。如风电与太阳能开发面临的挑战尤为明显，遭遇并网困难和无法消纳等问题，弃风限电、太阳能产能过剩等问题较为突出。我国已出台配额制政策规定，要求电网企业全额保障性收购电力，这将在一定程度上抑制弃风限电等现象。但是，政策调控又不利于可再生能源产业的市场化运作，应该逐渐减少其作用，并不断培育可再生能源市场竞争力，使市场与计划密切结合，使竞争与扶持相得益彰，促进我国可再生能源尽快适应市场，不断发展成熟，更好地造福经济与社会。

二、以电为核心的综合能源服务的主要商业模式

综合能源服务的基本业务模式可从供能侧和用能侧出发，通过能源输送网络、信息物理系统、综合能源管理平台以及信息和增值服务，实现能源流、信息流、价值流的交换与

互动。理想盈利模式中，除了产业链和业务链的构建之外，其盈利主要来源于四个方面：

（1）潜在的收益来源，包括土地增值和能源采购，这种模式主要应用于园区。土地增值方面，主要体现在入驻率上升、开工率上升和环境改善。能源采购方面，主要体现在园区用能增加，电力、燃气以及 LNG 的议价能力提高。

（2）核心服务，包括能源服务和套餐设计，能源服务方面，主要体现在集中售电、热、水、气等能源，节约成本。而套餐设计方面主要体现在综合包、单项包、应急包和响应包。

（3）基础服务，即能源生产，包括发电和虚拟电厂。发电方面主要体现在清洁能源发电和可再生能源发电，若自用电比例越高，收益越好。而虚拟电厂方面主要体现在储能、节能、跨用户交易和需求侧响应。

（4）增值服务，包括工程服务和资产服务，工程服务方面主要体现在实施平台化和运营本地化，而资产服务体现在设备租赁、EMC（合同能源管理）和碳资产。

整个综合能源服务可看作是一种能源托管模式。在电力市场放开后，未来相关电力企业比拼的不仅仅是发配售输电，更应该比拼全方位、综合性的能源服务。总结现阶段主要有以下几种商业模式。

（一）EMC 模式

合同能源管理机制是一种以节省的能源费用来支付节能项目全部成本的节能投资方式。这种节能投资方式允许用户使用未来的节能收益为工厂和设备升级，降低目前的运行成本，提高能源的利用效率。2010 年 8 月国家质检总局、标准化委员会颁布了《合同能源管理技术通则》和制式合同，将合同能源管理规范为 EMC（Energy Management Contracting）。在国外合同能源管理机制被称为 EPC（Energy Performance Contracting），是 70 年代在西方发达国家开始发展起来一种基于市场运作的全新的节能新机制。

（二）BT 模式

BT（Build Transfer）即建设—移交，如图 8－1 所示，BT 是基础设施项目建设领域中采用的一种投资建设模式，系指根据项目发起人通过与投资者签订合同，由投资者负责项目的融资、建设，并在规定时限内将竣工后的项目移交项目发起人，项目发起人根据事先签订的回购协议分期向投资者支付项目总投资及确定的回报。

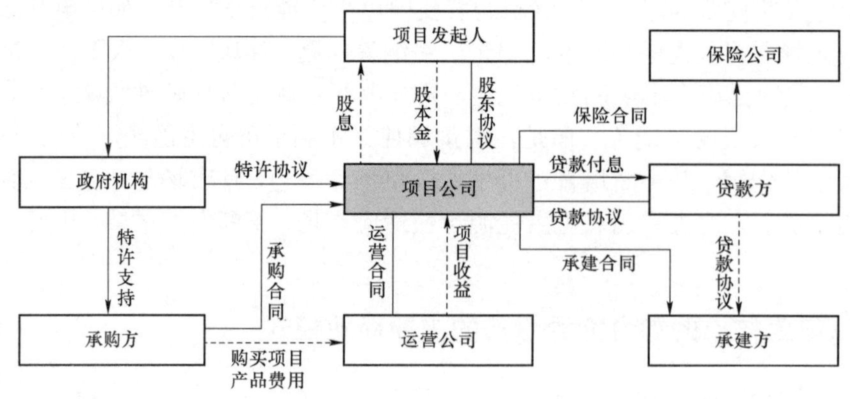

图 8－1　BT 模式

（三）BOT 模式

BOT（Bulid－Operate－Transfer）即建造－运营－移交方式，这种方式最大的特点就是将基础设施的经营权有期限的抵押以获得项目融资，或者说是基础设施国有项目民营化。

（四）PPP 模式

PPP（Public－Private－Partnership）模式，如图 8－2 所示，PPP 是指政府与私人组织之间，为了提供某种公共物品和服务，以特许权协议为基础，彼此之间形成一种伙伴式的合作关系，并通过签署合同来明确双方的权利和义务，以确保合作的顺利完成，最终使合作各方达到比预期单独行动更为有利的结果。

一般而言，PPP 融资模式主要应用于基础设施等公共项目。首先，政府针对具体项目特许新建一家项目公司，并对其提供扶持措施；然后，项目公司负责进行项目的融资和建设，融资来源包括项目资本金和贷款；项目建成后，由政府特许企业进行项目的开发和运营，而贷款人除了可以获得项目经营的直接收益外，还可获得通过政府扶持所转化的效益。

PPP 是一种新型的项目融资模式。PPP 融资是以项目为主体的融资活动，是项目融资的一种实现形式，主要根据项目的预期收益、资产以及政府扶持的力度而不是项目投资人或发起人的资信来安排融资。项目经营的直接收益和通过政府扶持所转化的效益是偿还贷款的资金来源，项目公司的资产和政府给予的有限承诺是贷款的安全保障。

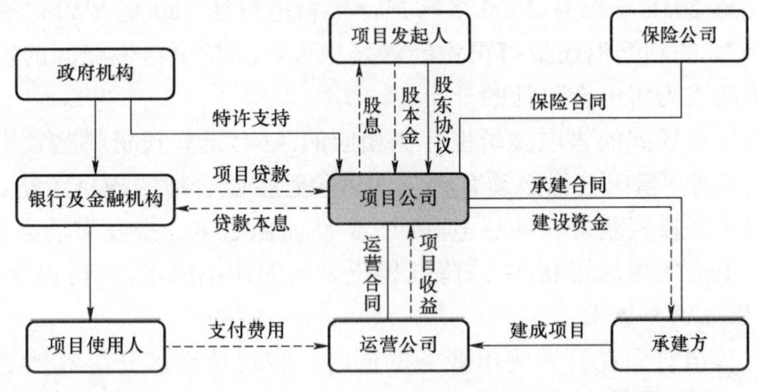

图 8－2　PPP（Public－Private－Partnership）模式

（五）配售一体化模式

在公司配电网运营的范围内，用电客户如果直接与配售电公司签订用电合同，公司除了需要向输电网运营商支付输电费，剩下的收入都将归公司所有，去除购电成本与配网投资及运营成本外，公司将同时获得配电利润以及售电利润；如果用电客户与其他售电公司签订用电合同，那么公司只能收取配电费，也就只能获得配电利润。无论是哪种情况，配售一体化售电公司都能保证有利润来源，这是公司能持续经营以及发展的保障。并且一般作为配售电公司，由于拥有配电资源，更容易在售电市场上占据先机，成为保底售电公司，也就为公司获得更多用电客户打下了坚实的基础。同时还可以积极利用配网资源开展售电增值服务，如合同能源管理、需求侧响应，并且还可利用客户资源参与电力辅助市场。

但是这种模式的售电公司同时也承担着更大的付出和风险，首先需要投入更多的资金建设或改造配电网，日常的运行和维护工作也需要专业人员和先进的管理技术。例如可再生能源的发展势必给配电网的规划方案带来很大的影响，特别是分布式可再生能源发电设备绝大多数都接入配电网，配电网面临着扩建和改造，此时配售电公司不得不投入更多的资金。其次是政策风险，如输配电价的核定办法存在变动的可能，例如德国政府目前就正在积极讨论修改输配电价的核定办法，这使得配售一体化公司的收入不确定性增加，从而可能提高公司投资项目再融资的难度。

（六）供销合作社模式

供销合作社模式的售电公司是将发电与售电相结合，合作社社员拥有发电资源，通过供销合作的方式将电力直接销售给其他社员，同时售电公司获得的售电收入中的一部分将继续投入建设发电厂，以此达成发售双方共赢的局面。

采取供销合作社模式的售电公司最大的优势在于可以获得优质的发电资源，特别针对那些分布式可再生发电站，通过集合分布式发电站，组建一个销售纯绿色电力的售电公司，一方面吸引具有环保意识的人士或是有碳排放限额的公司购电，另一方面由于售电公司取得的一部分收益将投资或是分配给发电站，发电站运营商也就更愿意加入这种供销合作社模式的售电公司，售电公司的购电成本也就能相对减少。

国外已经出现了不少这样模式的售电公司，最出名的就是法国的 Enercoop。2005 年该公司由国际绿色和平组织和其他一些环境保护组织组建，公司销售的所有电力全部来自于可再生能源，至 2016 年已有 4000 多客户，年售电量达 120 亿 kWh。在购电方面，售电公司承诺将 57%的利润返还给可再生能源发电商，支持可再生能源的发展，截至目前已有 115 家发电商成为售电合作社的一员。

但是供销合作社模式的售电公司也存在相应的风险，选择投资哪些发电站将在很大程度上影响公司的效益，售电公司必须有相应的风险管控及合适的投资策略。例如德国一家地区性售电公司选择投资联合循环热电联产厂，然而由于电力批发市场电价持续走低，此类型的发电厂发电成本相对较高，无法降低售电公司的购电成本，公司也就无法从中获利。

（七）综合能源服务模式

在国外一些售电公司在开展售电业务的同时，也对该地区开展其他能源甚至公共交通、设施等服务，也就是城市综合能源公司。这类公司一般都提供供电与供气服务，客户可以与公司单独签订用电或是用气合同，公司也会提供综合能源套餐。相对于单独签订合同，同时与公司签订供电与供气合同能够得到更多的优惠，这也是这类公司吸引及留住客户的重要手段。此外有一些地区性综合能源公司还提供供热、供水、公共交通等服务，让客户可以享受多方位的能源服务。

德国最大的城市综合能源服务公司位于慕尼黑，公司主要为慕尼黑及周边地区的居民和工商业用户提供供电和供气服务，其提供给居民的供电套餐就有 7 种，例如固定电价套餐、绿色电力套餐、网络电力套餐等等。此外公司还提供供热、供水、公共交通以及租车服务，还推出了电动车充电服务，公司现有客户可以免费使用充电桩，当然其他电动车用户也可以使用充电桩，但是每次充电必须缴纳 9.9 欧元的充电桩使用费。公司通过捆绑销售这种方式吸引更多的客户，提高客户忠诚度，利润来源也更多样化。

但是为了打造这样的地区性综合能源服务公司，除了提供供电供气服务外，往往需要

经营其他一些利润很少甚至是没有利润的公共基础服务，如市内公共交通，这样将加剧此类公司的财务负担，因此导致国外一些地区性综合能源服务公司陷入财政困境，甚至濒临破产。但是往往在市场上拥有激情动力去推动客户灵活更换合约的，也都是这些崇尚多元运营的综合能源公司。

（八）售电折扣模式

为了更好地吸引客户，售电折扣商不仅提供较低的基本电费，还针对新用户提供诱人的折扣。许多新加入的工商业用户能够通过这类套餐在初期显著降低用电成本，而居民用户更是通过返现和折扣有可能在第一年减少 20%的电费支出。对于部分用户甚至可以采取预交电费提供更低折扣的方式。

售电折扣商的主要风险是流动性风险。售电公司是电力大规模生产和小规模销售之间的纽带，必须同时参与电力批发和零售市场。然而这两种市场的电力结算方式与结算时间相差巨大，如果售电公司没有处理好这些时间差，很有可能因为缺乏流动性而对自身的经营造成巨大的影响。

售电折扣商在初期的低价策略之后，必须要通过转型来获得长久的发展。在通过低价电力获取市场份额，站稳脚跟之后，多样化的定价方式与服务才是这类售电公司成功的关键。

（九）虚拟电厂包月售电模式

大范围虚拟电厂建立的基础在于拥有众多分布式可再生能源发电设备的控制权，分布式储能设备等一系列灵活性设备，可再生能源的市场化销售机制和一套精准的软件算法。基于此类虚拟电厂的电力共享池系统提供了更加新型的售电模式。

在该模式下，加入电力共享池的终端用户能够便捷的互相交易电力，通过各自的分布式储能设备最大化地使用分布式可再生能源的电力，减少外购电，从而显著减低用电成本。在德国，已经有几个此类分布式能源社区在运营。

德国曼海姆的 Begy 公司的电价包月套餐是德国能源互联网应用的优秀案例。这是德国第一家推出电价包月套餐的售电公司，用户只需要每个月支付一定额度的电费就能在一个比较大的范围内自由用电。在与客户签订 BegLIVE 套餐后，公司会帮助客户安装屋顶光伏设备、家用储能设备和电力监控设备，通过将地区内分散的用户和集中式的电力生产设备相连，利用 IT 专业建模软件以及内建的智能软件优化算法调配各家屋顶光伏设备所发电力的消费、剩余发电量的购买和各个储能设备的充放策略，最终在最经济条件下实现电力生产和消费在一定范围内的平衡。这是一种利用虚拟电厂技术的商业模式创新，用户通过包月套餐节省电费，而且用上了清洁的电力。作为售电公司，该公司并不准备通过售电服务获取利润，而是通过设备的销售取得盈利。

总体来说，基于虚拟电厂的共享电力模式对设备、通信、计量、算法的要求十分高，而且必须建立在一定的用户基础上。目前电力大数据分析，机器学习算法等技术都在其中有着很好的应用。在该模式下一旦形成电力共享的闭环，新增用户将会给系统带来更多的稳定性和安全性，这种模式也有着巨大的生命力和发展空间。

（十）“配售一体化＋能源综合服务”模式

在售电侧和配电网同时放开的情况下，同时拥有配售电业务，并且能为园区内电力用户提供增值能源服务的公司将深度收益。一方面，负责园区售电业务可以直接从市场化的协议购电或集中竞价交易中获取发电侧和购电侧之间的价差利润，同时还可获得园区内各电力用户的电力需求数据，是用户数据的第一入口。更为重要的是，以用电数据为基础，为用户提供能效监控、运维托管、抢修检修和节能改造等综合用电服务可以有效提高用户的用电质量，并增强客户黏性，同时从盈利能力更强的服务类业务中获得更多利润。

（十一）互联网售电服务模式

为了降低交易成本，提升竞争力，成熟的电力市场都有比价网站（price comparison websites），供用户选择套餐及更换售电商服务。采用这种模式的前提是要有很多家售电公司，并且每家公司售电价格有所不同。这些比价网站向用户提供的所有服务都是免费的，盈利主要来自于有商业合作的售电公司/商家所支付的佣金（合作模式：用户通过比价网更换售电公司/商家，若该售电公司/商家是与网站有合作关系的，则按照协议支付一定佣金），目标客户群为互联网用户。这种模式在英国比较常见。英国电力监管机构 Ofgem 认证授权的比价网站总共有 12 家，其业务范围包括电力、天然气、固话、宽带、保险、贷款等，独立于任何售电企业。他们对用户的个人信息以及相关数据绝对保密，不会以任何形式出售，而且比价过程简单迅速，只需输入所在地区邮编即可，比价的排名结果是绝对公平不会受任何影响，可以向用户提供常见问题解答。

第三节　智慧城市综合能源服务的政策

2014 年中国颁布了《2014～2020 年能源发展战略行动计划》，针对当前存在的能源供应与消费问题，提出了 2020 年要实现的目标，为能源互联网的提出和建设奠定了基础。通过能源互联网的建设，有效推进能源革命，实现国家能源发展战略目标。

2016 年 2 月 29 日，国家发展改革委、能源局、工信部联合印发《关于推进“互联网＋”智慧能源发展的指导意见》，从十个方面提出了包括推动建设智能化能源生产消费基础设施，加强多能协同综合能源网络建设，推动能源与信息通信基础设施深度融合，营造开放共享的能源互联网生态体系，发展储能和电动汽车应用新模式等重点任务。

综合能源服务体系建设意味着通过资源的重新配置来发挥资源的最大效能，而在此过程中，每踏出一步都面临着全新的转变，需要相应的制度来支撑和保障其顺利发展。然而，中国现阶段还没有形成与之配套的一系列财政扶持政策、税收减免政策和投融资政策，同时也没有相应的法律、规章、制度以保障投融资金的安全和投资收益的合理评估。因此，在中国综合能源服务体系研究和实践的初级阶段，需要通过政府强有力的政策支持和引导，来推动城市综合能源服务体系尽快由概念阶段上升到实践和应用阶段。

一、制定合理的综合能源服务产业政策

（一）建立综合能源服务体系投资收益评估机制

要站在国家能源发展战略的高度，建立投资收益评估机制。对综合能源服务的投资、建设、运行和效益进行科学评估，在此基础上，加大财政扶持力度、优化税收减免政策和投融资政策。在开展评估工作时，还应充分考虑各利益相关方价值，设计试点项目的评估

方法和评估标准，社会价值、企业价值和用户价值是设计者考虑的核心内容，同时试点项目中其他合作主体的价值诉求也应被纳入考虑范畴，这样的评估结果才有助于充分调动各方的积极性，从而得出更容易被认可的评估结论。

（二）推进能源价格形成机制改革

建立灵活高效的能源价格机制。基于能源生产端的结构性矛盾，建立用户端的价格联动机制，增强用户主动参与意愿，从而形成能源生产端与用户端的良好互动。建立反映资源稀缺性的能源价格机制，实行有利于节能、环保的能源价格政策。促进新能源价格体系尽快形成。

（三）推进能源体制机制改革

积极推进能源法治和体制改革工作，为能源革命创造公平规范的法治和市场环境。一方面要积极稳步推进能源法治工作，始终贯穿保障民生、绿色发展等理念，维护好人民群众的利益；另一方面要积极推进能源体制改革，积极推进配售电业务改革，稳步推进油气体制改革等相关改革。

（四）建设能源民生工程

将产业落到实处，不断增强人民的获得感、幸福感、安全感。建设能源民生工程，重点针对能源普遍服务水平不平衡问题，核心是保障农村，特别是贫困地区、偏远地区能源供应。一方面要继续实施好新一轮农村电网改造升级，重点支持深度贫困地区农网建设改造，提升电力普遍服务水平，加快缩小城乡和区域供电差距；另一方面要扎实推进光伏扶贫等能源扶贫项目建设，继续聚焦国家级贫困县尤其是深度贫困地区，提升光伏扶贫的精确性和有效性，使贫困户和贫困村切实受益。

二、加大综合能源服务的财税政策支持

（一）加大财政支持力度

在综合能源服务体系关键技术研发、重大工程示范、产业发展与新技术推广应用等方面，要加大补贴扶持力度，给予资金支持。具体包括：

（1）加大政府补贴力度。对于有市场潜力的能源互联网相关技术研发和设备制造，要根据其自身的开发价值，按照一定的比例进行补贴。应加大财政资金支出和补贴力度，支持综合能源服务体系相关技术创新、基础设施建设。尤其是对处于发展起步阶段的企业，可考虑采取直接补贴的形式，为其发展提供一定的财政支持。

（2）设立产业发展基金。由政府财政部门安排专项基金发起，并吸收社会资金设立综合能源服务体系产业发展专项基金，以促进综合能源服务体系发展，培育创新空间，有序鼓励各方资源参与到创新过程中。通过创新促进互联网通信、能源大数据、云计算、物联网等高新技术的发展，推动相关高科技产业的新技术革命以及新商业模式的发展、成熟。

（二）优化税收减免政策

为了推进综合能源服务体系向规模化、产业化、节约化的方向发展，应进一步优化税收服务环境，积极落实税收优惠政策。具体包括：① 实行关税减免政策，对于购置或使用进口设备的企业，政府可酌情对其实行关税减免优惠政策等；② 实行所得税减免政策，对于综合能源服务体系核心技术和关键设备制造企业，政府可酌情对其实行所得税减免优

惠政策等；③ 其他优惠措施，对于购置国产技术和设备的企业，实施允许国产设备加速折旧、允许投资减免、研发费用加倍、税前抵扣等优惠措施。

三、建立多元的综合能源服务投融资政策

（1）建立多元融资渠道。建立直接融资与间接融资互为补充的多元融资渠道。可考虑采取发行股票和中长期债券等资本化方式拓宽能源互联网产业的直接融资渠道。借鉴发达国家经验，打通民营资本和社会资本的进入渠道，例如设立专项贷款、使用第三方融资模式等。建立国际金融机构综合能源服务体系相关项目融资、商业银行绿色信贷、企业债券融资、设备融资租赁、碳金融及衍生品和能源产品期权市场等多种模式在内的完整融资体系。

（2）建设多元投融资机制。积极促进多元投融资体制建设，切实落实支持综合能源服务体系的金融政策。制定相关金融政策，鼓励金融机构加大综合能源服务体系相关企业的金融支持力度，激励金融机构拓展适合综合能源服务体系发展的融资方式和配套金融服务政策。完善特许经营权招投标方式、PPP 项目融资方式，支持符合条件的综合能源服务体系相关企业发行企业债券融资，支持试点项目发行项目收益债券；支持地方政府投融资平台公司，通过发行企业债券建设基础设施；上述企业债券融资均不受年度发债规模指标限制。

第九章

智慧城市综合能源服务的典型案例

第一节　国内能源互联网综合示范项目案例

一、浙江嘉兴城市能源互联网综合示范项目

（一）项目概况

1. 项目背景

2017 年，国家能源局首批 55 个“互网联＋智慧能源”示范项目公布，其中 12 个为城市能源互联网综合示范项目。由国网浙江省电力有限公司和嘉兴市人民政府联合申报的浙江嘉兴城市能源互联网综合试点示范项目成为这 12 个综合示范项目之一。经由统一规划、科学设计，以电能为中心，融合电能替代和节能技术，提供清洁能源、建筑能效、绿色交通、智慧用能、供需互动等五种综合服务的浙江嘉兴城市能源互联网综合试点示范项目最终落户海宁。

综合能源服务代表着未来电网企业转型发展的战略方向，对此国网浙江电力公司有着深刻的认识，开展综合能源服务的业务架构清晰、工作务实。《浙江省嘉兴海宁城市能源互联网综合示范》项目就是在此大背景下应运而生。

浙江省人民政府印发了《浙江省能源十三五发展规划》，浙江省发改委先后印发《浙江省电动汽车充电基础设施“十三五”发展规划》和《浙江省电力发展“十三五”规划》等重要发展规划，大力推进充电基础设施建设，促进建设新型智慧城市和节能减排，推进浙江省能源市场化改革和能源管理体制改革，充分激发能源发展活力，提高综合管理水平，逐步优化浙江省能源结构。

同样地，嘉兴和海宁也印发了《嘉兴市电动汽车充电基础设施专项规划》《海宁市中长期产业规划》《海宁十三五能源与可再生能源发展规划》《海宁市人民政府办公室印发关于“十三五”期间促进我市先进分布式光伏发电应用实施意见的通知》等文件。政策环境的条件优良，对于综合能源项目的投资建设落地起到了推动作用。

海宁隶属于浙江省嘉兴市，位于中国长江三角洲南翼、浙江省北部，东邻海盐县，南濒钱塘江，与绍兴上虞区、杭州萧山区隔江相望，西接杭州余杭区、江干区下沙，北连桐乡市、嘉兴秀洲区。东距上海 100km，西接杭州，南濒钱塘江。海宁是长三角地区最具

发展潜力的县市之一，同时是钱塘江北岸实力最强的县市，经济发达，市场化程度较高，是全国综合实力百强县（市）、浙江省要素市场化配置综合配套改革试点、第一批浙江省清洁能源示范县和国家第二批循环经济城市创建单位等。海宁现已经发展成为省内重要的光伏产业集聚区以及应用示范基地，具有晶科、正泰等优质光伏企业，企业配置资源丰富，具有较为完整的太阳能产业生态链。

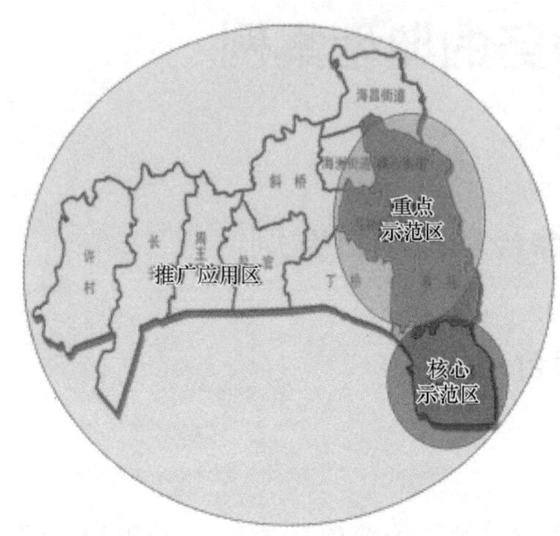

图 9－1　浙江嘉兴海宁城市能源互联网综合示范项目推广区域

截至 2017 年 8 月底，海宁市总面积 700.5km^2，含 4 个街道和 8 个乡镇，人口为 82.95 万；尖山新区占地面积约 30km^2，下辖 7 个行政村，人口 2.3 万余人。海宁可再生能源装机容量达到 515MW（光伏 465MW，风电 50MW），最大负荷 1630MW，全社会用电量 57.39 亿 kWh。

2. 项目概述

浙江嘉兴海宁城市能源互联网综合示范项目按照规划程度和地域分为三个层次：尖山新区被设为核心示范区；硖石街道、马桥街道和袁花镇被设为重点示范区；其余八个街道和镇为推广应用区，如图 9－1 所示。示范项目规模见表 9－1。

表 9－1　浙江嘉兴海宁城市能源互联网综合示范项目规模表

类型	规　　模
清洁能源	分布式光伏电站 465MW，新建：示范区内 30MW 分布式光伏＋示范区内 2500 户家庭户用光伏＋示范区外 100MW 分布式光伏
低碳建筑	3 座大中型楼宇
智慧用能	3 个智慧社区＋100 户居民＋50 户工商业用户
绿色交通	500 辆标准电动汽车＋1000 座充电桩
高效电网	开展主动配电网、新型运维技术、尖山终端通信接入网等重点示范工程，实现示范区内可再生能源 100%就地接入与消纳
综合平台	构建城市能源综合服务平台，提供清洁能源、建筑能效、绿色交通、智慧用能、供需互动等五种综合服务

本项目由政府和供电企业联合申报，因此能够较好地实现统筹规划建设和落实资金。同时，示范用户基础条件良好，具备能源大数据综合服务平台的建设工作。

本项目计划在 2017～2019 年期间，以智能高效电网为支撑，完善和扩大能源互联网所需的基础设施规模，建设城市能源综合服务平台，实现“四个整合”＋“一个平台”＋“五种服务”。

（二）技术方案

1. 整体规划

本项目共申报包含清洁能源、低碳建筑、绿色交通、智慧用能和综合平台在内的子项目 9 个，规划子项目 27 个，申报总投资 9.844 亿元，预算总投资 12.112 亿元，其中电网总投资 1.874 亿元，政府和社会企业总投资共 10.238 亿元。项目整体规划如图 9－2 所示。

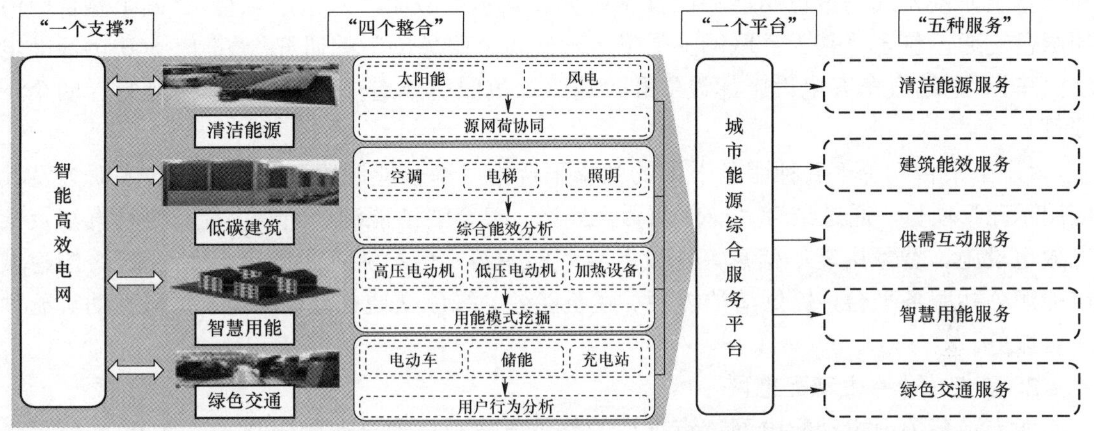

图 9－2　浙江嘉兴海宁城市能源互联网综合示范项目整体规划

“一个规划”指“能源互联网示范项目总体规划”，结合海宁核心示范区、重点示范区、推广应用区的能源供需特点，国网浙江省电力公司联合嘉兴海宁市人民政府，积极开展海宁城市能源互联网综合示范项目的整体规划。在此基础上，研究构建海宁城市能源互联网的理论体系；研究构建适合海宁城市能源互联网的商业创新模式；研究城市能源综合服务平台框架体系等，编写相关支撑材料等。

“一个支撑”是指智能高效电网，包含“海宁能源互联网综合布局规划研究”“含高渗透率分布式电源的区域主动配电网协同控制关键技术研究”“浙江海宁尖山基于柔性互联的源网荷储协同主动配电网工程”“基于多源数据融合技术的中低压配网线损精益化管控关键技术研究”“高比例分布式光伏接入的中低压配电网适应性技术研究”和“海宁区域终端通信接入网建设工程”五个子项目。

“一个支撑”结合了海宁地区太阳能、风能等新能源的资源禀赋，采用主动配电网规划模型，开展海宁地区的配电网规划及电网设施布局规划研究，实现与新能源电源、电动汽车的统筹规划和协调发展；结合示范区信息通信需求，开展尖山终端通信接入网建设工程，打造能源互联网所需的先进通信信息网络。在此基础上，集成多源信息，构建主动感知、智能响应、协同管控于一体的智慧高效的主动配电网，大幅提高示范区配电网的主动感知、智能运维与系统支撑能力。

“四个整合”指整合清洁能源、建筑用能、电动汽车及其充放电设施、智慧用能等信息，运用能源互联网与大数据、云计算等技术，实现“能源流＋信息流＋业务流＋价值流”的高度融合。

“四个整合”中的清洁能源，包含“低碳建筑节能示范应用”和“大规模柔性负荷资源调控能力建设”两个子项目。“四个整合”中的低碳建筑，包含“低碳建筑节能示范应用”和“大规模柔性负荷资源调控能力建设”两个子项目。“四个整合”中的智慧用能，包含“适用工商业用户的能储商业模式研究及其应用示范”“配网区域储能规划及相关优化调度技术支持”“多元用户智能用电与互动工程研究及示范应用”“电力市场环境下供需双侧互动的能源生态智能交互系统研究”“区域能源综合服务示范项目建设及商业模式研究”“尖山新区营业体验升级改造项目”“‘互联网＋’电力营销服务关键技术研究及应用”和“基于非侵入式的智慧用能关键技术研究及其示范应用”八个子项目。“四个整合”中的绿色交通，包含“基于互联网＋岸电运营模式与服务创新的研究”“推广500辆标准电动汽车”“电动汽车充电设施建设”和“道路绿色照明改造及智能监控示范项目”四个子项目。

“一个平台”＋“五种服务”中的共享平台指“综合能源服务平台关键技术研究及其应用示范”项目，通过结合“一体两翼”战略，整合清洁能源、建筑用能、电动汽车及其充放电设施、智慧用能等信息，深度融合“能源流＋信息流＋业务流＋价值流”，构建城市能源公共服务平台，提供清洁能源、建筑能效、绿色交通、智慧用能、供需互动等五种综合服务。

2. 重点工作－主动配电网

海宁示范尖山主动配电网试点项目的整体方案和技术框架如图9－3、图9－4所示，项目由海宁尖山主动配电网柔性互联换流站工程、海宁尖山主动配电网网源荷储协调控制建设工程和海宁尖山主动配电网新能源并网设备改造工程三个工程构成。通过对含高渗透率分布式电源的区域主动配电网协同控制关键技术研究，形成研究成果并应用尖山源网荷储协同主动配电网试点工程，通过示范工程的实施对研究成果进行验证。

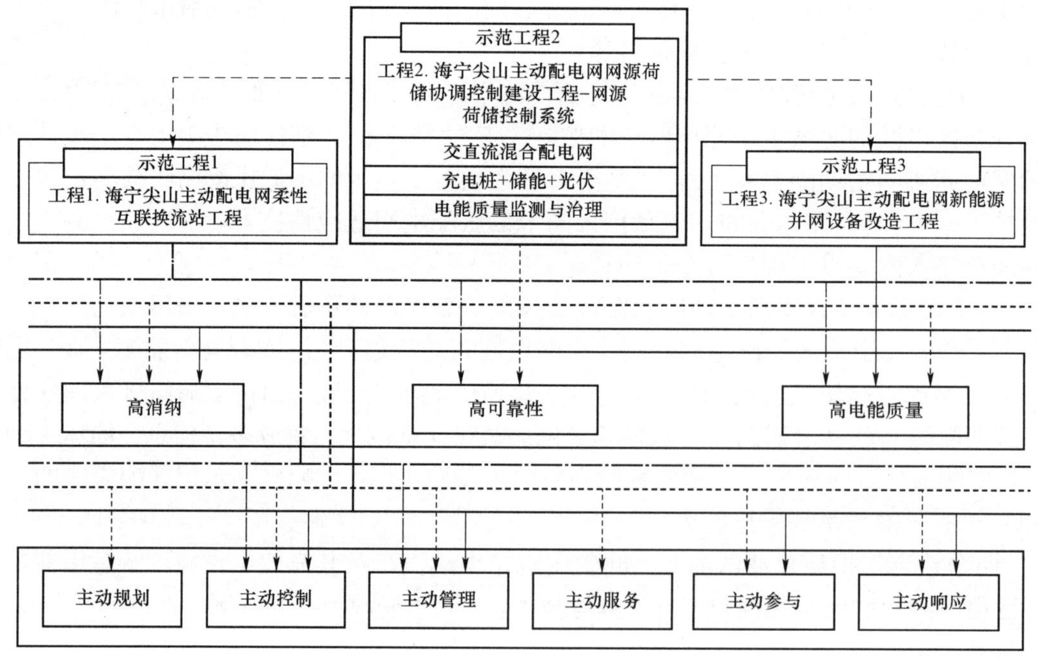

图9－3　海宁示范尖山主动配电网试点项目技术框架

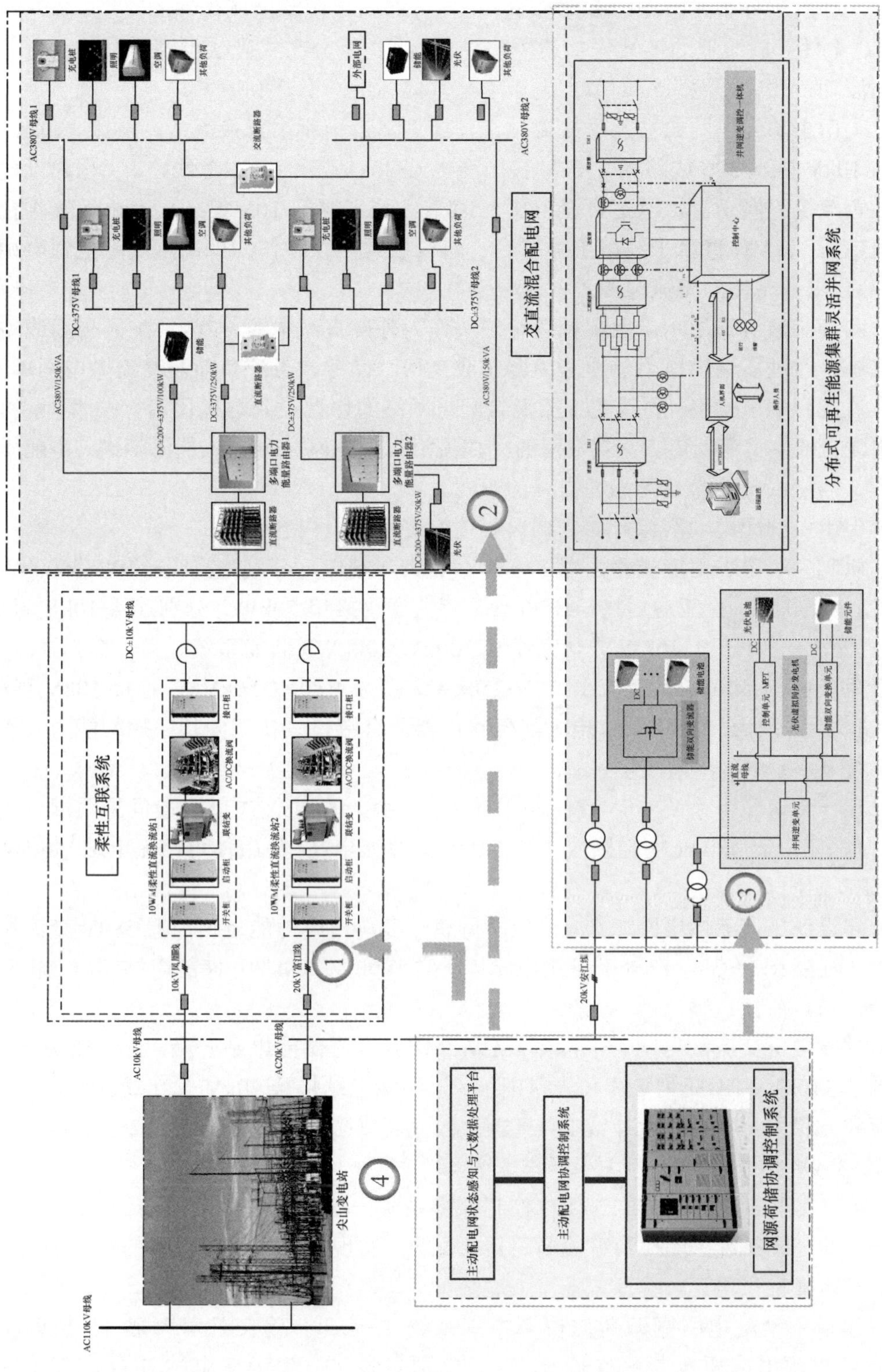

整体方案

交直流混合配电网

柔性互联系统

分布式可再生能源集群灵活并网系统

主动配电电网状态感知与大数据处理平台

主动配电网协调控制系统

网源荷储协调控制系统

尖山变电站

图9－4　海宁示范尖山主动配电网试点项目整体方案

（1）柔性互联：海宁尖山主动配电网柔性互联换流站工程浙江省海宁市尖山新区内，通过柔性互联促进分布式电源的就地消纳，缩短分布式电源跨区域传输的路径，降低网络损耗；通过柔性互联装置的连续无功调控功能，减小由于分布式光伏电源随机性所引起的节点电压波动，改善配网系统的节点电压水平，提高电网资产利用率。

海宁尖山主动配电网柔性互联换流站工程计划建设一座柔直换流站，连接 110kV 尖山变电站 10kV 凤凰 536 线路和 110kV 尖山变电站 20kV 富江 C5342 线路。工程建设含背靠背柔性直流换流阀一套，额定直流电压±10kV，额定容量 10MW；直流断路器 4 台，额定直流电压 10kV；直流平波电抗器 4 台。建设由柔性互联作为外部直流配电网电源，20kV 配网公用线路作为交流电源。

（2）网源荷储协调控制：由柔性联络开关作为外部直流电源，20kV 配网公用线路作为交流电源，通过多端口电力能量路由器集成光伏、储能、直流负荷及交流微电网单元，构成交直流混合配电网络。利用交直流混合配电网络的协调控制与优化运行技术，解决含分布式电源、可控负荷、储能及微电网的交直流混合配电网中分布式能源消纳、电能质量协调治理、网络供电能力及可靠性提升的难题。

海宁尖山主动配电网网源荷储协调控制建设工程建设内容包括：

（1）研制多端口电力能量路由器 2 套。一套为 4 端口，分别为直流±10kV/500kW、直流±375V/250kW、直流通用接口/100kW、直流通用接口/50kW，分别连接 10kV 直流、±375V 直流配电母线 1、40kW 光伏系统和 100kW/200kWh 储能系统。另一套为 3 端口，分别为直流±10kV/500kW、直流±375V/250kW 和交流 380V/250kVA，连接 10kV 直流、±375V 直流配电母线 2。多端口电力能量路由器所有端口具备双向功率控制能力，额定功率下系统效率≥96%，谐波率＜3%。

（2）建设直流配电系统一套。直流配电母线采用单母分段结构，分段间采用混合式直流断路器，额定电流 400A；均匀接入 4 台 60kW 直流充电站（尖山体育馆充电站）和 50kW 体育馆 LED 照明负荷。

（3）建设低压交流微电网一个。该微网母线与多端口电力能量路由器 380V 交流端口连接，并同时接入 380V 交流外部备用电源；新建 100kW/200kWh 储能电站一座，相应的分布式光伏与负荷找点确定。

（4）建设中压交流微电网一个，含 1MW/2MWh 交流储能电站一座，位于仙侠路。为使储能调节 110kV 尖山变侧负荷和光伏消纳，该储能电站接至 20kV 安江线。调整后涉及的原负荷和光伏用户包括原北岸线 24#杆落火的光泰太阳能（变压器容量 2000kVA，光伏 699.9kW、380V 并网），将同步移接至安江线。

（5）建设交直流混合配电网一体化控制保护系统一套。系统采用分层控制架构，通过综合保护系统、设备自身保护及直流断路器相配合，实现交直流系统故障的快速隔离，保证负荷的高可靠性供电。

（6）建设主动配电网网源荷储协调控制系统 1 套，布置在公司大楼 15 楼调度大厅内。新装电源电能质量监测终端 32 台，分别安装在：尖山变电站 5 台，安江变电站 4 台，公用线路 10 台，用户侧 13 台。电能质量治理装置 2 台，安装在电能质量问

题典型区域。

（7）通信工程建设。为保证系统的可靠运行及深化 230M 无线专网的应用，本次通信接入系统方案包括光纤网络和无线专网，互为备份。

通过部署分布式电源集群灵活并网装备，解决分布式电源并网复杂、灵活性差等问题，实现分布式电源集群就地侧灵活接入和安全管控，抑制分布式光伏出力和电压波动，从而实现分布式电源主动控制；同时搭建分布式电源集群运行管控系统，实现分布式电源集群的运行管控。分布式电源并网设备选型和配置，遵循“因地制宜，安全可靠，集成优化，统筹布局”原则，根据各地区电源、电网及负荷的情况合理布置各类型装置，进一步增强配电网对分布式电源的适应和主动控制能力。

海宁尖山主动配电网新能源并网设备改造工程建设范围为新建 500kW 并网逆变调控一体机 9 台，1MW 光伏虚拟同步机（含 100kWh 铅碳蓄电池）1 台，150kW 储能双向变流器（含 150kWh 铅碳电池）1 套，智能测控保护装置 15 套，区域集中型分布式电源运行管控模块 1 个。

海宁尖山主动配电网成果应用与工程验证如图 9－5 所示。

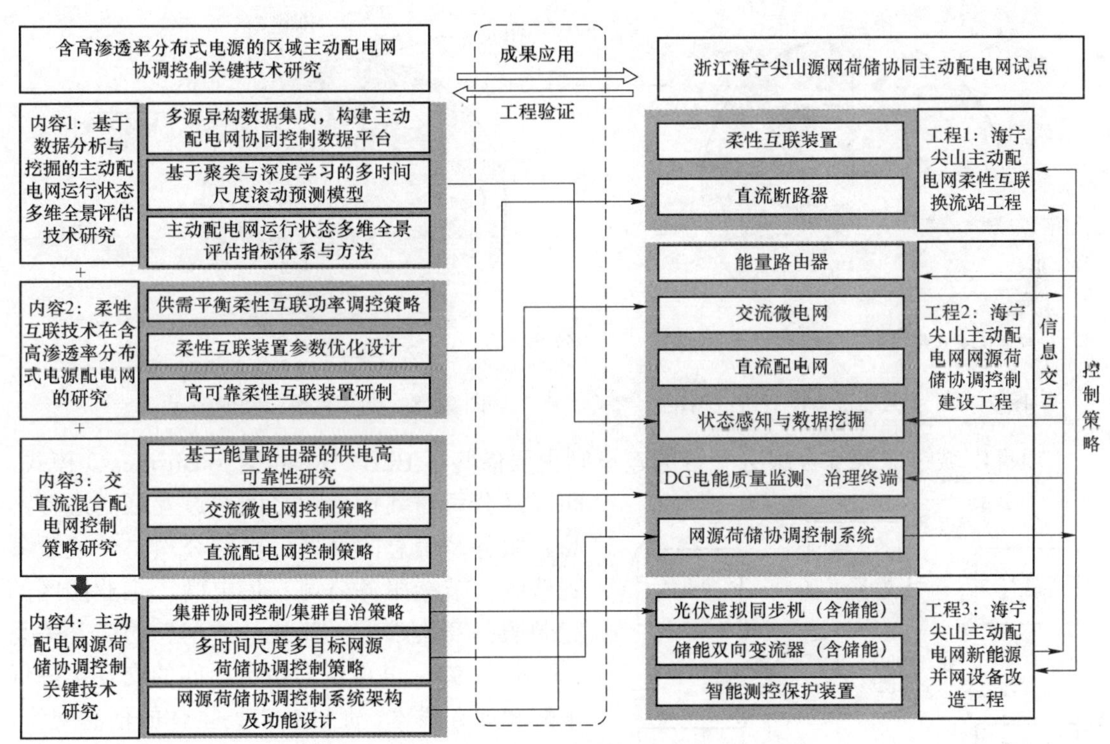

图 9－5　海宁尖山主动配电网成果应用与工程验证

（三）商业模式

《浙江省嘉兴海宁城市能源互联网综合示范》项目的商业模式主要采取 BT（Build－Transfer）模式，即“建设—移交”模式。BT 模式是一种新型的投融资建设模式，是政府通过协议授权企业对项目进行融资建设，项目建设验收合格后由政府赎回。《浙江省嘉兴海宁城市能源互联网综合示范》项目由政府和电网联合申报，并统筹规划建设，建设的主体是电网企业，建设的目的是完善海宁作为智慧城市的基础设施。项目类型和投资情况如图 9－6～图 9－8 所示。

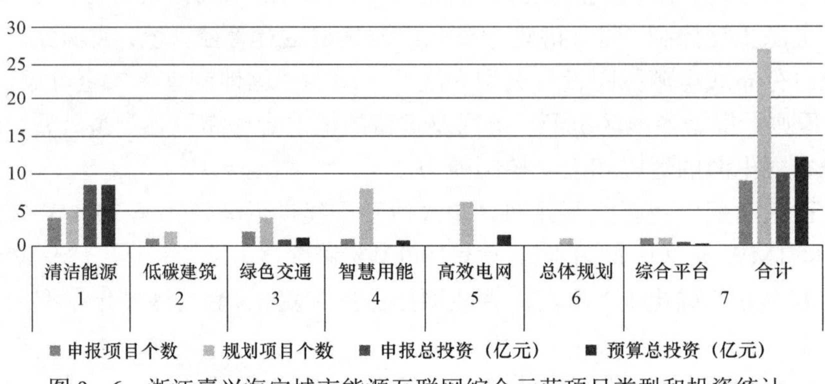

图 9－6　浙江嘉兴海宁城市能源互联网综合示范项目类型和投资统计

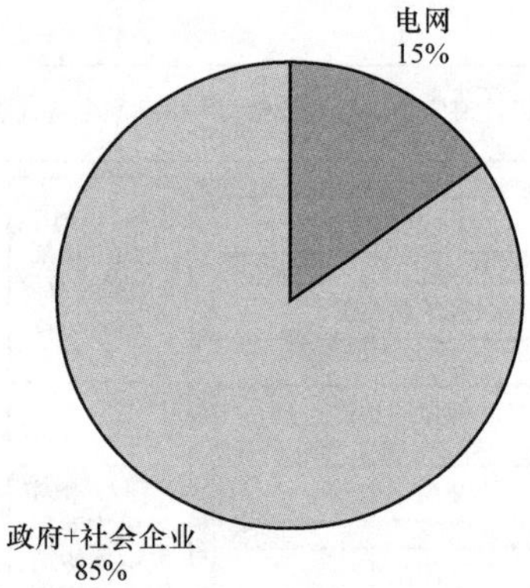

图 9－7　示范项目总投资构成情况

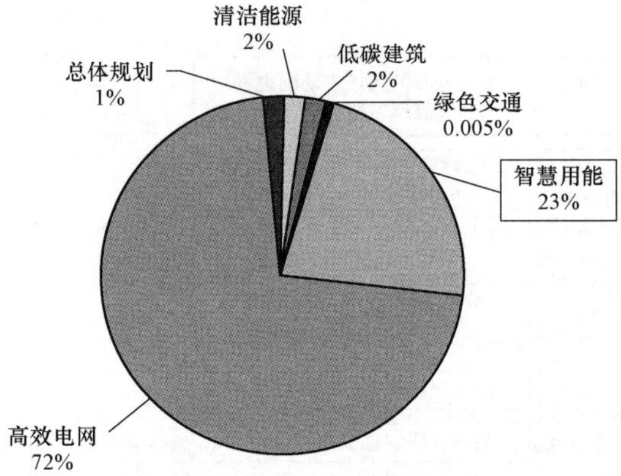

图 9－8　电网总投资构成情况

项目中城市能源综合服务平台的建设则主要借鉴了 B2B（Business to Business）模式，即电网公司与其他企业之间通过互联网进行产品、服务及信息的交换。电网公司与节能设备制造商、节能服务公司、售电商、工业园区的能源服务商构成了“开放、共享”的交互关系（见图 9－9），以角色与角色之间的交互，降低采购和库存成本，促进各市场主体的信息交流，改善信息管理与决策水平。

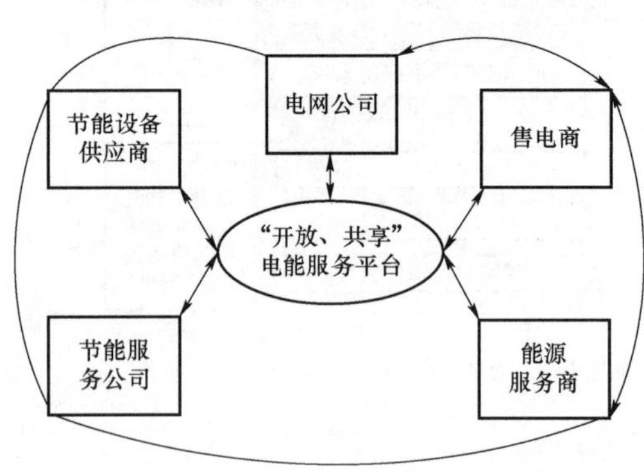

图 9－9　项目产品、服务及信息的交互关系

（四）效益分析

1. 创新效益

（1）模式创新。探索和实现了基于能源综

合服务平台的新型商业模式和机制，打造城市低碳能源创新模式与新业态产业链。

（2）体系创新。基于大数据与云计算等技术的城市能源公共服务平台，实现覆盖能源供给、传输、储存、消费等各环节的低碳节能、信息共享、供需互动、模式开放的新型能源生产消费平衡体系。

（3）技术创新。建设融合清洁能源、建筑能效、电动汽车、储能系统、智慧用能等多元化供需资源协同互动的技术路线与整体解决方案，带动能源互联网新技术、新模式和新业态的快速发展，达到能源互联化、数据共享化、供需互动化、用能低碳化。

2. 示范效益

《浙江省嘉兴海宁城市能源互联网综合示范》作为示范项目，内容包括完善基础设施和研发综合能源服务平台两大类，将以城市能源大数据共享平台为核心，以智能高效电网为支撑，通过将浙江嘉兴海宁城市能源互联网综合示范项目拆分为不同的子项目进行设计和建设，完善整合清洁能源、低碳建筑、智慧用电、绿色交通等领域基础设施，实现多资源协同的低碳节能、信息共享、供需互动、模式开放的新型能源供需平衡体系，形成可推广、可复制的“嘉兴模式”，建成普及清洁能源、高效电网、绿色交通、低碳建筑、智慧用能的低碳能源互联网示范城市。示范项目“政府—电网—客户”关系如图 9 – 10 所示。

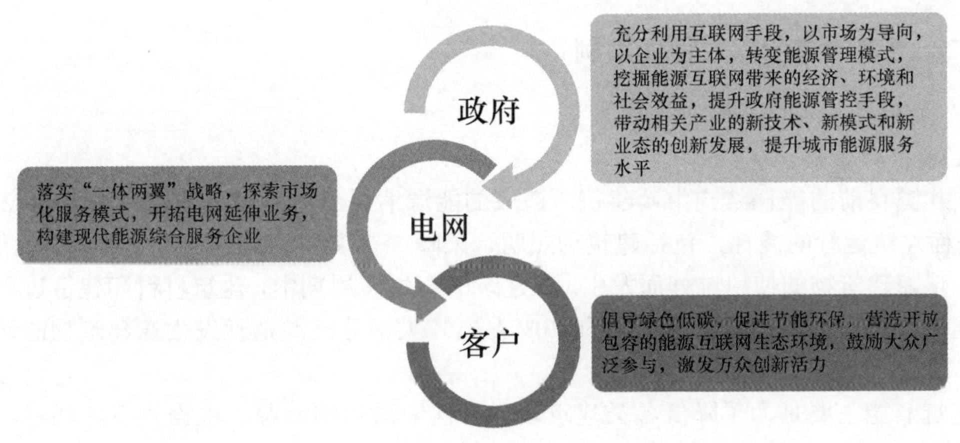

图 9 – 10 嘉兴海宁城市能源互联网综合示范项目“政府—电网—客户”关系

嘉兴城市能源互联网是浙江能源互联网的重要应用示范与具体深化，即打造以电为中心的能源交互配置平台，以数据驱动的城市能源互联网资源配置机制与体系，支撑综合能源服务平台及其创新服务机制与体系建设。示范项目“四流合一”如图 9 – 11 所示。

通过嘉兴城市能源互联网综合试点示范项目，让试点先行领跑，以点带面探索城市能源互联网经验，树立城市能源互联网标杆项目，打通能源互联网实践路径，建立新的能源商业模式与机制，带动大众参与、万众创新的新业态，实现能源及其相关产业链的优化与调整，实现以科学合理的能源消费结构支撑经济社会转型发展。

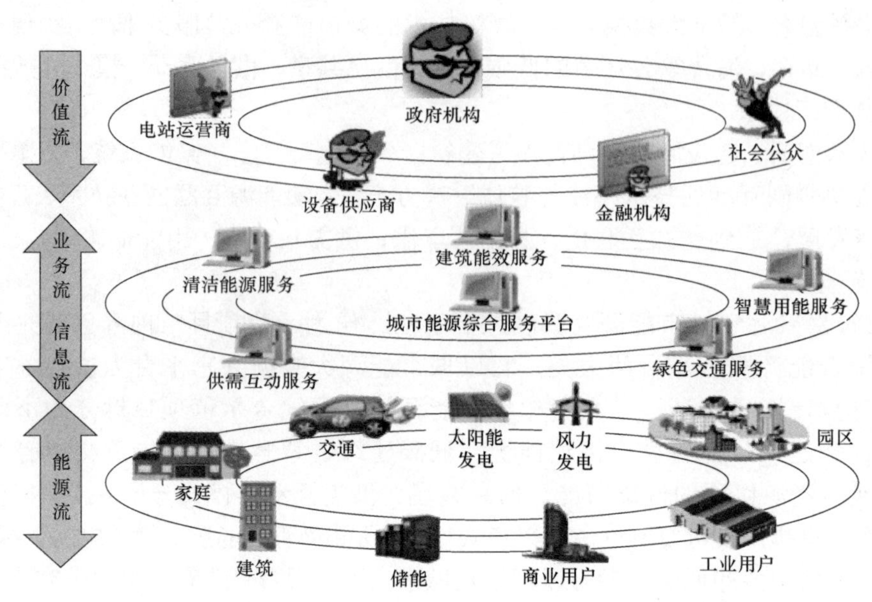

图 9－11 嘉兴海宁城市能源互联网综合示范项目“四流合一”

二、楼宇的综合能效管理案例

（一）项目概况

1. 项目背景

在我国目前的能耗结构中，建筑所造成的能源消耗已占我国总的商品能耗的 20%～30%。而建筑运行的能耗，包括建筑物照明、采暖、空调和各类建筑内使用电器的能耗，将一直伴随建筑物的使用过程而发生。在建筑的全生命周期中，建筑材料和建造过程所消耗的能源一般只占其总的能源消耗的 20%左右，大部分能源消耗发生在建筑物的运行过程中。

建筑节能主要是为了降低各类建筑运行过程中消耗的能源。根据建筑能耗特点的不同，建筑可分为住宅建筑、一般性非住宅建筑和大型公共建筑三类。根据对大量数据的研究，大型公共建筑的单位面积能耗是前两类建筑的 4～8 倍，具有很大的节能潜力。

通过合理的规划设计，嘉兴公司南湖供电服务大楼采用节能型的技术、工艺、设备、建筑材料、产品和设备，执行建筑节能标准，加强建筑物用能系统的运行管理，并综合考虑设计建筑围护结构的热工性能，提高采暖、制冷、照明、通风、给排水和管道系统的运行效率，降低建筑能源消耗，合理、有效利用能源，不断提高能源利用效率。并以大数据和云计算为基础，建立楼宇能耗监测及智能控制一体化信息平台（见图 9－12），应用具有通信功能的计量表具和各类采集器进行布点，对有关能源数据实现采集、存储、分析，按照能源监控和消耗环节分类分项的要求，以图形化动态展现楼宇建筑的平均能耗、能耗变化趋势以及对标分析结果，建立分散控制和集中管理机制，减少能源管理环节，优化能源管理流程，建立客观的能源消耗评价体系，减少能源系统运行管理成本，提高劳动生产率。并打通楼宇 BA 系统与能耗监测管理平台之间连接，加快能源系统的故障和异常处理，提高对能源事故的反应能力，节约能源和改善环境。

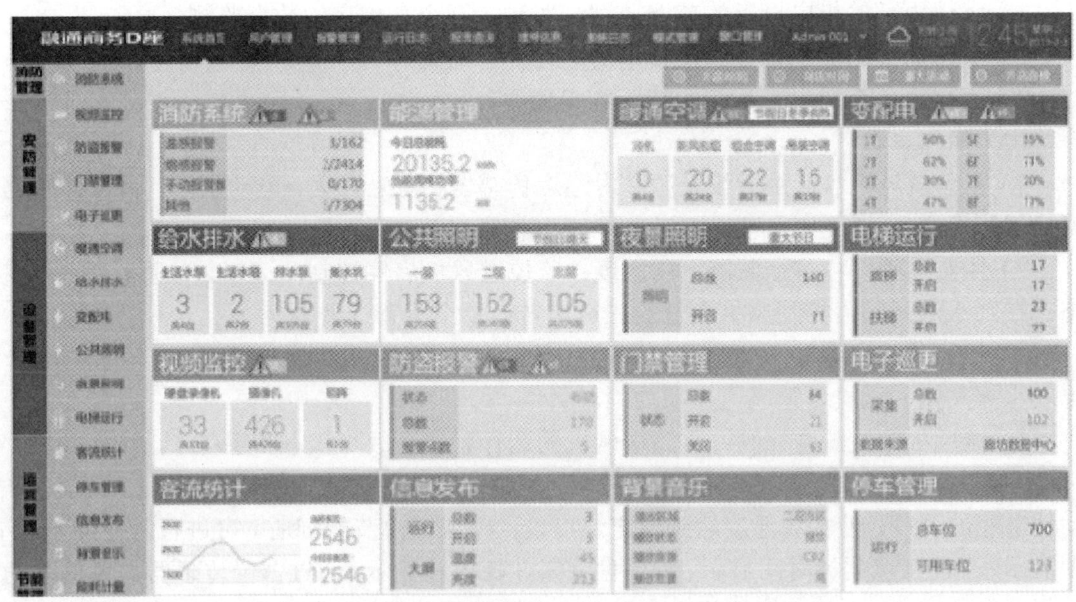

图 9－12　楼宇能耗监测及智能控制一体化信息平台

2. 项目概况

嘉兴公司南湖供电服务大楼于 2012 年完成验收工作并投入使用，此次改造面积约 5400m^2（2～7 层），地上 10 层，地下 2 层。地下部分为设备用房，地上部分均为办公用房或会议室。此次改造主要内容为建立大楼能耗监控系统、大楼中央空调系统节能改造、大楼维护结构（窗体）节能改造、大楼厨房电能替代节能改造四大项。

（1）能耗监控管理平台。传统大楼对于各种计量器具的记录时间集中在每月月末，记录周期不准确，水、电等记录数据并不能反映当月的实际情况，故要求各专业工程师对于各种能源消耗量进行每日统计，对用电、用水量进行计算、对比，建立计量统计台账，查找原因，进而挖掘节能潜力。但每日统计的工作量比较大，且无法针对不合理数据做出直接设备运行调整等问题。因此大楼建立能耗监控管理平台，通过计算机实现能源管理数据的收集、传递、贮存、加工到控制末端设备使用的完整体系，以达到节能目的。

（2）空调系统。根据对该大楼的调研了解，综合楼空调系统的冷源为水冷离心机组和水冷螺杆式冷水机组（集中供冷），热源为电锅炉，存在供冷热管路过长，损耗过高及冬季制热电锅炉能耗过高等问题，拟采用改建模块式空气源热泵为大楼冷热源。

（3）围护结构。综合楼围护结构为玻璃幕墙，隔热效果差，造成建筑的冷（热）负荷增加。改为玻璃幕墙贴膜，减少玻璃的传热系数，降低室内的冷（热）负荷，可达到节能目的。

（4）全电厨房系统。拟改建电厨房系统，提升能源综合利用效率，减少操作油烟污染。

（二）技术方案

1. 系统方案

（1）大楼控制需求主要分为三个部分：

1）大楼内部的机电设备的节能控制、监测，两个高配房的数据监测。

2）大楼内部的节电设备以及食堂的能耗计量与管理。

3）大楼内各个弱电子系统的统一集成管理。

（2）风机盘管。

1）本系统风机盘管由无线无源室内温度传感器、窗磁开关、电动水阀、占位传感器、温控器等组成。

2）监测与控制内容：监测室内温度；监控送风机启停控制及运行、故障、手/自动状态；控制水阀开闭；控制风机盘管的三速运转；单个盘管计费。

3）控制策略：电动水阀与风机联锁，当风机启动时，电动水阀开启，风机关闭时，电动水阀关闭。风机盘管风速自动控制。

4）送风机的监测与控制：监测送风机的运行状态、故障状态和手/自动状态，控制风机的启停。温度控制根据送风实测温度与送风设定温度的偏差，按 PID 算法调节水路电动调节阀的开度，使实测温度达到设定温度值；确保室内节能舒适。可进行时钟显示、星期显示、当前工况累计时间显示、单个盘管累计耗电量显示。通过占位传感器与风机联动，使得在自动模式下，办公室内没人，则风机盘管自动关闭，达到节能目的。通过窗磁传感器，在节能模式下，窗户如果打开，则盘管自动关闭。

2. 照明系统

对照明系统的监测与控制内容包括：监测公共照明回路运行状态，控制公共照明开关通过室内照度传感器，占位传感器与照明系统联动，照度不达标的情况下，达到人来灯亮人走灯灭的效果。使用目前德国最先进的无线开关面板技术，可以满足本地和远程同时控制，无需在配电箱内改线。

3. 新风机组

本系统新风机组由新风段、过滤段、预热段、加热段、制冷段、送风段组成。控制系统的现场元件包括新风温度传感器、新风湿度传感器、回风温度传感器、回风湿度传感器、压差开关、风阀执行器、电动调节阀。

（1）监测与控制内容：监测新风温湿度；监测回风温湿度；监测过滤器压差状态；监控送风机启停控制及运行、故障、手/自动状态；控制风阀开闭；控制水阀开闭。

（2）控制策略：电动风阀与送风机联锁，当送风机启动时，电动风阀开启，送风机关闭时，电动风阀关闭。当过滤器阻塞时，压差开关给出过滤器堵塞报警信号。新风机组温度控制为根据送风实测温度与送风设定温度的偏差，按 PID 算法调节水路电动调节阀的开度，使实测温度达到设定温度值。

（3）送风机的监测与控制：监测送风机的运行状态、故障状态和手/自动状态，控制风机的启停；通常送风机在新风阀开启 30s 后才能延迟开启。通过室内空气品质传感器，使用目前最先进的测量精度最高的激光型 PM2.5 传感器等控制新风机组的开关及风量，

保证室内环境。

4. 供冷供热系统冷水机组的监测

因现有冷水机组基本均带有以微处理器为核心的单元控制器，本系统中按单元控制器与楼宇自控系统直接通信的方案，用以监视冷水机组内部所有参数。基本点位采用由冷水机组提供监测的干接点，控制系统对此进行监测和控制的方案，每台冷水机组上取冷水机组状态反馈、故障状态反馈和启停控制。监测冷冻水供、回水温度，以了解冷冻水的工作温度是否在合理的范围之内。监测冷冻水供、回水压力，根据冷冻水供、回水压差，调节压差旁通阀的开度。监测冷冻水供水流量，与冷冻水供、回水温差相结合，可计算出冷量，一次作为能源消耗计量的依据。冷冻水循环泵：运行状态反馈、故障状态反馈、手/自动状态反馈和水泵启停控制，循环泵与风机可根据现场情况进行启停控制，以上设备必须在保证水流正常流动的前提下启动，在蝶阀开启的反馈信息未确认的情况下不允许启动。

5. 节能控制预期目标

（1）所有被控对象，均在安全、舒适的前提下实现节能运转，预计可以达到 20%～40%的节能率。

（2）房间内没人的时候，风机盘管和照明自动关闭。

（3）房间内有人的时候，对于设定节能模式的房间，有效利用自然光，照度不够的时候才打开灯具，对于打开窗户的房间，自动关闭风机盘管。

（4）换季时段，辅助利用室外温度比较适宜的新风，实现节能。另外，通过室内空气品质传感器，PM2.5 传感器联动新风机组，保证室内空气环境。

（5）通过同方自主研发的慧芯软件系统保证冷热源系统能够根据末端冷热负荷变化调整冷热源系统的实时输出，达到节能的目的。

6. 能源管理和系统集成融通

商务中心 D 座建筑能源管理系统由能源管理平台、采集设备、终端计量设备三部分组成。通过采用实时能源监控、分户分项能源统计分析、重点能耗设备监控、能耗费率分析等多种手段，使管理者对能源成本比重和发展趋势有准确的掌握，制定有的放矢的节能策略，并将节能指标分解到各个部门，使节能工作责任明确。

7. 数据管理目标

（1）所有被控对象，均可以通过电脑或者手机远程访问和控制。

（2）对于建筑物内各个部分的水、电消耗提供分项计量和统一管理。

（3）建筑内所有弱电系统（安防、消防、门禁、一卡通、停车场等）可以集中到一个平台上管理。

（4）集团内各个需要接入系统的能耗数据可以通过一个总的平台进行对比、分析、管理。

（5）集团内各个建筑物的其他数据如能耗、视频、设备运转情况等可以通过一个总的平台远程访问、管理。

数据管理架构如图 9－13 所示，大楼能耗监测与控制平台展示如图 9－14 所示。

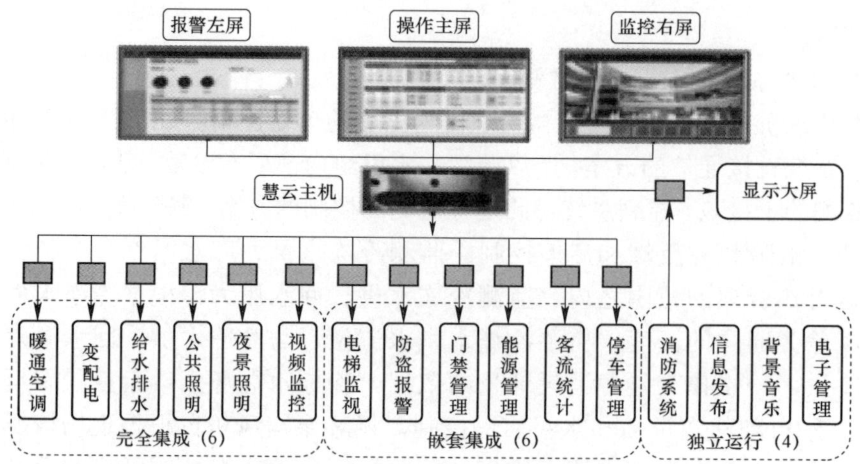

图 9－13　数据管理架构示意图

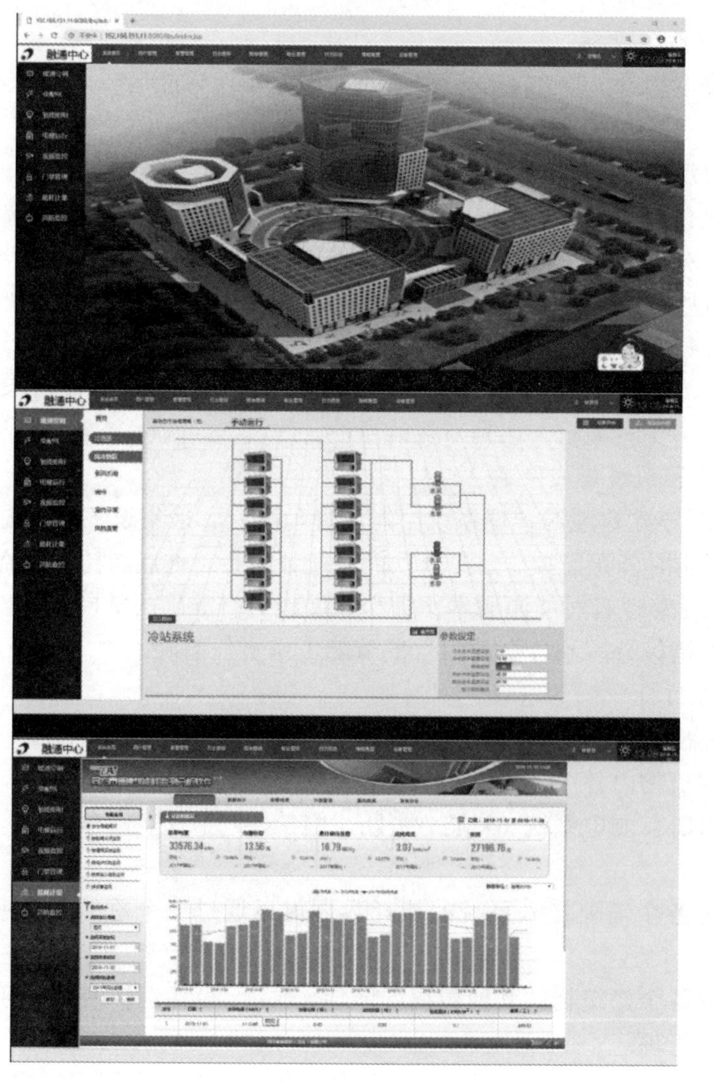

图 9－14　大楼能耗监测与控制平台展示图（一）

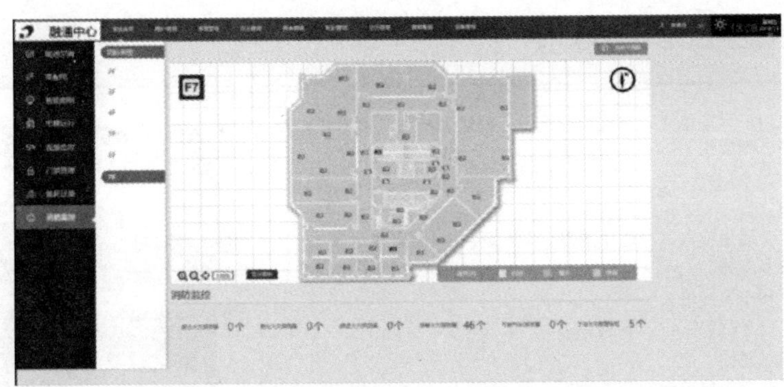

图 9－14　大楼能耗监测与控制平台展示图（二）

（三）建设管理

1. 规划及设计阶段

（1）主要被控对象情况：地下 1～11 楼暖通部分主要由风机盘管加少量新风机组构成。3～9 层每层有 2 个新风机组、34 个风机盘管，6 路照明。2 层 2 个新风机组，24 个风机盘管，13 路照明。供冷系统使用风冷热泵机组供冷，共有 13 台机组和 3 组泵。

（2）主要设计思路：使用先进的节能控制手段，对大楼内的上述机电设备进行节能控制和统一管理。

2. 项目投资建设阶段

项目建设实施阶段，采用 TechconEMC－1000 数据采集器、ECL/ECB－400 系列和 ECL/ECB－600 控制单元实施，如图 9－15 所示，其现场安装如图 9－16 所示。

Techcon EMC-1000数据采集器

Techcon EMC-1000是一个高性能的能耗采集设备。采集器负责采集多种计量表具中的计量信息，定期通过TCP/IP通道将各种计量信息打包远程上传到服务器中，并可接受服务器的查询。

每个Techcon EMC-1000采集器可同时采集64个计量表具。

性能特点

- 支持采集M-BUS和DL/T645设备
- RS-485通信速率可根据需要设置
- 本地历史数据库保存表具运行数据
- 支持多数据中心访问
- 紧凑设计导轨式安装
- LED指示、液晶屏显示运行状态
- 交直流两用供电

产品参数

供电电压	24V AC/DC
功率	<10W
环境温度	0～50℃
湿度	最大90%RH，无冷凝
尺寸	222mm×106mm×56.5mm
质量	400g
以太网通信速率	10Mbps
24V～35VDC输出	<250mA
继电器输出	干接点（20A 14VDC或125VAC）
多设备接入	64个外部设备

图 9－15　数据采集装置及控制单元参数（一）

ECL/ECB-400系列

· 适用于屋顶单元、空气处理机组、锅炉、冷机、冷却塔以及多区域应用

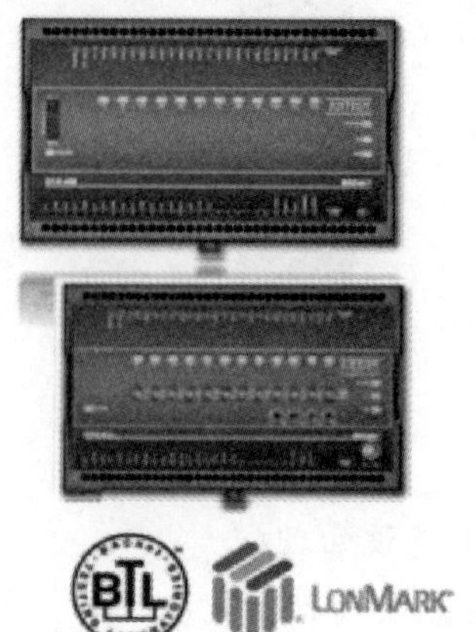

特性:

· 12个通用输入；12通用输出；8数字输出/4通用输出
· 最多支持:
  · 28个无线输入
  · 12个EC-Smart-Vue传感器
· 实时时钟
· 可选装带电位计的开关
  · 监督
  · 无扰动转换（手动-自动-常关）
· 可选装50系列彩色LCD显示屏
· 满足开放式楼宇自控标准
  · BACnet：高级应用控制器（B-AAC）
  · LonWorks：LonMark静态编程设备

ECL-600和ECB-600系列

· 适用于空气处理单元、冷机、锅炉、冷却塔及集中控制等应用特性；
· 16个通用输入；4/16脉冲能力；12通用输出
· 可扩展最多2个Ecx模块，支持40个输入和36个输出
· 最多支持:
  · 28个无线输入
  · 12个EC-Smart-Vue通信传感器
· 实时时钟
· 可选装带电位计的开关
  · 监督
  · 无扰动转换（手动-自动-常关）
· 可选装50系列彩色LCD显示屏
· 满足开放式楼宇自控标准
  · BACnet：高级应用控制器（B-AAC）
  · LonWorks：LonMark静态编程设备

图 9－15　数据采集装置及控制单元参数（二）

图 9－16　数据采集装置及控制单元现场安装图（一）

图 9-16　数据采集装置及控制单元现场安装图（二）

（四）商业模式

借鉴当前先进的电费托管服务理念，采用合同能源管理商业模式进行运作。由国网浙江综合能源服务有限公司投资建设，改造后年项目预估综合年节电率达到 15%以上，合同期限 6 年，具体支付计划见表 9-2。

表 9-2　　**节能服务费支付计划**

支付时间	节能服务费	支付时间	节能服务费
2018.12.1	131.7	2021.12.1	263.4
2019.12.1	263.4	2022.12.1	263.4
2020.12.1	263.4	2023.6.1	131.7

（五）效益分析

1. 创新效益

建立城市级系统集成平台，将嘉兴公司所属的明洲大厦、滨海大厦、调度综合楼、各县公司等建筑物通过物联网技术和信息网络，将各个大楼的所有智能化子系统（包括楼控、智能照明、能源管理、停车场、门禁、一卡通、安防、报警、消防）接入平台，并对其管辖内的设备进行监测和控制，实现分布式综合能源管控。

在原有能源管理数据汇总、统计、分析的基础上，设计统一图形化数据呈现界面，建立功能明确、体系完整、管控到位的标准化管理体系。将系统云服务器部署在统一数据中心平台，优化数据安全结构，保障数据存储、计算准确性和及时性。

依托有关节能数据和能源管理数据，以及楼宇的综合用能数据，积极与公司营销部门沟通，建立机制，将有关管理理念和实施经验向营销部门传递，联络综合能源服务公司，将嘉兴公司探索建立的平台管控模式和商业模式进行总结、提炼、优化，形成标准化典型案例，助推综合能源服务拓展市场，成为样板工程。

2. 运营示范价值

该大楼综合节能改造项目，为整体建筑综合智能化节能改造的典范，且可模式化复制，极具示范效应及推广效应。本项目预计年节电量在 177.9 万 kWh 左右，年节电效益约计 161.53 万元，年节省标准煤 556.827t，每年可减排二氧化碳 1423.2t，节能效益及社会效益非常明显。

（1）节约能源。采用了节能控制系统后，对于设备的管理可以根据预先编排的时间程序（根据办公时间、节假日时间、昼夜时间）对融通大楼的电力、照明、空调、电动窗帘、饮水机、热水器等设备进行最优化的节能控制。

（2）降低管理费用。采用节能控制系统后，以前的人工管理可以完全被取代。相应的管理费用，如人员工资、福利、住房、办公环境、费用等均可节省。

（3）延长设备使用寿命。通过节能控制系统管理的设备，可以完全依照设备的性能来进行控制，不会出现误动作导致设备损坏，也不会有长时间超负荷运转等对设备有损伤的现象发生，使设备能在最优状态长期稳定运行。

（4）提高管理可靠性。采用节能控制系统，可以提高管理系统的可靠性，可以有效避免由于人工管理的疏忽、疲劳、判断失误给用户造成不可预知的损失。

（5）规范管理制度。节能控制系统本身可以依据管理惯例对设备进行自动控制，它具有自动分析人员管理指令的能力，使得一些不规范的管理规范化。

三、园区综合能源服务实践

（一）项目概况

1. 项目背景

上海迪士尼乐园是于 2016 年 6 月正式开放的中国内地首家迪士尼乐园，地处上海市浦东新区川沙镇，占地面积约 7km^2，日均人流量 15 万人次。为支撑游乐园的持续运作和各类大型游乐项目的正常运转，上海迪士尼乐园采取了综合利用各种能源的分布式能源技术，而非单一依靠电力供能。同时，上海迪士尼乐园也在自己的能源站之外连上了上海市的公用电网，将多余电力以政策规定的价格销售，而非仅作为后备能源进行存储，使得分布式能源技术更为市场化。

2. 项目概况

为上海迪士尼乐园供能的是一家天然气“三联供”能源站。该能源站由华电福新能源部分有限公司、上海申迪（集团）有限公司及上海益流能源（集团）有限公司共同投资建设。地处上海国际旅游度假区核心区（迪斯尼区域外），占地面积约 2 万 m^2（30 亩），总投资 4.32 亿元，以第三方的形式通过管网系统和电缆，通过提供电力、蒸汽和空调用冷的形式向迪斯尼园区供能。

该项目为上海区域第一家以冷、热定电，实现就近集中向核心区内娱乐设施、酒店、零售餐饮等供冷、供热、供生活热水以及压缩空气的公用型天然气分布式能源站。电能除能源站自用外，全额上网。

（二）技术方案

能源站由 5 台燃气内燃机（每台 4.4MW）及 5 台溴化锂制冷制热机组组成，总装机容量 22MW，通过两台主变压器升压至 35kV 并入公用电网。

内燃机采用 GE 颜巴赫燃气内燃发电机组，型号为 JMS624－4.4MW。该机采用双涡轮增压，双列 24 缸设计，发电效率达到 45.4%。

项目建成后综合能源利用率达到 83%，年上网电量约为 1.7 万 kWh，每年可节约标准煤约 2.15 万 t。

能源站主要产品为电能、冷能、热能和压缩空气四类。其中电能通过升压并入 35kV 系统电网（全额上网），冷能、热能和压缩空气全部供给上海迪斯尼乐园，冷、热负荷不足部分由能源站离心式冷水机组和燃气热水锅炉提供。

（三）商业运营情况

1. 接入电网情况

上海供电公司对能源站的并网接入，以公用型电站的性质进行处理。能源站发电除站用电外全额上网，不直接向迪斯尼园区供电（迪斯尼园区供电配网仍然由电网公司建设），上网电价执行上海市天然气分布式能源 0.7655 元/kWh 的较高电价。35kV 并网工程按照电源项目政策，由电网公司出资，其中电缆部分由用户补差。

2. 政策补贴情况

上海是国内对天然气分布式发电扶持力度最大的地区，目前上海对天然气项目补贴情况见图 9－17。

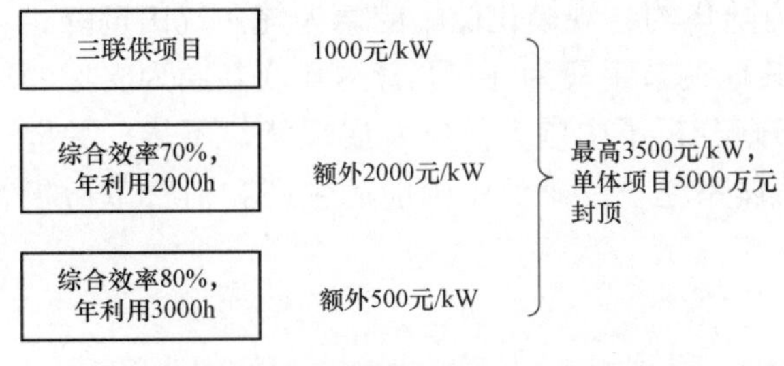

图 9－17　天然气项目补贴情况

上海迪斯尼能源站综合利用效率较高，达到 80%以上，按照目前 3500 元/kW 的补贴标准，如按远景 35.2MW 计算，可拿到 5000 万元的补贴上限。

（四）效益分析

该项目有较好的政府补贴和电价政策，冷热负荷也较为稳定。但是由于地处上海郊区，所处供气商为下游供气商，中间环节较多，天然气价格较高，达 3 元/m^3。该项目单独核算的经济效益一般，项目回收期在 8 年以上。但能源综合利用效率较高，示范意义较大。

迪斯尼能源站作为区域型的功能站，有较好的示范和借鉴意义。以嘉兴地区为例，嘉兴产业结构决定了在大部分工业园区都会有供热、供气、甚至压缩空气的需求，嘉兴能源双控的压力又决定了能耗是政府近期的痛点。建议应结合政府的产业园区布局、热力规划等着重关注区域型公用型三联供项目。同时可以借鉴上海公司的经验，积极建议浙江出台疏导天然气分布式电价的政策，引导三联供项目以公用型、全额上网为主，避免自供区的形成。同时明年输配电价格形成后，电网公司主要以收取输配电价为主。在这种疏导电价全额上网的模式下，既保证了三联供项目的盈利能力，又保证了电网公司的相关利益。

如果近期进行三联供项目投建，项目的建设过程可以通过招投标选择有资质和经验的设计、施工力量，运维可以借鉴上海迪斯尼的方式，整体外包给有电厂运行经验的第三方。同时现阶段宜着重培育前期咨询人员和项目建设管理人员，后期通过有意识的人才引进和人员培训，逐步培育起自身的综合能源服务力量。

四、LNG 产业互联网的实践

（一）产业概况

LNG（Liquefied Natural Gas）即液态天然气，是优质、高效、洁净能源天然气的液体形态，具有热值高、清洁环保、安全可靠和良好的经济性。LNG 主要成分是甲烷，无色、无味、无毒且无腐蚀性，其体积约为同量气态天然气体积的 1/600，重量仅为同体积水的 45%左右，可像石油一样安全方便地储存及运输。由于 LNG 技术的发展，大大提高了天然气在全球的竞争性，很多国家都将 LNG 列为首选燃料，天然气在能源供应中的比例迅速增加。近年来液化天然气消费以每年 12%左右增长，成为全球增速最快的能源行业之一。

LNG 全产业链包括天然气液化、储藏、运输、加注、车船应用、工业燃料、分布式能源、季节调峰、产品后市场和再制造等，产业发展空间十分巨大，且具有产业数据庞大、信息不对称、业务链长、商业形态多样等特点，具备广泛的互联网服务需求和创新的金融服务需求。

我国在 2018 年先后发布了《关于加快储气设施建设和完善储气调峰辅助服务市场机制的意见》及《中国天然气发展报告（2018）》白皮书。其中《意见》旨在加快储气设施建设，构建完善的储气调峰辅助服务市场机制，保障天然气稳定供应和产业可持续发展。明确了政府、供气企业、城镇燃气企业等的储气调峰责任与义务，提出了建立以地下储气库和沿海 LNG 接收站储气为主，重点地区内陆集约、规模化储罐应急为辅，气田调峰、可中断供应、输配管网管存、可替代能源和其他调节手段为补充，管网互联互通为支撑的多层次储气调峰系统的规划要求。而白皮书则分析了中国天然气发展现状、不足，并提出了未来发展方向，即加快天然气产供储销体系建设，确保中国能源生产和消费革命稳步推进。

（二）技术方案

1. 通过物联网实现全新资源调配模式

LNG 物联网实现了能源运营网、消费终端网、设备信息网的“三网合一”，通过端、网、云实现新型的资源调配模式，如图 9－18 所示。

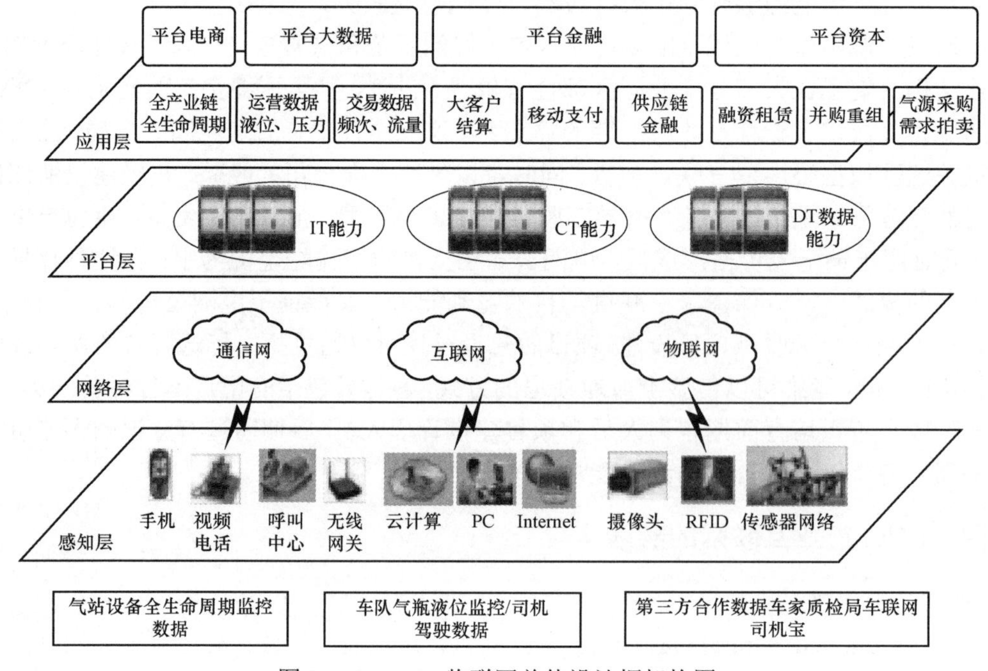

图 9－18　LNG 物联网总体设计框架构图

（1）“端”：线下能源运营终端和线上手机移动应用 APP、Web 应用平台，共同创造供给侧与消费终端的连接。通过 LNG 装备硬件传感器的智能升级，为现有 LNG 储存（储罐）、运输配送（槽车）等设备改造或嵌入感应器，感知危险环境中工作人员、设备机器、周边环境等方面的安全状态和运行信息，进而通过有线或无线网络传输技术将监控数据实时传输至大数据采集平台。

（2）“网”：基于物联网、互联网和移动互联网技术，将大数据平台处理后的数据，直观地展现给行业的监控人员和运营决策人员。平台和移动应用提供的设备定位、运行监控、安全预警、维护提醒、报表分析、用量预测等功能，可以帮助 LNG 企业对人员和资产进行更加安全、及时的管理与干预，从而降低大型投资项目的财务风险、大幅提升资产利用率。同时基于能源互联网平台将这类物联网管理能力作为增值服务，开拓针对其他能源企业的 B2B 业务时，例如供应链优化，市场竞争力将明显优于传统竞争对手。

（3）“云”：物联网能源管家运营管理平台，将智能硬件设备上传的运营各个环节的海量信息进行分析整理，使零碎个体的数据变为对客户有实际价值的信息资产与解决方案，云端与终端实时互动；在信息安全方面，通过混合云的方式对公有云与私有云进行区分，公有云对客户敏感信息进行抽离，实现数据安全，构建区块链生态模式，私有云实现客户定制诉求，提升远程管理能力。

2. 通过 B2B 电子商务平台优化配置方式

2015 年，LNG 由于市场供应充足，下游需求不旺，供需逐渐逆转。2016 年上半年，全球天然气市场呈现出供过于求的严峻市场形势，从资源驱动型转变为消费终端驱动型。同时天然气价格下降，特别是海气窗口的开通，使传统的管道气的行政定价资源配置方式难以为继。LNG 作为民营化、市场化兼具的能源投资品种，在气源地周边与沿海区域市场相较管道气具有优势，对行政资源垄断的配置方式进行替代。

正是在这种大背景下，借着“互联网＋”的东风，一批投资机构推动的 LNG 现货电商平台如雨后春笋般蓬勃兴起。比较具有代表性的是云顶科技淘气网、新奥集团好气网、杭州麦安集以及气头网等。

（三）商业模式

1. LNG 产业的商业模式创新

消费需求与实时库存相挂钩，实现 C2B 的新型资源配置模式，让柔性制造与大规模生产在信息时代可以兼顾。中国的 LNG 产业也恰逢转型的关键时期，互联网与 LNG 产业的融合，所蕴含的是 LNG 生产、消费的传统模式将走向更为深度的产业形态颠覆。“互联网＋”智慧能源必将是 LNG 产业未来发展的主要方向之一，推动从消费侧到供给侧的资源优化配置，如图 9－19 所示。

国内的天然气企业掌握着最广泛的 LNG 消费数据及管网数据，融入“互联网＋”是改进用户体验、提高管理效率、降低运营成本的重要机遇。能源与互联网结合，有助于企业节约成本、更充分地利用资源；而从能源供应企业看，两者的结合将极大地促进能源供应和消费互动，更精准地对接市场需求，从而提高供给质量和效率。以上海中旖能源科技有限公司旗下云顶科技为例，其商业模式和行业认知如图 9－20 所示。

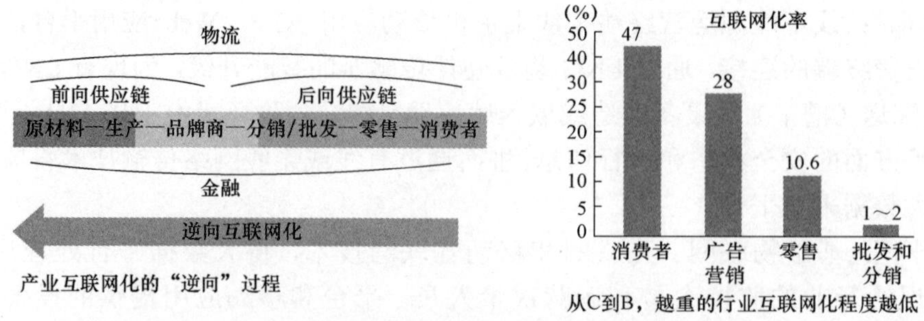

图 9-19　互联网推动从消费侧到供给侧的资源优化配置

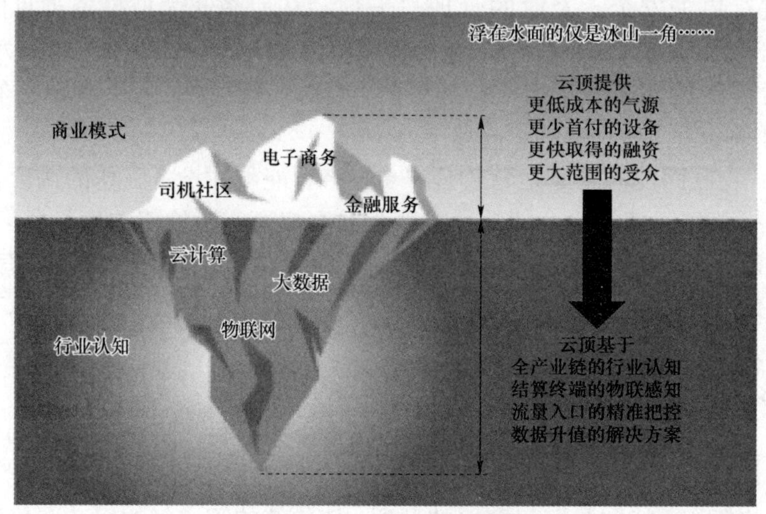

图 9-20　云顶科技的商业模式与行业认知

2. 互联网实践

基于全产业链高度调研，通过分析从液化工厂到输配、下游分销、零售等每个环节中用户的痛点及需求，合理利用用户沉淀的数据资产，互联网思维将激活传统制造业、能源运营商及终端网络蕴藏的创新红利。

在产业物联网能够服务的上下游企业包括液化工厂、海气接收站、LNG 运输配送企业、加气站/气化站/分布式能源等终端用户和 LNG 车船用户（参见图 9-21），链条上的每个环节，都面临着产业升级的诉求，如何让液厂的夏季冗余，气站的冬季保供，槽车的回程空载，司机的就近加气，都不再成为问题（参见图 9-22），打造一个能源互联网垂直产业链平台成为创新突破口。

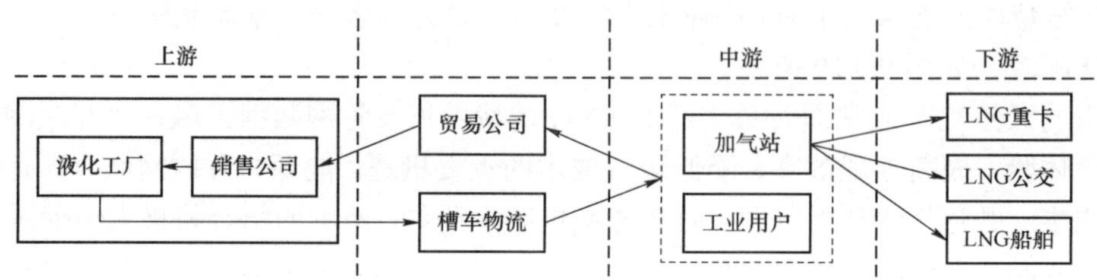

图 9-21　LNG 产业链 F2C 概念图（液厂—终端—用户）

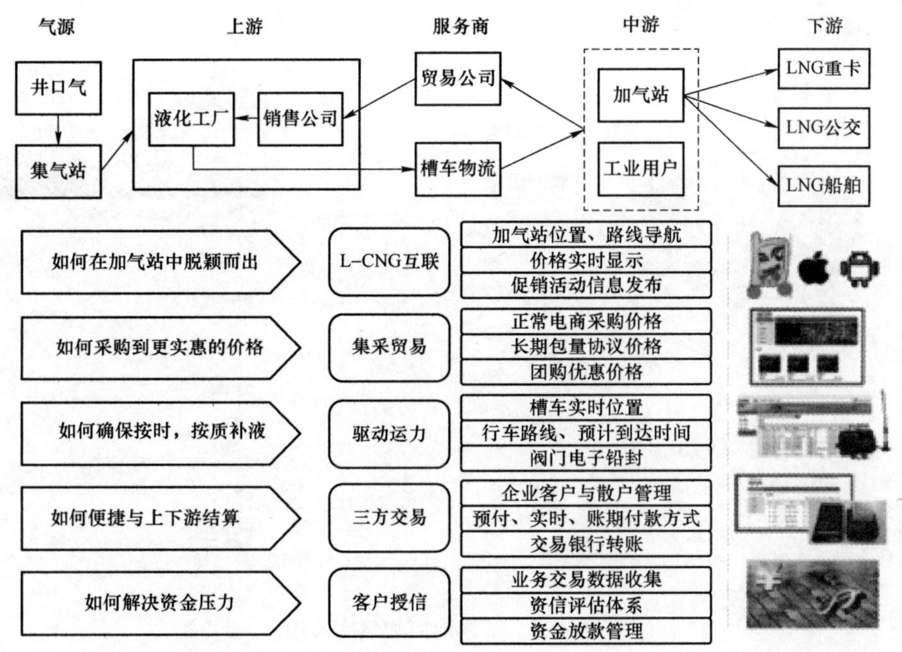

图 9-22　基于客户刚需与痛点的整体解决方案

LNG 产业作为清洁能源中增长最快的细分领域，具备市场化的基因，中国的消费互联网基本格局已定，能源物联网却方兴未艾。“产业 + 互联网”模式生于庙堂而兴于江湖，正是产业、科技与资本的联姻，才促成上海中腐携手产业内顶级战略合作伙伴，运用现代科技为产业上、中、下游客户提供整体解决方案，实现相关数据对接，将促成 LNG 产业生态圈的形成，开启清洁能源的大数据时代。

（四）效益分析

1. 加气行业互联网改造推动产业转型升级

《能源发展战略行动计划（2014～2020 年）》提出要加快天然气加气站设施建设，在市场大环境不佳、标准站投资回收期通常 5～6 年的情况下，如何继续保持稳定的客源，导入新增的流量，是每个加气站都面临的突出问题。互联网和移动互联网作为大众获取信息的重要入口，其范围经济的明显优势已对从业者和消费者实施了关于使用习惯良好的教育。气站运营人员都应充分意识到：重视利用互联网工具，利用日趋壮大的司机社区，快速传播站点优质的服务、优惠的活动，将对加气站运营起到极大的提升。

以云顶科技自主研发的移动 APP 应用一加气宝为例（见图 9-23），该软件面向百万 LNG、CNG 车司机和国内数千家 LNG、CNG 加气站经营者，提供包括位置导航、电话、气价、优惠折扣、会员积分、消费点评等全面服务信息，旨在搭建一个车主与气站终端网络之间全新的加气车辆服务生态圈。加气宝与加气站经营者、汽车相关服务行业、保险业、金融机构积极合作，以移动互联网 O2O 模式重构加气车辆服务生态圈，完成加气行业的互联网改造，实现产业升级与转型。

图 9－23　苹果商店加气宝应用

山东省作为全国 LNG 加气站的重要省份，无论是发展速度、市场容量，还是政策制定、安全规范等都居于国内领先水平，LNG 的整体消费量也居全国之首。目前，山东省共运营 LNG 加气站 120 余座。其中青岛地区有 16 座，潍坊地区有 15 座，烟威地区有 19 座，临沂地区有 12 座，这四个地区的加气站数量占全省 LNG 加气站数量的 1/2 以上。

中旖长运 LNG 加气站是山东中旖能源科技有限公司（以下简称山东中旖）联手安丘长运公司建设的一处集公交客运自备和对外社会车辆服务的标准化 LNG 加气站，是潍坊地区首个手续齐全的二级标准站，自 2015 年 10 月正式营业以来，目前已经具备充电、CNG 加气和 LNG 加气三位一体功能，具备储备调峰和综合服务功能。通过运用互联网思维，实现线上与线下 O2O 联动，日均销气量超过 20t，在两个月内挤进山东全省前五，并将进一步向互联网清洁能源综合示范站升级。单站年营业额超过 5000 万元，目前已实现齐鲁股权交易中心挂牌。

2. 工业煤改气点供

中旖集团的物联网运用极大地提升了企业在煤改气工业点供方面的运营效率。通过物联感知，实时监控储罐液位，达到及时补液。借助后台自动化智能决策，实现站点的自动化补液，减少人为操作。通过压力，温度，气体浓度等监测，实时感知安全状态，对于存在安全隐患的及时报警，从而实现偏远站点的无人值守。

LNG 行业受天气影响较大，冬季寒流来袭时，众多工业用气客户往往面临“保供”需求。中旖通过物联网获取实时的库存信息，结合天气数据的历史数据分析和预测，可以最大限度地提前预知风险，形成最优 LNG 运输调度路线，减少出现加气站和 LNG 消耗

商断供的情况。以河北邢台沙河长城玻璃厂为例，上海中旖在雨季通过物联网对车辆流向的监控，预测到西部拥堵和部分大客户面临停供，提前做好了保供工作准备，从山东、天津等地向邢台等大型玻璃企业进行反向调配保供，实现了客户日 20 万 m^3 的保供目标。在北京中旖团队的努力下，该客户成为当地 66 条浮法玻璃线中唯一未停产的玻璃厂商，并由于稳定的出货量一跃成为行业龙头，掌握了当地的玻璃定价权。

从保供引出的智能调度与供应链优化如图 9－24 所示，由此可见，数据的支撑极大地提升了运营效率，提升了企业竞争力，基于数据的运营将是点供站运营的未来。

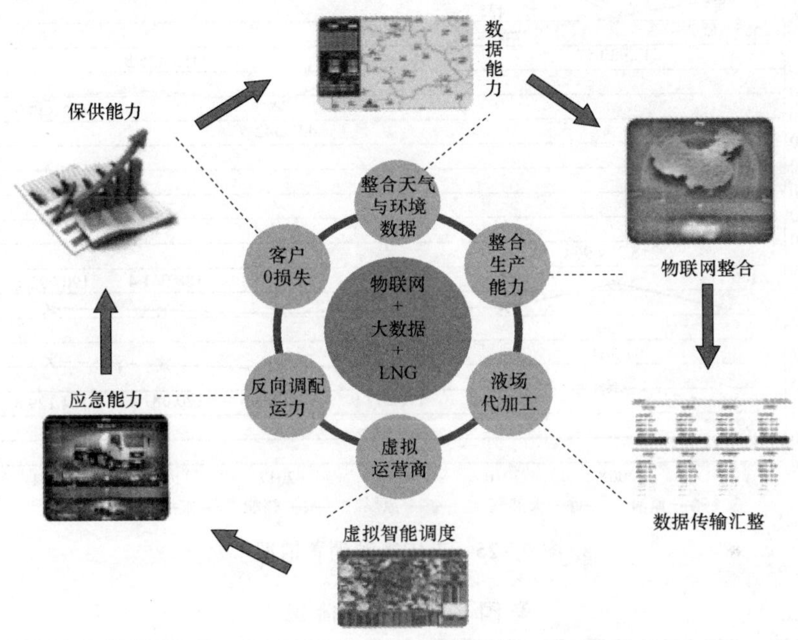

图 9－24 从保供引出的智能调度与供应链优化

第二节 国际能源互联网综合示范项目案例

一、美国能源互联网

（一）美国能源互联网发展条件

1. 美国的总体能源状况分析

美国自然资源丰富，化石资源总探明量居世界前列，是世界上重要的能源生产大国。同时，美国作为世界上最大的经济体，资源消耗量巨大，也是世界上能源消费大国，但是其自身的能源产量目前还无法满足能源需求，因此美国是世界上主要的石油进口国之一。另外，美国风力、太阳能等可再生资源十分丰富，近年来，美国正在大力开发可再生能源，以此调整自身的能源消费结构，见图 9－25、表 9－3。

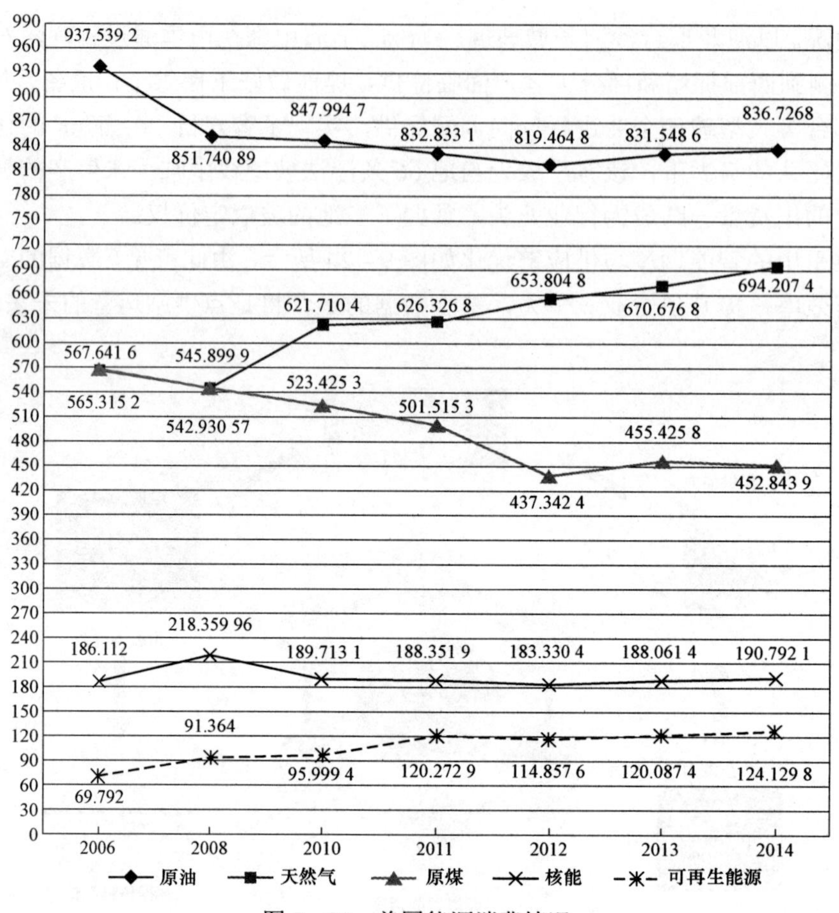

图 9－25 美国能源消费情况

表 9－3 美国能源消费情况

年份	原油（%）	天然气（%）	原煤（%）	核能（%）	可再生能源（%）	合计能源消耗（Mtoe）
2006	40.3	24.3	24.4	8.0	3.0	2326.4
2008	37.29	23.77	23.9	9.56	4.0	2284.1
2010	37.1	27.2	22.9	8.3	4.2	2285.7
2011	36.1	27.6	22.1	8.3	5.3	2269.3
2012	37.1	29.6	19.8	8.3	5.2	2208.8
2013	36.7	29.6	20.1	8.3	5.3	2265.8
2014	36.4	30.2	19.7	8.3	5.4	2298.7

2. 美国的能源政策与规划分析

2006 年美国人均碳排放量高居世界首位，达到 19.78t。这也使得布什政府在国际谈判中一直处于被动地位，动摇了美国在世界气候问题上的主导地位。此外，2008 年爆发的金融危机使得美国经济低迷、失业率持续上升。在如此内忧外患的情况下，奥巴马上台后提出新能源政策，以此来促进美国经济复苏和创造就业机会。

奥巴马政府将新能源政策上升为国家战略，先后出台了《美国复苏与再投法案》《清洁能源安全法案》、《2010 年美国能源法》和《新能源政策》，加大对新能源领域的投资，减少对传统能源的依赖，减少二氧化碳排放量，改善国内能源的消费结构。在保障美国能源安全的同时，继续维护美国在世界经济格局和政治格局上的主导地位。

美国新能源政策的主要内容具体包括：① 提高传统能源利用效率，重点提高汽车能效，大力发展插电式动力混合汽车；② 颁布新的建筑、家用电器和工业节能标准，政府主导推动各类建筑设施升级，设立节能目标；③ 建设数字化智能能源网，重点投资建设智能电网，逐步实现太阳能、风能等接入电网，推进分布式能源的发展；④ 强调以技术创新实现新能源目标，鼓励新能源相关技术研究与使用，大力发展生物燃料的生产工艺技术；⑤ 严格控制碳排放量，推动碳交易市场的建设。

美国能源新政包含了大力发展新能源、可再生能源、低碳经济、智能电网、减少碳排量等核心思想，而奥巴马以此作为美国经济复苏的起点，既加快美国能源结构的转型，又促进美国经济复苏、创造就业机会，同时也维护美国在国际立场的话语权，帮助美国在新能源领域占领制高点。

（二）美国在能源互联网领域的探索

1. 能源互联网先驱——美国智能电网发展现状

目前，美国虽然还未明确提出发展“互联网＋能源”的战略，但是其之前提出的智能电网就电网层面和“互联网＋能源”的内涵有诸多相似之处，都强调了可再生能源和分布式能源接入电网、微电网的运行控制和互联、储能设备的接入电网以及需求侧响应资源的整合利用等相关内容。另外，智能电网也融入了互联网理念，以“绿色、高效”为目标，以双向互动和扁平化为主要特征，是以现代信息和储能技术为支撑的新一代智能化电网。智能电网在能源绿色化中不可替代的地位和作用，决定了智能电网是“互联网＋能源”的主要技术模式，是发展“互联网＋能源”的先驱。因此，研究智能电网就电网层面能对研究“互联网＋能源”提供技术方案以及商业模式等方面的指导意见。

（1）美国智能电网发展历程。美国发展智能电网不是偶然提出，而是社会、经济发展的必然。美国消费者导向型市场经济模式强调了高度自由、追求资源效率的最大化，而智能电网的发展是其固有经济模式的必然选择，受到政府、企业、市场、消费者的共同推动。首先，从政府来看，智能电网符合新经济的发展趋势，有利于应对能源危机、发展清洁能源以及应对金融危机。从企业市场来看，智能电网推动产业升级，带动一些新兴产业诸如电动汽车、物联网等发展，增加国内的就业机会。从消费者角度来看，智能电网为消费者带来便利，消费者可以实时根据电价的变化调整自己的用电，选择自己合适的用电方案节省开支。

美国智能电网发展历程如表 9－4 所示。其最早是由电力研究协会（Electric Power Research Institute，EPRI）提出，前期由布什政府推广发展，强调采用先进技术对传统电网的升级，突出强调了高温超导电力技术的应用，实践证明此发展战略技术路线过于超前。2009 年奥巴马上台后将智能电网提升为国家战略，重点强调电网基础设施建设对于清洁能源发展以及经济就业的带动作用。此电网发展战略与奥巴马提出的一系列新能源政策相符合，可见发展智能电网是发展可再生能源以及分布式能源接入电网的基础与先决条件，能确保电网的安全运行。

表 9-4　美国智能电网发展历程

时间	内　容
2001 年	EPRI 开始智能电网的研究
2003 年	布什总统要求美国能源部（DOE）致力于电网现代化建设，DOE 发布“GRID2030”建设报告
2004 年	DOE 启动电网智能化项目
2005 年	DOE 与 NETL 合作发起了“现代电网”研究
2007 年	DOE 发布电力输送系统升级战略规划
2009 年	奥巴马总统将智能电网提升为美国国家战略

（2）智能电网的架构与研究成果。美国智能电网是一个完整的信息架构和基础设施体系，实现对电力客户、电力资产、电力运营的持续监视，利用“随需应变”的信息提高电网公司的管理水平、工作效率、电网可靠性和服务水平。在功能上满足未来数字化信息社会对电能的高可靠性、高质量的要求；适应灵活的发、用电方式，满足分布式、可再生能源发电接入和灵活的用户供、用的需求；电网具有自适应纠正和自愈能力，主动预防而不是被动地应对紧急情况；持续优化运行以最有效地应用各种资源和设备；电网信息整合更全面；鼓励需求侧响应和用户对电网的交互，提供相应的便利接口。其具有交互性、自愈和自适应能力、优化能力、预测能力、包容能力、集成能力以及更高的安全性。

美国智能电网架构如图 9-26 所示，实时调度及管理、双向信息流以及新能源发电是未来美国智能电网发展的三大特征。在发电侧，新能源发电和储能的智能接入，减少发电环节的碳排放量，提高发电效率；在输电与配电侧，采用先进的控制、分析、监测、决策技术以及新兴输配电技术，包括无缝的图像化接口、智能化 DMS 平台、广域测量以及配变电自动化等，实现电网的智能管理，实现突发事件的快速诊断及快速恢复，提高电网的安全性，使电网真正具有自愈功能；在用电侧，智能表计的应用及家庭自动化的实现，利用电力市场加强电力公司与用户之间的协调互动，消除信息的不对称，更好地实现需求侧响应。

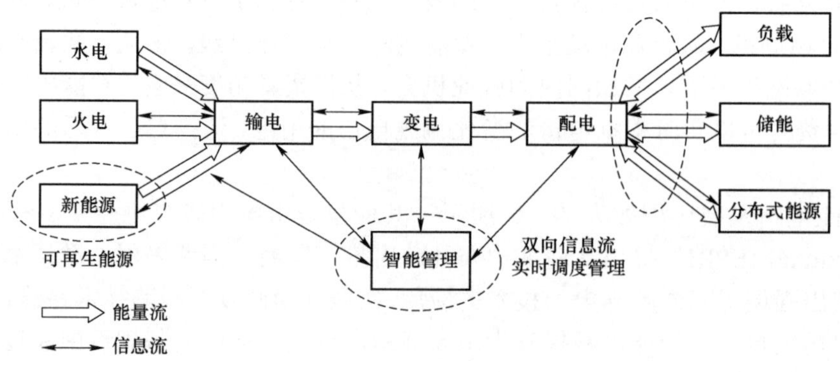

图 9-26　美国智能电网架构

美国对智能电网的部署情况如下：① 输电侧：主要任务是部署同步向量测量装置PMU、输电线路监测和输电系统通信网；② 配电系统：部署自动开关、电容器和变压器的自动传感及其控制系统；③ 用户侧：部署智能电表及其通信系统、数据管理系统，部署家庭显示器、可编程恒温器、用户侧网关，实施动态电价。

（3）智能电网典型试点项目分析。

1）"迈阿密智能能源"综合项目。该项目是美国最广泛的一个智能电网项目，旨在使用联邦政府的刺激基金，加强该地区的智能电网和可再生能源的建设，为该地区的居民提供更多的用电选择，节约电费。该项目由政府以及美国知名大公司组成联盟组织实施，为迈阿密—戴德县的居民安装100万只智能电表，提供先进家电和智能电力控制系统，并且为家庭提供能源管理和实施方案。

2）博尔德智能电网城市。2008年，艾克希尔能源公司（Xcel Energy）宣布投资将博尔德市建成全美第一个智能电网城市。该智能电网试点城市的运作模式是风险和利益共享的自负盈亏模式，由Xcel能源公司牵头，联合另外7家科技、工程和软件公司组成了"智能电网联合会"（Smart Grid Consortium），共同投资智能电网城市项目。该项目是企业参与智能电网建设的一个典范，对我国企业参与"互联网+能源"建设有重要借鉴意义。

3）"德州未来智能电网社区"。该项目是德州电力可靠性委员会风电整合技术解决方案中的一部分，充当利用清洁技术的未来分布式能源系统社区开发的测试模型。该项目采用改进的技术监测电网的运行，并扩大智能门户功能以实现需求侧响应。这一社区是德州首个采用太阳能的智能电网社区，利用锂电池储存太阳能发电为每个智能电网住宅提供动态的能源系统，配合智能家居来充当支持"调峰"的智慧能源。当用电高峰期时，一些空调、电冰箱等智能家居停止工作一段时间以错开高峰电价。另外，动态能源系统启动为智能家电供电，节省用电成本。当用电低谷时，洗衣机、洗碗机等智能家电将得到有效利用。该示范项目提高了电网的稳定性和降低了总体电力成本，为后来智能电网社区的建设提供了模型，使能源利用变得更高效、更环保、更智能。

通过这三个项目不难发现，美国智能电网示范项目的建设主要围绕以下几个方面：① 智能电表、数字变压器等设备的普及加强了电网各个节点之间的信息联系，使电网趋于智能化，做到电网的故障自愈以及智能管理；② 储能、智能电表的应用使得用户能合理使用家用电器，以此来节约自己的用电成本，做到用户侧参与调峰，实现需求侧响应；③ 电动汽车的使用成功使得交通网与电网交互发展，减少尾气排放，实现低碳交通。

（4）智能电网的核心——美国需求侧响应发展分析。美国需求侧响应项目种类很多，按响应信号性质不同，分为价格型需求侧响应和激励性需求侧响应。基于价格的需求侧响应指用户调整用电需求以响应零售电价的变化，包括分时电价、实时电价和尖峰电价等。依照不同的电价机制，用户将调整用电时段至低价时段，同时自行减少在高价时段的用电，从而达到减少电费的目的。参与此类需求侧响应项目的用户与实施机构签订定价合同，并自愿进行负荷的调整。

未来，发电侧接入光伏和风力等可再生能源发电，其间歇性问题对需求侧响应的挑战越来越大。美国目前正在发展基于用户的实现技术，针对工业用户、商业用户和居民用户等不同的用户设计不同的商业模式以促进用户更好地参与市场。

2.“互联网+能源”重点——美国分布式能源发展分析

美国是发展分布式能源最早的国家，发展初期主要是小型的热电联产分布式能源系统（CHP），后来逐步演化成了冷热电三联供（CCHP），发展迅速。截至21世纪初，美国已建成以冷热电联产为核心、容量为10万kW及以下的天然气分布式能源系统近2000座，应用范围涵盖石油、化工、学校和医院等各个领域。

未来，美国分布式能源会向分布式能源网的方向发展，不再以单一能源供应为主，而是将天然气、风、光等多类能源结合，因地制宜地根据顾客需求进行调度，形成更高效的能源系统。另外，在一定区域内，利用能源站集成技术，可将多个能源站集中起来进行能源调配，形成节约高效、有序配置的用能方式，实现能效最大化。

3. 能源互联网模型——美国FREEDM计划

为了应对美国可再生能源大量普及以及分布式发电大规模接入可能引起电网不稳定等问题，美国北卡罗莱纳州立大学提出了未来可再生能源电力传输和管理系统FREEDM计划，其主要是应用先进的电力电子技术、高速数字通信和分布控制等技术，将大量分布式发电装置、分布式储能装置和各类型负载互联起来，实现能量的双向流动、对等交换和能量共享，建立具有智慧功能的革命性电网架构。

FREEDM主要具有以下几个特征：① 支持任何时间、任何地点的分布式光伏发电、分布式储能以及其他分布式交流电机接入，像USB接口一样，实现即插即用；② 具有能量管理设备（IEM），除了能自动对分布式可再生能源（DRER）、分布式储能装置（DESD）以及各类型负载进行功率电压调节外，还能够进行电网侧电压管理和短路电流控制，而不是进行简单的开断，开放的标准DGI、固态变压器SST整合在IEM系统中，使IEM具有能量路由器的功能；③ 具有智能故障管理设备IFM，实现故障的自动判断与隔离。

FREEDM系统的框架如图9-27所示，通过FREEDM系统，可以看出美国对于“互联网+能源”研究与技术发展主要侧重于如何利用信息通信技术和电力电子技术实现

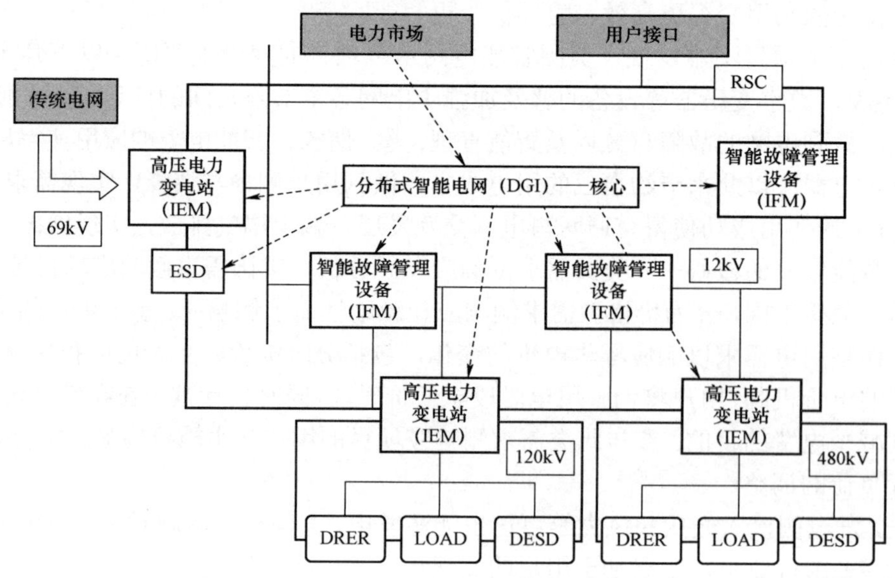

图9-27 FREEDM系统的框架

电力系统中各类型能量单元协调互动、提高电力系统中可再生能源利用比例、适应高渗透率分布式新能源接入。

（三）美国能源互联网发展方向

电力系统作为能源相互转换的枢纽，是“互联网+能源”的核心，因此未来美国仍将继续加快对电力系统的建设。在发电侧，将继续加大风电、光伏等清洁能源的开发利用，提高清洁能源发电的比例，加大对天然气发电的开发，减少对煤炭、石油等化石能源的依赖；在输电侧，将继续加快对电网的建设，包括建设国家电力骨干网、区域电网互联等，将继续推进智能电网的建设；在配电侧及用电侧，将大规模接入分布式光伏、风力发电、分布式储能以及热电冷联产，用户层面将普及智能电表、智能家居和电动汽车的使用，实现用户与电网的良好互动。其次，页岩气革命的爆发使天然气的成本大大降低，使得天然气发电、热电联产迅速发展；与此同时，电转气（P2G）技术逐渐成熟，可以将可再生能源机组的多余出力转化为甲烷，再注入天然气网被利用。因此，未来天然气网和电网之间的能量流动将从单向变为双向，两网交互发展。另外，电动汽车的迅速发展，使得电力系统与交通系统之间通过充电设施互相影响，交通网和电网之间也会紧密联系，共同发展。

未来，美国发展“互联网+能源”重点放在多类型能源网络的高度耦合上，实现不同类型的能源综合优化。

二、丹麦多能源网

（一）丹麦多能源网的发展条件

1. 丹麦的总体能源状况分析

丹麦占地面积很小，自然资源较为匮乏，除石油天然气外，其余资源较少，但是风能与生物质能比较丰富。20 世纪 70 年代以前，丹麦一直依赖石油作为主要能源，后来爆发的 2 次石油危机使得油价迅速上涨，丹麦由此决定改变依赖传统能源的消费模式，先后推出了《可再生能源利用法案》等政策鼓励开发风能、生物质能等可再生能源，同时推动废物回收利用和热电联产 CHP（Combined Heat and Power），使得各类能源能被高效利用。目前，在风能利用方面，丹麦已经处于世界领先水平，在 2017 年实现可再生能源占比达到 32.3%。同时，CHP 系统也发展迅速，通过 CHP 产出的热能实现区域供热，满足了丹麦 75%以上家庭的供暖需求。近年丹麦能源消费情况如图 9－28 和表 9－5 所示。

表 9－5　丹麦能源消费情况

年份	原油（%）	天然气（%）	原煤（%）	核能（%）	可再生能源（%）	合计能源消耗（Mtoe）
1980	67.3	0	29.7	—	2.96	19.4
1990	43.55	10.06	40.24	—	6.13	19.5
2005	41.7	22.6	18.6	—	15.6	19.8
2010	44.6	23.1	19.4	—	12.8	19.5
2011	44.4	20.3	17.1	—	18.2	18.7
2013	43.1	18.9	17.8	—	20	18.1
2014	44.5	16.3	15.1	—	23.8	17.3

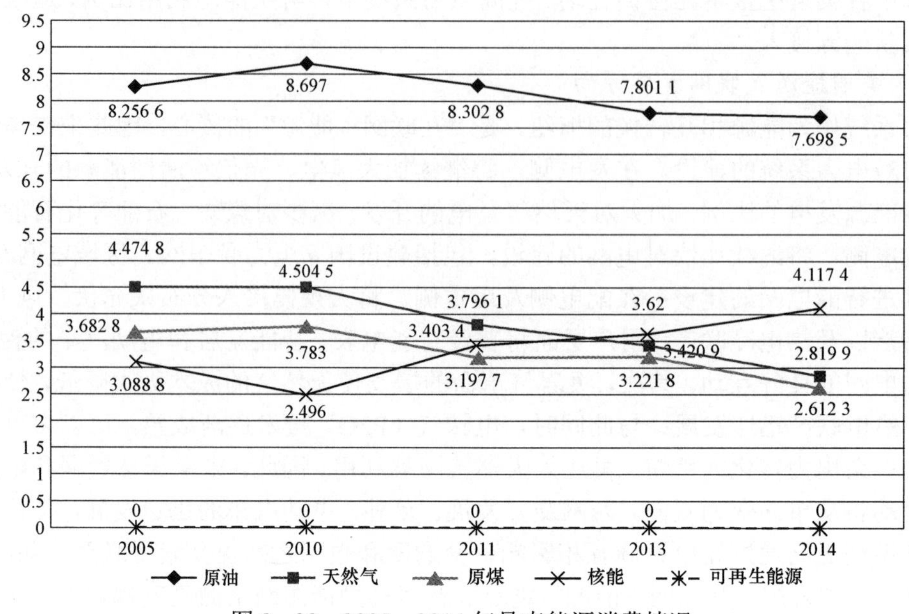

图 9-28　2005～2014 年丹麦能源消费情况

2. 丹麦的能源政策与规划分析

1976 年丹麦能源署成立，该机构的主要职能为调动各方面资源，统筹制定国家能源发展战略、组织实施并进行监督，其管理范畴包括国内能源供应、生产、销售以及节能领域，优先开辟可再生能源，大力发展优质资源，引导丹麦国民能源消费方式以及国家能源结构调整。

丹麦通过设立系列法律，鼓励发展低碳环保的可再生能源，鼓励个人和企业节约能源和提高能效。丹麦政府于 1976 年通过了《供电法案》，于 1979 年通过了《供热法案》，该法案将丹麦 275 个城市分为了四个主要的区域并根据区域的划分来规划中央 CHP、区域供暖、天然气供应，以建设高效供热区域系统；1981 年通过《可再生能源利用法案》（该法案后于 2008 年进行修订），2003 年通过《能源供应法案》（该法案后于 2010 年 12 月进行修订）。与此同时，丹麦也采取了相应的鼓励政策，主要包括固定电价政策、可再生能源建筑补贴（该政策由《丹麦能源政策协议》中规定）、区域供暖等政策，这些政策对太阳能热利用和生物质利用均提供了支持。丹麦政府还对可再生能源进行补贴并进行税收减免。相对地，丹麦政府选择采取征收“能源供应安全税”，2012 年《丹麦能源政策协议》规定，由于化石燃料消耗减少导致的煤炭、石油和天然气税收的减少，政府决定对所有燃料，包括采暖用的生物燃料和化石燃料征收“能源供应安全税”，用于为可再生资源提供部分资金来源。《丹麦能源政策协议》中也规定，2013 年起新建建筑禁止使用石油和天然气采暖；区域供热区内的既有建筑自 2016 年起不得安装新的石油锅炉。这些措施降低了石油和天然气的消费，减少了使用石油和天然气进行采暖。这些能源税、二氧化碳排放税、欧盟的二氧化碳排放交易体系等也为丹麦可再生能源的发展提供了可持续的资金和机制支持。

相应地，丹麦也采取了鼓励可再生能源接入的电价政策。丹麦的可再生能源上网电价

包括市场竞价和补贴两部分。对于风电，在市场竞价的基础上，根据不同的并网年份，采取差异化的电价补贴政策，确保补贴的合理性；对于陆上风电和非招标海上风电，政策规定2014年后并网的风电实行固定补贴，在满负荷发电6600h内，在市场成交价基础上补贴0.25丹麦克朗/kWh。与此同时，丹麦对可再生能源进入市场以及上网采取优惠。在丹麦《电力供应法》中规定了可再生能源的优先上网强制性，电网公司对于无法及时入网的风电场业主需要给予经济补偿；在丹麦《可再生能源法》中规定电网公司也需要对被限制入网的新建海上风电场主给予经济补偿。

特别强调丹麦领先全球的风电产业发展；丹麦设定计划于2050年之前建立一个完全摆脱对化石燃料依赖，并且不含核能的能源系统，这一计划被称为丹麦的“第二次能源革命”。

（二）丹麦在多能源网领域的探索

1. 丹麦智能电网发展分析

作为全球范围内可再生能源发展最快的国家之一，丹麦的可再生能源比例从1980年的占比3%扩大到现在超过70%。丹麦根据本国自然环境以及自然资源特点，主要推动以风力发电为核心的政策，大力加快风电设备制造与创新，风力发电已经约占丹麦全国发电总量的20%。风力发电往往受风速变化的制约和影响，丹麦在开发风电的同时，需要解决风电接入电网导致的可能出现的稳定性降低问题。丹麦过去的电力供应方式为大型发电站集中生产，然后传送给用户。然而，在丹麦全境拥有几百个区域热电联产厂、数千台风力发电机、大量太阳能以及生物燃料发电设备的现在，对电网进行智能化改造从而将任何地方以任何形式生产的电能进行全局调度并且输出，同时保障高效性与节能性成为丹麦智能电网的变革方向。丹麦将自身电网的建设作为重要目标，为了将丹麦电网建造成先进的、能够适应大规模可再生能源的、融合可再生能源和信息技术的智能电力系统网络，丹麦做了下面一系列工作。

首先，丹麦着手在家庭中安装智能电表。2009年5月起，丹麦电力公司SEAS—NVE逐渐开始将智能电表投入洛兰岛家庭中安装并使用。其次，丹麦开始开展智能电网实证实验。随后，丹麦成立专门面向智能电网的研究集团。2011年丹麦在博恩霍尔姆岛（Bornholm）进行的实验即为丹麦第一个完整的智能电网测试——丹麦智能电网Fast Track项目测试。博恩霍尔姆岛约有四万居民，其岛内风能占据资源很大比例。博恩霍尔姆岛上有2000个家庭参与试验实施过程，在项目进行中，参与者家庭居住于装备有智能电表与智能电器的智能房屋里，智能电网与天气预报系统相连，可以自动调节室内的温度，保持最舒适的居住环境。智能电网还可以根据整个电网的负荷和能源的价格自动调节冰箱、洗衣机、烘干机等家用电器的运行时间和用电量。例如，智能电网可以选择在电路负荷最低的时段，自动开启洗衣机洗衣，最合理地利用电能。

现阶段丹麦已有60余家智能电网公司，这些公司承担欧洲测试和示范工程总量的22%。与此同时，丹麦技术大学的PowerLabDK实验室进行着大规模的测试与技术试验，PowerLabDK实验室现已经向博恩霍尔姆岛27 000名电力用户提供了完整的电力系统，其中33%的能源来自风能。通过分析博恩霍尔姆岛的实时反馈数据并用于模拟测试，从而进一步开发更完善的电力系统。

2013 年，丹麦气候能源以及建设部网站公布，丹麦开始启动新型智能电网战略。该新型智能电网战略将综合推行以小时计数的新型电表，采取多阶电价和建立数据中心等措施，鼓励消费者在电价较低时用电。

目前，丹麦在智能电网的研发和演示方面处于欧盟领先地位，欧洲智能电网方面大约22%的研发成果都在丹麦产生，丹麦已成为欧洲智能电网最大的研发基地。丹麦具有透明公开的能源交易市场和先进的实时电价制度，智能电网市场有望在未来 10～15 年达到数十亿欧元。丹麦智能电网建设所带来的这场能源革命将影响许多经济领域以及可再生能源行业、信息技术产业、建筑业和房地产市场、能源储存运输行业等众多产业。

2. 丹麦热电联产实现区域集中供热

丹麦的能源政策为多样化的能源供应政策，利用本国的资源，通过热电联产方式提高供给效率，同时采用节能策略以及大力发展再生能源政策。在丹麦与欧盟能源合作中，丹麦也对如何增加热电综合利用、可再生能源的利用，以及如何提高能源的使用效率进行了重点研究。丹麦的节能供热技术在世界上也处于领先地位，成功地实现了人均国民生产总值增加的过程中，人均能耗并未获得增加的结果。其原因就在于丹麦努力推动冷、热电联产，积极发展节能技术，提倡科学利用能源，靠能源利用效率的提高支撑起国民经济的发展。

结合丹麦未来能源结构转型，对于区域集中供热系统丹麦未来有两大目标：一是在 2020 年风力发电目标占据全国供电量 50%；二是在 2035 年实现全部使用可再生能源进行供热与发电。

3. 市场机制下丹麦大规模风电消纳措施分析

加强对风能的开发利用一直是丹麦发展无碳经济、实现国家能源结构调整的举措。截止到 2011 年，丹麦 20%的能源来自于风力发电，计划到 2020 年可再生能源的比例将会提高到 35%，使风力发电占全国总用电量的 50%左右。经过多年从政策到运营的摸索，丹麦形成了一套有效的风电发展和消纳的方法，这也使得丹麦计划于 2050 年之前建立一个完全摆脱对化石燃料依赖，并且不含核能的能源系统的目标成为可能。

（1）基于风电预测技术及本国电力市场机制进行风电消纳。基于准确的风电预测以及本国电力市场的相关机制是丹麦消纳风电的重要方式。日前交易市场及短期交易市场中风力发电商报价都依赖于自身对发电量有一个很好的预估，而实现这一切的基础就是风电预测。早期安装的风机没有测量设备，无法进行实时监测，但是当时由于接入的比例较少，通过传统电厂就可以帮助风电调频。直到 2004 年大量风机并入电网，风力发电的预测才被重视。为此，丹麦将所有风机划分为若干个区域，将风速接近的地区划在一起，通过对新式风机所测风速及出力来预估没有安装实时监测的老式风机的出力，并且实时更新。目前，丹麦风电预测的精度已经做得非常高了，6 小时精度的最大误差在 60 万～80 万 kW。此误差水平相当于丹麦所有的风机得到的平均风速偏离了 2m/s，而最大误差出现的概率不到 10%。

丹麦通过电力市场机制及风电预测实现风电消纳的过程如图 9－29 所示。首先，风电企业向风电预测公司购买预测服务，利用短期预测结果参与日前市场报价，通过日前计划承担主要发电任务。其次，利用风电的超短期预测结果参与短期市场报价，对日前市场的

交易量进行调整，减少平衡市场中的不平衡量。最后，丹麦国家电网公司作为丹麦电网运营商，事先与主要生产者、大用户和一些平衡责任方签订协议，让他们参与电力平衡市场，提供向上调整或向下调整的调频备用容量竞标，包括备用容量及价格，最后以系统边际价出清，完成调频服务，实现系统供需平衡。由于丹麦国家电网公司不以盈利为目的，这也确保了其在电力市场中的公正性。

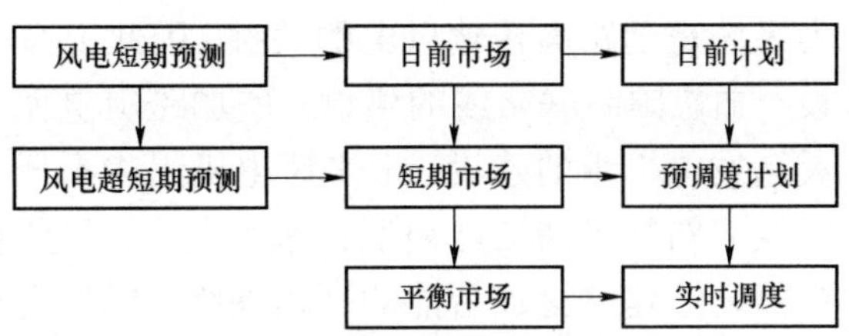

图 9－29　丹麦电力市场风电消纳示意图

（2）依托北欧电力市场提供电力储备。加强国际互联是丹麦应对风电波动性的另一个重要举措。北欧市场的建立加强了丹麦与北欧别的国家电力市场之间的联系，这也使得丹麦能够利用他国的资源为本国风电提供储备电源。例如与丹麦北部相连的挪威水电丰富，水电装机容量占全网总装机容量的99.5%以上，水电灵活调节能力强，可以作为风电的最佳搭档。芬兰的火电在电力市场中相较风电价格昂贵，但在挪威出现旱季时，可以成为丹麦风电的另一个储备电源。因此，发展与其他国家电力系统互联成为丹麦消纳风电的必要条件。

当丹麦出现过多风电的时候，丹麦的区域电价就会变得极低，此时风电机组在北欧电力市场的报价就会很低。这时，邻国的用户就会优先选择丹麦的风电来满足自身需求，通过联络线由丹麦向邻国输送直到满足该地区的平衡，即在满足联络线不过载的情况下区域间的电价会趋于相同。当风电过少时，丹麦本国的传统发电机组报价较高，此时丹麦可以通过在北欧电力市场购买别的国家报价最低的一部分机组所发的电量来满足自身需求，消除供需不平衡。通过这样的方式，使得北欧各国形成一种互惠互利、互相制衡的局面，让不同类型的发电单元互相配合，实现资源优化共享。

（3）依靠电力市场价格机制实现负载响应。负载响应指的是负载根据价格信号调节自身的用电量，在不影响人们生活舒适的前提下，优化利用资源。例如，平时生活中的电动汽车、热泵等对风能的辅助调节都可以归为负载响应。以热泵类负载响应为例，丹麦一些能源服务公司通过与用户签订合同，远程监控管理用户的热泵用电量，同时还和电力市场中平衡负责方签订合同，作为辅助服务商参与电力供需平衡调节。这些公司开发在线监测和管理的软件，通过监测实时电价和用户室内的温度，根据室内温度的变化范围，智能调节用户热泵的用电量。当风力发电不足、电价较高且室内温度高于下限时，关停热泵；当风力发电充足、电价较低且室内温度低于舒适温度时，打开热泵。通过这样的方式，既为用户节省开支，也帮助系统运营商调节电力供需平衡，同时能源服务公司向用户和系统运营商收取能源服务费作为自身收益，实现多赢。这些能源服务公司才刚起步，未来随着电动汽车的快速发展，将区域电动汽车联合起来作为储能装置配合电网进行风力消纳是一个发展方向。相信在未来电力市场机制激励下，该类能源服务公司会有更多发展空间。

（三）丹麦多能源网发展方向

未来，丹麦将继续大力发展风电等可再生能源，以实现2050年之前建立一个完全摆脱对化石燃料依赖，并且不含核能的能源系统的目标。为此，丹麦构建的“互联网＋能源”也将主要以消纳风电为目的。

为了应对风电的大规模接入，丹麦电网公司提出了一系列方案。首先，一个坚强的电力系统是远距离传输风电的关键，因此现有的电网必须升级改造，加快推进智能电网的建设，加快国际联络线的建设，增加跨国电力交易，以此使电力系统更加坚强。其次，加快灵活发电机组的建设，未来风电机组将不再单纯依靠风力来发电，而是整合生物能、光伏以及天然气等清洁能源配合风力发电，尽量在发电侧就平抑风力发电的波动性。另外，在供需之间建立更加智能的通信网络，增加需求侧响应的有效性，未来将继续利用冰箱、电动汽车、热泵等负载响应来调峰，当风电过剩时可将多余风电储存在电动汽车内，或者以热能的形式储存在由热泵加热的建筑物中。因此，丹麦电网公司正在把电力、热力、交通作为一个整体进行规划，以实现灵活的经济资源调度，优化资源配置。最后，储能作为解决风电波动性的最好方式，丹麦政府于 2014 年新投入 2030 万欧元发展储能技术，大大推进了电池储能、压缩空气储能、飞轮储能、车电互联（V2G）等储能技术的发展。同时，北欧最大的太阳能电池系统也已经在丹麦 Ballerup 市的保险公司 Topdanmark 楼顶开工，面积约有一个足球场那么大。该系统建成后预计提供光照可以使该公司每年节约 130 万丹麦克朗，相当于该建筑每年能量消耗的 15%。除了丹麦政府和电网公司，丹麦的大部分企业也在进行可再生能源的开发利用。丹佛斯公司前不久刚提出了零碳屋的构想，其主要是在用户住宅上装备太阳能光伏发电的电地暖系统，还采用供应热水的太阳能集成板，构建低耗能住宅。此类住宅在为用户提供舒适环境的情况下，还能作为系统的储备电源。由于电地暖的蓄热特性，在清洁能源发电高峰时，可将电能转化为热能蓄积在建筑物内；而在清洁能源发电低谷时，利用蓄积的热量维持房间温度。

三、德国信息化能源网

（一）德国信息化能源网的发展条件

1. 德国的总体能源状况分析

德国属于自然资源相对贫乏的国家，工业原料和能源方面主要来源为进口，特别是矿物原料对进口依赖较大。德国的工业尤其发达，作为世界第五大能源消费国和欧盟最大经济体，自 20 世纪七八十年代两次能源危机以来，德国努力进行能源结构的优化与调整，重点提升可再生能源在整个能源的消耗比重；尽量降低能耗，鼓励开发和使用水能、风能、太阳能和生物能等再生能源，从而减轻对石油依赖程度。

德国近年能源消费情况如图 9－30 和表 9－6 所示，可再生能源发电占总供给的比重如图 9－31 所示。

表 9－6　　德国能源消费情况

年份	原油（%）	天然气（%）	原煤（%）	核能（%）	可再生能源（%）	合计能源消耗（Mtoe）
2006	37.5	23.89	25.1	11.5	2.01	328.5
2008	33.54	22.69	24.01	11.47	8.28	335.2
2010	36	22.9	23.9	9.9	7.2	319.5
2011	36.4	21.3	25.3	8	9	306.4
2012	35.8	21.7	25.4	7.2	9.8	311.7
2013	34.5	23.2	25.0	6.8	10.5	325.0
2014	35.9	20.5	24.9	7.1	11.7	311.0

资料来源：课题组根据公开资料整理。

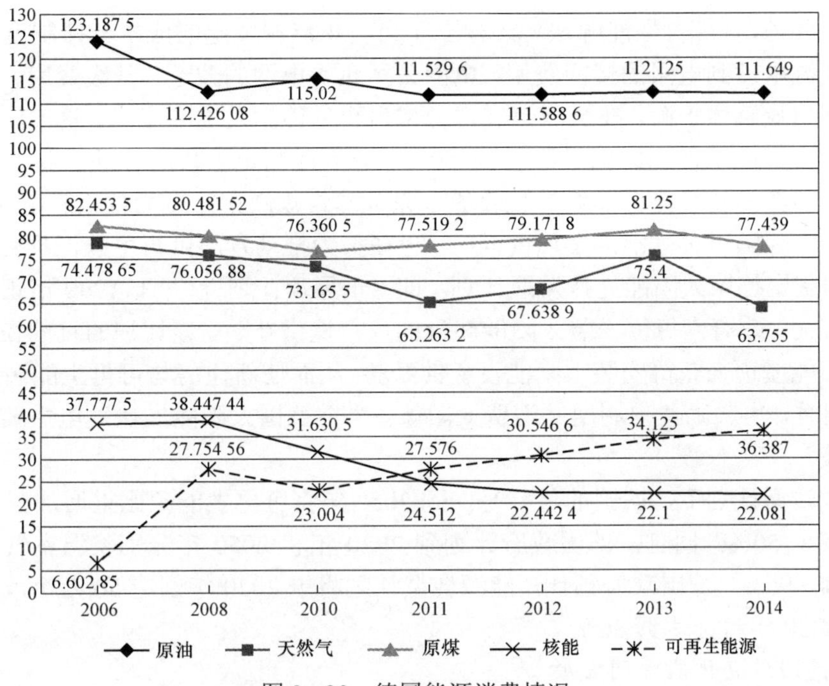

图 9－30　德国能源消费情况

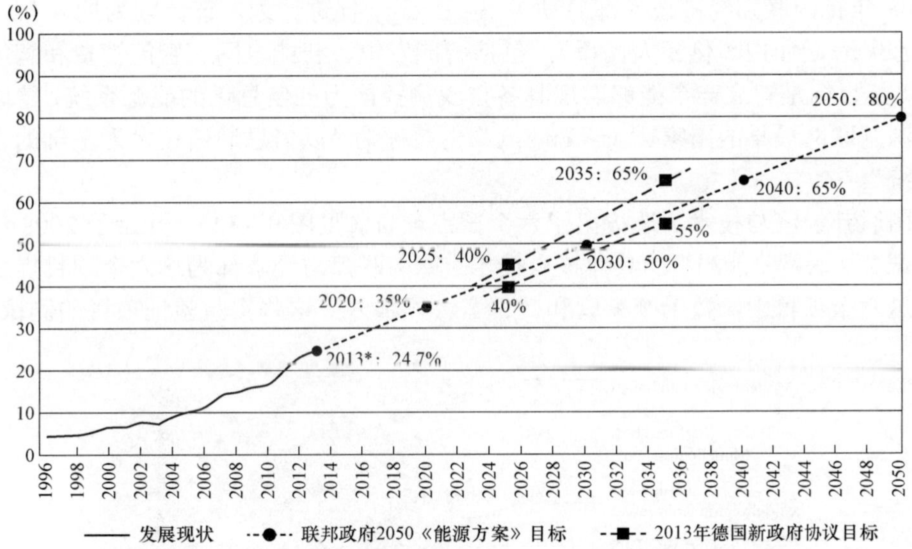

图 9－31　德国可再生能源发电占电力总供给的比重（现状和目标）

2. 德国的能源政策与规划分析

1990 年起，德国开始逐步建立可再生能源政策体系。1991 年德国制定《电力入网法》，强制要求公用电力公司购买可再生能源电力，为可再生能源入网提供政策保障，德国由此开始进入可再生能源规模化发展阶段。2000 年 4 月，德国政府正式通过《可再生能源法》（EEG），其核心为建立可再生能源发电的固定上网电价（Feed－intariff）制度，对推动风电、太阳能、光伏等可再生能源发展发挥决定性作用，该法案正式揭开了德国能源结构变革的序幕。此外，《可再生能源法》还建立了可再生能源发电的成本分摊制度，运营商承担可再生能源电厂到电网的接网费用，电网公司负责电网的改造、升级费用，并负责可再生能源上网电量整体平衡，在全网范围内分摊可再生能源发电高成本。这部法律规定，新能源占德国全部能源消耗比例最终超过 50%，并为此制定了政府补助、新能源发电无条件入网、新能源与传统能源非对等税收等一系列非常规政策，全力扶植新能源产业发展。

德国立法保障可再生能源发展的同时，也在努力推动发展可再生能源项目实施。1989 年起，德国制定德国太阳能光伏发展计划，即“千屋顶计划”，并于 1990 年正式实施。该计划的内容为，政府为每位安装太阳能屋顶的住户提供补贴。该计划的目的在于，通过住户安装太阳能屋顶来获得安装太阳能设备的经验，从而使新住房与可再生能源发电需求兼容。与此同时，也鼓励住户利用并消费太阳能。当前德国太阳能光伏发电主要采用“上网电价”政策。

在能源转型计划下，德国的目标是，到 2050 年将可再生能源比重增加至 80%，并将能源消耗减少 50%。同时，德国政府计划到 2020 年和 2050 年分别将温室气体排放减少 40%和 80%～95%。德国政府预计，能源转型计划将于 2020 年创造 50 万个就业岗位，这一数字在 2030 年将会达到 80 万。

（二）德国信息化能源网发展

1. 德国 E－Energy 示范项目分析

2008 年德国联邦经济技术部启动了 E－Energy 促进计划，该计划为期 4 年，总预算为 1.4 亿欧元（约 12.6 亿元人民币），包括智能发电、智能电网、智能消费和智能储能四个方面。其目标是建立一个能够实现具备自我调控能力的信息化的能源系统，德国也成为实践能源互联网最早的国家。“E－Energy”也被称为“以信息通信技术为基础的未来高效能源系统”。

德国联邦经济与技术部选拔出了六个试点项目（见图 9－32），开始于 2008 年年末开发与测试“互联网＋能源”的具体核心技术，德国联邦与经济部为这六个项目提供研发资助。在这六个项目中，数千个家庭和数百家公司加入了这些实验验证项目的测试中。

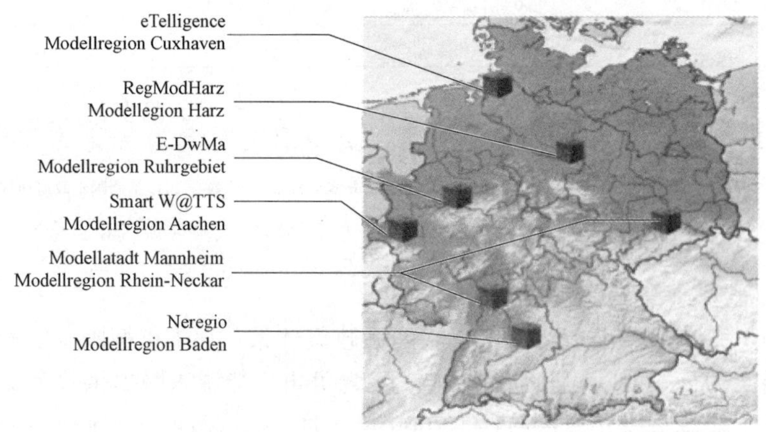

图 9－32　德国 E－Energy 六个试点项目

（1）库克斯港 eTelligence 项目，其重点在于风力发电结合热电联产，构建新型能源

调节系统。

（2）哈尔茨山地区 RegModHarz 项目，其重点是大力推动水力发电，设计可再生能源循环利用最优方案。

（3）莱茵鲁尔地区 E－DeMa 项目，其重点是构建具有发电消耗双重特征的电力消费者，建设智能能源路由器。

（4）亚琛 Smart Watts 项目，其重点是开拓电力零售领域，追踪电力消耗过程，构建电力交易平台。

（5）“曼海姆示范城市” Moma 项目，其重点是保障家庭供电、控制电费价格，构建三方虚拟能源市场。

（6）卡尔斯鲁厄和斯图加特地区 Meregio 项目，其重点是完善配电网薄弱环节，构建基于互联网区域能源市场。

2. 德国智能电网和分布式能源领域发展分析

相比于美国和丹麦的“互联网＋能源”建设，由于德国计划于 2022 年左右完全退出核能，因此必须相应跟进其他能源的发展。德国在智能电网领域、分布式能源发展领域以及热电联产领域具有自己的发展特点。

德国属于较早进入“互联网＋能源”发展阶段的国家，在“互联网＋能源”发展的同时，德国通过积极开展、参与智能电网研究项目提升智能电网发展技术。与此同时，德国也提出了“智能电网 2.0”新概念。在分布式能源发展中，德国以政策为导向，利用智能电网技术与储能技术构建具有本国特色的分布式能源发展网络；与此同时，德国也在较早时刻开始进行热电联产规划，通过热电联产（CHP）法和《可再生能源法》极大地推动了德国国内分布式能源领域的发展。

2012 年，德国联邦教育及研究部正在为欧洲大型能源合作研究项目“Energy To Smart Grid（E2SG）”提供技术支持。其研究内容为将电力从生产者传输至消费者的新技术。

在智能电网发展方面，2013 年 7 月起，德国四大输电网公司共同推出灵活投切负荷调峰平台，该平台主要面向对象为直接介入高压电网的大型用电单位，相当于提供一个可移动小型调峰电厂。该举措标志着德国能源互联网的进阶到“智能电网 2.0”阶段，智能电网将具备“负荷跟随发电出力”的重要特点。在分布式能源领域，德国部分中压和低压配电网中，由于分布式能源电力总量输出已经超出该地区负荷总量而导致的潮流逆向情况已经出现。一般的配网中潮流逆向是被允许的，但这要求电网中的测量装置与电力系统继保护装置需要为双向潮流的情况进行特别设计以及重新整定数值。而德国在面对大规模分布式电源接入配电网这一情况，并没有在网架架构以及规划上做出根本性变革，而是选择安装远程测量仪器，采用成本分摊方法来对分布式能源发展速度进行控制，配套利用储能技术与飞轮技术、重新分配分布式能源所占权重、研发并安装新型测量装置等方法来保障电网安全。与此同时，德国从法律上制定并明确了接入中压配电网和低压配电网的分布式能源并网技术标准，确保公共电网安全与稳定，同时大力推动了分布式能源系统的市场推广。

（三）德国信息化能源网发展方向

面对互联网发展的大趋势，德国率先提出了“工业 4.0”概念，在未来德国能源转型中，德国选择废除核能发电，构建新型储能设备和新型智能转换系统，大力发展储能电池来进行结构转变；与此同时，德国也正在利用电动汽车进一步推动能源互联网商业模式的前进，努力在2020年使柏林成为世界性电动汽车与移动生活示范都市。

2011年8月，德国第六能源研究计划决定2011～2014年拨款34亿欧元，重点资助与能源互联网相关的关键技术，包括可再生能源利用技术、能源效率提升技术、能源储存系统、电网技术以及可再生能源在能源供应中的整合等。

同时，德国未来能源转型过程中，率先发展储能技术，以此来应对分布式能源接入波动性等问题。2014年9月，德国宣布建立第一个工业用电储能电池频率项目，为电网提供频率调节、电压支撑和启动容量。德国联邦太阳能产业协会（BSW Solar）于2015年7月宣布，德国已经为住宅用锂离子储能电池系统提供储能补贴已经一年，已经安装约4000个太阳能加蓄电池储能装置。光伏系统所有者可以通过存储一些由电池板产生的能源从而使整个系统的价值提高一倍。与此同时，德国的储能补贴计划在提高德国公众储能系统意识方面获得了一定成功。

电动汽车产业的地位在能源互联网中越来越高，德国能源互联网内的电动汽车商业模式正在飞速发展进程中。目前，柏林几乎已经是德国乃至全世界电动汽车产业链配备最完整的地区，柏林具有近5000辆电动汽车，具有四大电动汽车分时租赁中心，超过2000个充电桩，四座多功能综合快充充电站以及数百家“互联网＋能源”创新企业。德国也正在不断地开展示范和创新科研项目来推动电动汽车产业的发展。

推动“互联网＋能源”建设，发展规范化、标准化、自动化的新型“互联网＋能源”系统，是德国未来重大的技术科技项目，同时也可以极大地推动整个欧洲范围内的“互联网＋能源”系统发展。

四、国外综合能源系统建设及实践经验对我国发展的启示

（一）推进电力市场建设，完善需求侧响应方案

借鉴丹麦、美国应对风电波动性的经验，可以发现电力市场机制是应对大规模可再生能源接入的主要手段，因此推进“互联网＋能源”构建的第一步就是要建立统一开发、自由竞争的电力市场机制。随着电改9号文及相关配套文件的出台，我国明确未来电力市场的总体框架，未来将继续深化推动电力市场建设，积极开展电力需求侧管理和能效管理，完善需求侧响应机制。

电力市场建设方面，要积极打造适应能源发展的具备可持续性、竞争性的电力市场。需求侧响应方面，目前我国实行的还主要是需求侧管理，侧重于行政手段，引导用户减少负荷或者推移负荷，市场化不强，用户参与度低，积极性不高。随着电力体制改革的深入，售电侧的放开，参考美国的需求侧响应的产品、项目及丹麦的需求侧响应实施方案，未来应继续深化推进需求侧响应机制建设，建立并推广供需互动的用电系统。

（二）加大清洁能源投入，优化能源消费结构

在智能电网的研究范围内，对于分布式发电、储能和可控负荷等分布式设备主要采取局部消纳与控制的方式。而对于“互联网＋能源”，其研究重点从局部消纳转变为广域范围内的优化，其控制范围也转变为基于信息物理融合系统（CPS）的协调控制。其

实现途径为横向深入推进清洁煤电、核电、海洋可再生能源综合利用，同时推动光伏发电、抽水蓄能等清洁能源基地建设，有效增强电网保障能力；纵向构筑电源、电网、用户、储能协调发展的电力供给和消费体系，全面提升电力安全稳定供应水平和清洁高效利用水平。在能源开发上，通过风能、太阳能等清洁能源替代化石能源，从而推动能源可持续利用。

（三）建设分布式能源网络，构建用户侧智慧能源系统

结合美国天然气分布式能源发电和丹麦分布式风力发电的发展经验，分布式能源不再以单一能源供应为主，发展天然气、风能、光能、热能、生物质能等能源协调互动的分布式能源网络将是分布式能源发展的主流。未来，依托天然气冷热电联产分布式能源技术，耦合太阳能、风能、生物质能等可再生能源发电技术和储能、热泵、余热利用等新型高效能源技术，应用智能能源管理技术构建的用户侧智慧能源系统将是发展的重点。该智慧能源系统能实现各种能源的梯级利用和智能协同，实现能效最大化，将是我国未来发展分布式能源网络的重要方向。

国外分布式能源网络发展多年，我国分布式能源发展也已经开始起步，从发达国家成功的经验可以看出，国家层面的法律保证、政府层面的执法决心、政策的可落实性、技术的进步、电力企业和能源服务公司的参与是发展分布式能源网络、实现可持续发展的重要保障。

（四）发展网络信息技术，加强交通、电力与天然气网络之间的协调互动

智能电网的信息系统以传统工业控制网络为主体，而“互联网+能源”系统以下一代互联网组成的开放式信息网络为主体，基于信息物理融合系统以及软件定义网络，从而实现能源信息全面监视与精确控制。通过信息网络、广域测量、高速传感、高性能计算、智能控制等技术，实现各层网架和各个环节的高度智能化运作，自动预判，自动识别大多数故障和风险，实现能量流和信息流的高度融合与双向互动，实现能源在各区域的高效配置。

近些年来飞速发展的大数据、云计算、物联网、移动互联网等信息通信技术，能够强化“互联网+能源”一体化平台支撑能力，提升系统智能分析决策能力，强化信息化保障能力。充分发挥网络信息技术在“互联网+能源”中的核心技术作用，能够有效地支撑“互联网+能源”的协同与创新发展。

考虑到天然气对环境影响较低，是一种绿色能源，因此充分利用具有高效、反应快、建设时间短等特点的联合循环燃气机组，将天然气网络与电力系统耦合起来，进行天然气网络与电力系统的协调规划，将天然气网络规划、天然气发电机组规划与输配电网络规划统一协调考虑，设计包括天然气管道、燃气机组和输电线路选址与定容等在内的最优气电协调规划方案。利用电转气技术推动天然气网络与电力系统的深度融合，即将电转气设施与可再生能源发电机组联合运行，可将多余的电能转化为天然气存储起来，这也为电能储存技术提供了一条新的解决方案。

交通行业已经成为发电行业之外的另一化石能源主要消耗行业。近年来，随着电池储能技术的发展与成熟，电动汽车成本逐渐下降，促使以电动汽车为核心的电气化交通系统进入飞速发展阶段。电气化交通系统特别是电动汽车正在逐渐成为“互联网+能源”的重

要组成部分，即以电动汽车为纽带，将电力系统与交通系统耦合起来。

电力系统与交通系统的耦合主要体现在规划与运行两个层面上。在规划层面上，充电设施将是未来连接交通与电力系统的纽带，具有举足轻重的地位。建设充电设施的目的是向车主提供充电服务，因此充电设施规划必须考虑交通网络的结构、道路车流量以及电动汽车车主的便利程度等因素；而且充电设施的选址会影响车主的日常驾驶行为，从而最终影响交通网络的流量分配。交通系统与电力系统之间存在复杂的交互影响，在"互联网+能源"系统中对二者进行协调控制，从而可以优化并提高二者的运行总价值。

综上，利用互联网以及其他前沿信息技术，促进能源网络内部设备信息交互，从而最终达成能源生产与消耗的最优化配置，是发展"互联网+能源"重要环节。

第三节　综合能源服务平台典型案例

一、智慧电务综合监测平台

（一）项目概况

1. 项目背景

近年来，面对能源生产消费革命的新态势，国网浙江省电力公司主动作为，提出了建设具有卓越竞争力的国际一流现代能源企业的战略目标，从传统输配售电迈步转型能源互联网，着力布局综合能源服务，加快构建以电为中心，清洁高效、智能互动、开放共享的现代能源消费体系。在此背景下，支撑业务转型的同一平台打造应运而生。

2. 项目概况

综合能源服务平台智慧电务，是一款面向企业变电站电务服务的云平台，平台功能围绕着变电站的安全、效率和经济三个维度构建。它涵盖了变电站监控、智能运维、能效管理等多方面的运维管理功能，满足了企业对于用电安全运行、节能与可持续发展的需求。同时，在智慧电务项目的筹备工作中，对相应的用户在查勘设计、施工安装、工程建模、调试验收等环节，提供一站式全流程的改造服务。

智慧电务平台具有六方面能力：① 支撑现货市场有序开展，具备实时业务开展能力；② 实现电量交易向电力交易转变，具备考虑电网约束的优化计算能力；③ 支撑全市场交易品种的市场形态，具备对交易业务变化的快速响应能力；④ 实现全交易品种日清分结算，具备高性能结算运算处理能力；⑤ 支撑百万级市场成员进入电力市场，具备高性能接入和海量数据处理能力；⑥ 支撑多种方式便捷接入，具备数据即时共享和业务互动能力。

国网浙江嘉兴供电公司目前正在进行推广该平台的前期准备工作。截至 2018 年 12 月，累计签订智慧电务合同用户共计 305 户，此后将陆续接入系统运行。

（二）功能介绍

平台系统界面如图 9－33 所示，主要分为 3 个功能区：

<table>
<tr><th colspan="22">综合能源服务平台智慧电务</th></tr>
<tr><th colspan="4">综合功能</th><th colspan="2">调度中心</th><th colspan="4">运行监测</th><th colspan="6">智能运维</th><th>需量管理</th><th>用能分析</th><th colspan="2">基础资源</th><th colspan="2">系统设置</th></tr>
<tr><td>实时告警</td><td>值班日志</td><td>账号管理</td><td>统计看板</td><td>全景电网</td><td>调度看板</td><td>电站监控</td><td>运行分析</td><td>统计报表</td><td>平台监控</td><td>巡检管理</td><td>缺陷管理</td><td>检测管理</td><td>运维工单</td><td>排班管理</td><td>运维管理</td><td>需量管理</td><td>用能分析</td><td>台账管理</td><td>物资管理</td><td>人员团队</td><td>角色权限</td></tr>
</table>

图 9－33　平台系统界面

（1）综合功能区，位于系统界面的顶部，主要包含：实时告警、值班日志、个人登录账号管理。

（2）菜单功能区，主要显示当前选择功能模块的菜单目录及其内容；根据登录用户权限不同，显示不同的功能模块。

（3）看板区域，该区域位于系统界面最右侧，包括总览看板、缺陷看板、工单看板以及值班运行情况。

1. 综合功能

综合功能包括实时告警、值班日志、账号管理、统计看板。

（1）实时告警窗呈现告警信息、事件信息两类信息。告警信息是指需要调度人员重点关注和处理的信息，如开关变位、全站失电、SOE 事件、遥测越限（发生 1min 未复归）、通信故障（发生 10min 未复归）、节点离线（发生 10min 未复归）等信息。事件信息是后台推送的全部类型信息，不做延时处理。

（2）值班日志中显示在值班过程中记录的电站运营情况、设备缺陷记录以及历史告警信息，可选择值班地点、日期，来设置值班日志查询条件。

（3）账号管理包括个人信息、修改密码、交接班、锁屏、退出以及节点离线控制等。

（4）统计看板位于云服务中心主体界面的右侧，主要为用户提供快速一览登录用户权限下的各类服务信息。

2. 调度中心

调度中心包括两个全景电网、调度看板二级模块。

全景电网是在系统主体显示区域，基于变电站地理位置信息，在全景地图上显示当前所有托管变电站的地理分布。还可以通过汉字或者汉字拼音首拼音的方式搜索特定的变电站。

调度看板为用户提供定制化多屏画面，如图 9－34 所示。

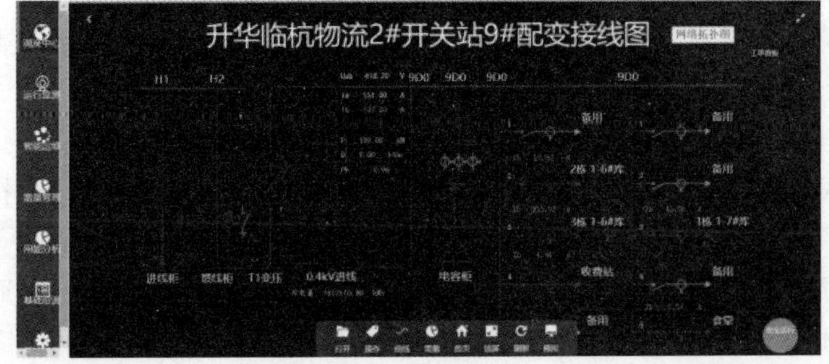

图 9－34　调度看板功能给用户提供定制化多屏画面

3. 运行监测

运行监测功能模块包括四个二级功能模块，即电站监控、运行分析、统计报表、平台监控。

电站监控二级子系统包括电站概况、主接线图、实时数据、历史告警四个三级子功能。在电站概况界面，可以选择查看该登录用户下拥有权限的电站基本概况，包括台账、告警、缺陷，以及电量、负荷、需量、运行参数和曲线等信息；在实时数据界面，可以查看选定电站的所有设备的运行参数和曲线；历史警告子功能可以查询变电站在历史时间上发生的各种事项。

4. 智能运维

智能运维分为巡检管理、缺陷管理、检测管理、运维工单、排班管理和运维管理六个子项。

（1）巡检管理功能为客户提供优化的电站巡检路线设计，提供界面化路线跟踪功能，配合排班等功能，智能化的管理巡检工作。

（2）缺陷管理分为缺陷统计和缺陷查询两个模块：缺陷统计子功能为用户显示变电站各类缺陷统计与排行的分析功能；缺陷查询子功能为用户提供查询一定时间内各类缺陷，并创建各类缺陷的功能。

（3）检测管理分为电试提醒和电试记录两个模块：电试提醒子功能为用户提供查询电试情况的功能；电试记录子功能为用户提供电试作业登记和查询功能。

（4）运维工单分为工单统计和工单查询两个模块：工单统计子功能为用户提供了解工单统计及相关工单分析排行的查询功能；工单查询子功能为用户提供查询、创建各类工单的功能。查询功能可按照团队、电站以及个人查询。工单类型可按消缺工单、告警工单、抢修工单、电试工单、随工工单以及巡检工单等。平台同时提供导出功能。

（5）排班管理分为排班管理和排班编辑两个模块：排班统计子功能为用户提供查询团队以及个人的排班统计情况；排班编辑子功能为用户提供团队以及个人的排班操作。

（6）运维管理分为检修计划、故障查询和签到记录三个模块：检修计划子功能为用户提供创建和查询检修计划的功能；故障查询功能为用户提供查询和登记故障，可选择查看不同电站在不同时间内的故障信息；签到记录子功能为用户提供查询值班人员工作签到的记录。

5. 需量管理

需量管理模块有需量申报、需量跟踪、需量预警、需量分析、需量预测、需量预案六个子模块。

（1）需量申报子功能模块为用户提供查看用户需量申报相关信息。

（2）需量跟踪子功能为用户提供查询变电站进行端的实时需量，同时提供历史需量查询功能。

（3）需量预警子功能为用户提供查询变电站在制定时间段内的需量预警事件。

（4）需量预测子功能为用户提供基于智能化云计算目标变电站月度需量数据预测的功能。

（5）需量预案子功能为用户提供编辑、管理、执行需量预案的功能，以便用户电站在发生需量报警时，可以快速启动该预案的功能。

6. 用能分析

基于变电站在监控、运营、维护、管理过程中收集的各类数据，经过平台的智能化整理分析，为用户提供精细化的用能分析管理。用能分析包涵电量分析、电能质量、用量对比、用量排行、用电统计、分时用量及分时方案七个子模块。

（1）电量分析子功能为用户提供查询变电站各一次电力设备的用电使用情况。

（2）电能质量子功能为用户提供查看变电站各一次电力设备的电能质量情况。

（3）用量对比子功能为用户查询变电站一次电力设备用电状态的历史数据，从而可与历史数据对比，了解设备用电状态的变化。

（4）用量排行子功能为用户提供查看变电站内一次电力设备用电量排行的功能。

（5）用电统计子功能为用户提供查看在选定时间段，总用电量中，在不同时期峰、平、谷、尖时刻的用电占比统计情况。

（6）分时用量子功能为用户提供了查询变电站的一次电力设备在选定时间内，不同时间段峰、平、谷、尖时期用电量对比的统计情况。

（7）分时方案子功能为用户提供配置分时账单的功能。

7. 基础资源

基础资源包括台账管理及物资管理两个部分：台账管理包括用户台账、设备台账、电站台账和电源台账；物资管理包括备品备件和用户车辆。

8. 系统设置

系统设置下设人员团队和角色权限两个模块：人员团队子功能可以为团队中的人品配置不同权限，并进行相应管理的功能；角色权限子功能可以为用户创建不同的员工角色，并为不同的员工角色配置不同的权限。

二、嘉兴市综合能源服务平台建设案例

（一）项目概况

1. 项目背景

（1）“十三五”期间能源双控形势严峻。根据《2017 年度嘉兴市能源利用情况报告》显示，2017 年嘉兴用能总量位列全省第四，同比增长 3.3%，未完成用能总量增长控制在 1.9%以内的年度目标任务。截至 2017 年底，全市用能总量比 2015 年累计增长 7.6%，未完成省下达的“十三五”前两年用能总量累计增幅 3.8%的目标。从现有数据来看，当前嘉兴市能耗强度和总量“双控”形势严峻。

为此，政府特意印发能源“双控”三年攻坚行动，以期通过淘汰落后、节能改造、预算管理、有偿交易、优化用能等多种途径，倒逼结构调整、创新驱动，持续推进重点领域、重点行业和关键环节能源开发利用改革提升，来完成“十三五”节能降耗约束性目标，实现绿色发展、生态文明的目标。

（2）新形势下公司转型发展迫在眉睫。“十三五”期间，在能源市场特性和行业运营环境发生深刻变化的新形势下，垄断的打破、竞争的引入，虽然给电网企业带来了巨大冲击，但同时也迎来了企业创新转型的最佳时机。

国家电网公司在 2018 年两会上提出，做全球能源革命的引领者，服务国计民生的先行者，并确立“建设具有卓越竞争力的世界一流能源互联网企业”的新时代战略目标。

省公司提出，建设具有卓越竞争力的国际一流现代能源企业，争当浙江能源发展的引领者。

嘉兴公司提出，在省公司建设卓越竞争力的国际电网一流现代能源企业征程中争当排头兵。要求加强用能方式研究应用，提升能源综合利用效率，多措并举降低用户用能成本，特别是加强在能耗监测、用能监控等领用的深化应用。

在能源转型和电力体制改革的新形势下，电网企业肩负企业社会责任与自身转型发展的双重压力，开展综合能源服务已成为一种必然选择，在提升企业自身服务能力、发掘新的利益增长点的同时，既能服务地方政府做好能源双控工作，又能促进企业效率效益提升。

2. 项目概况

嘉兴市综合能源服务平台是一套完全建立在分布式存储及云计算技术基础上的，依托物联网、大数据及移动互联网技术，从政府侧和企业侧，对能耗进行多维度协同管理的开放式能源管理系统。项目按规划程度和地域分为两个层级，秀洲区为试点，海宁、桐乡、嘉善、平湖、海盐、南湖、滨海为推广应用区。

试点阶段：以秀洲年耗能万吨标煤以上企业及印染行业为对象。

推广应用阶段：以嘉兴全市年耗能 5000t 以上企业为监测对象，涉及企业 421 家，具体分布如图 9－35 所示。

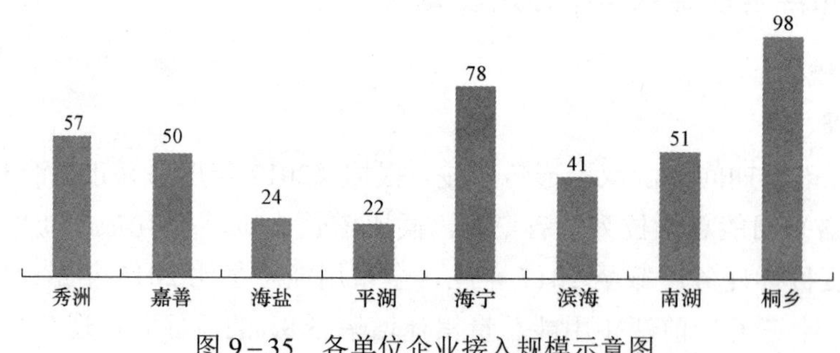

图 9－35　各单位企业接入规模示意图

（二）技术方案

嘉兴市综合能源服务平台（见图 9－36）是信息化与自动化等高新技术相结合高科技产品，它利用物联网、通信、信息、控制、检测等前沿技术，充分利用网络，实时收集并监控各企业的能耗状况，对能耗数据进行统计分析、综合评估，并向政府侧提供决策依据。

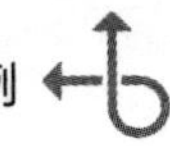

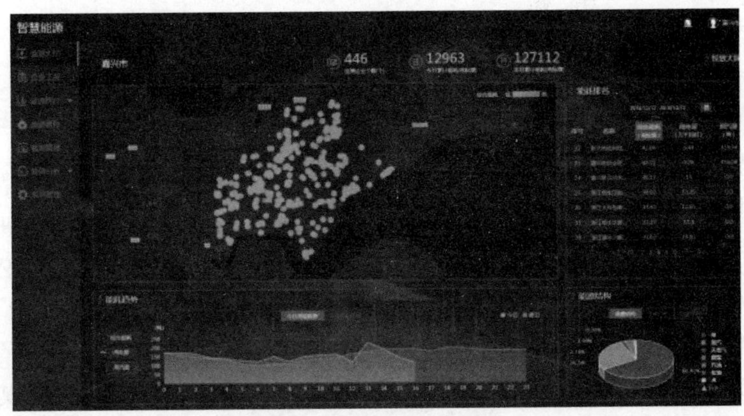

图 9－36　嘉兴市综合能源服务平台展示图

平台功能主要包括监测大厅、企业工况、能耗统计、用能管控、能效分析等 7 部分。通过对能耗数据的深加工，以及多维度的能耗数据统计分析，满足政府侧能源管控要求和企业侧的精细化管理要求，让管理者清楚掌握企业能源消耗的动态平衡关系及各因素对能耗水平的影响程度。

以企业用能数据为主线，其中电力、蒸汽为实时采集数据，原煤、天然气等能源数据及产值、增加值等企业经营数据为统计数据，贯穿数据的采集、传输、存储、分析和应用。数据采集、传输、存储为基础，数据分析为手段，数据的应用为目的。

电力数据：采用红外采集方式。

蒸汽数据：在热电厂内部安装雾节点设备，企业用汽数据在局域网通过雾节点传送到综合能源服务平台。

其他数据：由政府定期（每月）报送。

平台的数据采集传输方案如图 9－37 所示。

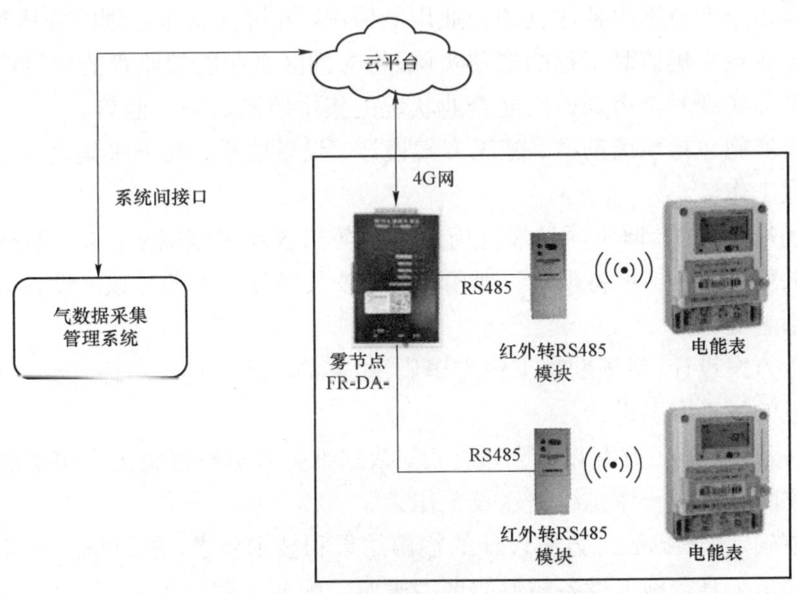

图 9－37　数据采集传输方案示意图

（三）建设管理

1. 规划及设计阶段

（1）项目整体部署。根据相关会议要求及综合能源平台建设工作目标，编制工作方案，明确领导小组及工作小组，统筹推进综合能源服务平台建设工作。通过对秀洲区政府和海盐县政府进行调研，了解明确政府部门对综合能源服务平台的建设功能、监测内容及指标体系需求，确定基于能源数据及企业经营数据为基础，开展能耗监测与能效分析，辅助政府能源双控，为企业节能降耗提供数据支撑以及数据产品服务。

（2）数据多元化。计划搭建综合能源服务平台，有效掌控外部数据入口。实时采集企业电力数据及蒸汽数据，同时定期（每月）获取并更新天然气、原油、原煤等其他能源消耗数据以及企业产值、增加值等经营数据。内外部数据的结合，使得数据资源进一步丰富、拓展，数据基础更加扎实。

（3）管控常态化。计划实现企业能源消耗总量及强度的实时监测、过程管控。基于政府能源管控目标以及企业实时能耗数据，实现能源双控的常态化。

（4）服务产品化。计划实现能耗的精准定位，服务的有效支撑，基于企业能源数据及经营数据，加强数据价值挖掘，开发数据产品，服务政府和企业，提升能源利用效率，促进产业绿色转型。

根据规划思路，明确设计方式。将嘉兴市综合能源服务平台建设项目按试点及推广应用两个阶段设计和建设，形成可推广、可复制的“嘉兴模式”。平台功能框架如图 9－38 所示。

2. 项目投资建设阶段

项目投资建设分为两个阶段：第一阶段以秀洲区用能企业为试点，建设完成平台基础架构，并进行功能验证和工程实施验证；第二阶段在总结秀洲区平台建设经验的基础上，统计汇总嘉兴市全市范围内各区县的企业用能情况，并进行总体计划的安排部署，规模化完成全市用能企业采集监测工程的安装实施，将秀洲区企业能效监管的建设成果在全市规范化应用，全面实现对全市规模用能企业状况的集中监测、统一监管。

项目建设实施包括现场勘察、施工方案设计、设备建模、红外采集设备选型确定、施工调试等方面工作。

（1）现场勘察：① 调研项目最终用户的业务需求和采集需求；② 勘察目标采集设备对象的相关信息，包括设备现状、现场环境、安装条件、设备协议、设备采集点、电源部署、网络部署等。

（2）施工方案设计：现场勘察工作完毕后，相关的项目现场资料流转到工程设计环节，开始进行工程的施工方案设计。

（3）设备建模：施工方案设计完成之后，数据维护人员根据施工方案形成的设备信息进行设备对象的图模库一体化编制建设工作。

（4）选型确定：根据施工方案设计的输出结果和技术要求，进行施工方案所涉及的各类设备、配件、工具等施工设备材料的选型确定、配送工程现场。

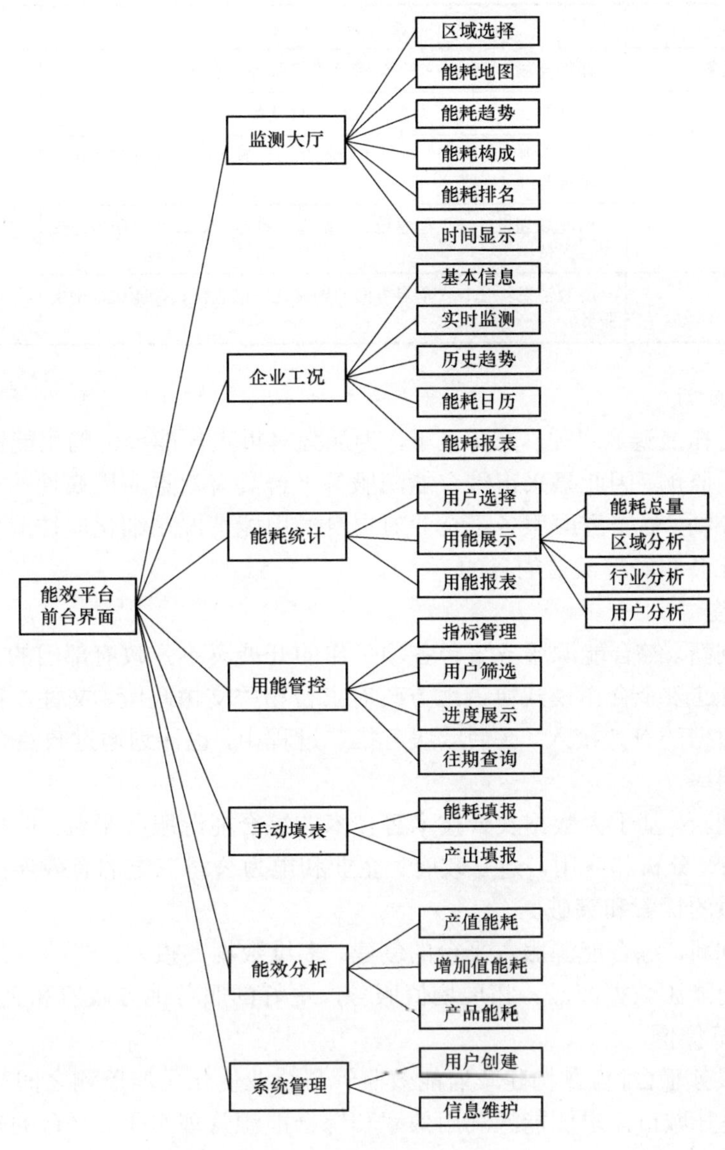

图 9－38　功能框架图

（5）施工调试：设备选型、购置完毕，进行现场是设备安装、网络部署、网络调试、采集点数据接收测试、数据网关调试等，完成从硬件到应用软件界面的数据一致性调试、检查、确认，直至所有采集项完整、正确。

（四）商业模式

嘉兴市综合能源服务平台的建设和运营，可以采用配合地方政府进行行政事业性监管服务与社会化综合服务相结合的模式，见表 9－7。

表 9-7　　商业模式

服务类型	服务内容	备注
监管与用能指导服务	能耗监测、能效分析、政策宣贯等服务与指导	政府购买服务
技术设备服务	物联网、信息化、大数据等技术与设备	企业购买服务
管理服务	节能、需求侧管理、运用大数据和云计算提供用能优化解决方案服务等	
工程服务	用能规划设计、工程建设、多能源运营维护、改造等服务与支撑、支持	
其他增值服务	能源消费优化、安全等方面的网络化、信息化、智能化等增值服务	

（五）效益分析

嘉兴市政府在能源“双控”的背景下，为加强对重点耗能单位的用能监管，提出对企业用能实时在线监测。因此嘉兴市综合能源服务平台具有双重应用属性，一方面应用于政府能耗监管和控制，另一方面服务于企业对自身的用能情况精细化监控服务。达到促进节能降耗的良好社会和经济效益的目的。

1. 创新效益

（1）模式创新。综合能源服务平台各项工作的开展离不开政府部门的支撑和配合。在建设过程中，通过政企合作模式协调地方政府出台相关支撑政策、文件，来助推能源数据以及企业经营数据的有效接入。在后续服务推广过程中，也计划通过政企合作模式来加快数据服务的应用率。

（2）体系创新。基于大数据及云技术等技术的综合能源服务平台，贯穿能源数据的采集、传输、存储、分析和应用，建立政府、企业和电力公司三方的有效连接，实现综合能源服务业务体系的探索和突破。

（3）服务创新。综合能源服务平台的创建，多维数据的接入，有助于公司深化数据应用，创造更多的能源数据产品，拓展增值服务，更好的服务地方政府和企业。

2. 运营示范价值

综合能源服务平台，旨在构建政府能效监管与企业优化用能监测之间互联互通的共享平台，有助于提升城市需求侧能源利用效率和综合能源管理水平。平台的建设、功能的深化、服务的创新将有助于地区产业绿色发展，减少能源消耗及污染物排放；有助于企业节能降耗，增加用户黏性。项目成果通过试点示范、推广应用，能够友好的市场化推广到其他城市区域，具有明显的经济与产业化价值。

参 考 文 献

[1] 陈波，陈靓. 美国新能源政策及对中国新能源产业的影响［J］. 国际展望，2012（01）：71-84+117.

[2] 李果仁. 奥巴马政府新能源政策的启示与借鉴［J］. 柴达木开发研究，2012（02）：22-26.

[3] 李立理，张义斌，葛旭波. 美国智能电网发展模式的系统分析［J］. 能源技术经济，2011，23（02）：27-35.

[4] 张扬. 解读美国最新的智能电网政策［J］. 能源技术经济，2011，23（09）：1-5.

[5] 周蓉. 国内外智能电网建设现状述评［J］. 成都纺织高等专科学校学报，2013，30（03）：74-77.

[6] 章义发. 美国智能电网［J］. 高科技与产业化，2009（10）：55-56.

[7] 张国衡，张沛，张科. 美国智能电网试点项目述评［J］. 南方电网技术，2013，7（04）：6-11.

[8] 王冬容. 激励型需求侧响应在美国的应用［J］. 电力需求侧管理，2010，12（01）：74-77.

[9] 阮文骏，刘莎，李扬. 美国需求响应综述［J］. 电力需求侧管理，2013，15（02）：61-64.

[10] 陈大宇，张粒子. 美国电力需求侧调频实践及其对我国的启示［J］. 现代电力，2015，32（05）：21-26.

[11] 周启航，陈晨，苟竞. 负荷响应机制在美国智能电网中的新模式［J］. 四川电力技术，2013，36（04）：28-31.

[12] 王新雷，田雪沁，徐彤. 美国天然气分布式能源发展及对我国的启示［J］. 中国能源，2013，35（10）：25-28.

[13] 闫湖，黄碧斌，洪博文，等. 分布式能源商业模式重构与创新展望［J］. 分布式能源，2019，4（02）：16-22.

[14] Alex H，Mariesa L C，Gerald T H，et al. The future renewable electric energy delivery and management system：the energy internet［J］. Proceedings of the IEEE，2011，99（1）：133-148.

[15] Huang，A.. FREEDM system-a vision for the future grid［P］. Power and Energy Society General Meeting，2010 IEEE，2010.

[16] 德国美国关于能源互联网的探索和实践［EB/OL］.［2015.06.20］. http://www.cecol.com.cn/news/20150620/0615446320.html.

[17] 车巍，等. 丹麦：清晰的绿色发展线路图［EB/OL］.［2013.06.20］. https：//wenku.baidu.com/view/1fec4860ad02de80d4d840d3.html.

[18] 苏然. 丹麦小岛测试智能电网［J］. 世界科学，2013（10）：27-28.

[19] 尤石，林今，胡俊杰，等. 从基于服务的灵活性交易到跨行业能源系统的集成设计、规划和运行：丹麦的能源互联网理念（英文）［J］. 中国电机工程学报，2015，35（14）：3470-3481.

[20] 王振铭. 中国城市供热考察团出访德国、丹麦的报告——关于发展我国热电联产集中供热的建议［J］. 区域供热，1995（04）：11-12.

[21] 何斯征. 国外热电联产发展政策、经验及我国发展分布式小型热电联产的前景［J］. 能源工程，2003（05）：1-5.

[22] 丁坤，何世恩，汪宁渤，等. 丹麦风电调峰调频的政策和机制及对我国的启示［C］. 全国风力发

电技术协作网第五届年会，2011.
[23] 陈思．电力市场机制下丹麦大规模风电消纳经验［EB/OL］．［2015.04.17］．http://shoudian.bjx.com.cn/html/20150417/609219.shtml.
[24] 政乾方．丹麦何以实现高比例风电运行［EB/OL］．［2015.2.25］．http://news.bjx.com.cn/html/20150225/591866.shtml.
[25] 徐庭娅．德国能源转型的进展、挑战及前景［J］．宏观经济管理，2014（03）：85－87.
[26] 尹晨晖，杨德昌，耿光飞，等．德国能源互联网项目总结及其对我国的启示［J］．电网技术，2015，39（11）：3040－3049.
[27] 田世明，栾文鹏，张东霞，等．能源互联网技术形态与关键技术［J］．中国电机工程学报，2015，35（14）：3482－3494.
[28] 董朝阳，赵俊华，文福拴，等．从智能电网到能源互联网：基本概念与研究框架［J］．电力系统自动化，2014，38（15）：1－11.
[29] 孙宏斌，郭庆来，潘昭光．能源互联网：理念、架构与前沿展望［J］．电力系统自动化，2015，39（19）：1－8.
[30] 马钊，周孝信，尚宇炜，等．能源互联网概念、关键技术及发展模式探索［J］．电网技术，2015，39（11）：3014－3022.
[31] 梁克靖．风力发电场的电网接入技术研究［D］．安徽理工大学，2013．6.
[32] 牟澎涛．高渗透率风电接入对系统稳定特性的影响［D］．华北电力大学，2017．6.
[33] 胡文杰．高渗透率下微电网潮流计算及其运行的多目标优化［D］．北京交通大学，2010．6.
[34] 王雷．关于配网通信中无线通信技术的探讨研究［J］．中国新通信，2017，19（04）：42.
[35] 季杭为．含分布式能源的交直流混合配电系统运行优化研究［D］．东南大学，2017．6.
[36] 卢庆乐，刘志勇，卢伟青．基于TD－LTE的配网通信技术及实现［J］．电工技术，2018（03）：110－112+123.
[37] 于晓蕾．含电动汽车的交直流配电网最优潮流研究［D］．华北电力大学，2015．7.
[38] 张翔．含分布式电源的主动配电网规划研究［D］．上海：上海交通大学，2014.
[39] 应鸿，张扬．综合能源服务知识体系研究［J］．浙江电力，2018，37（07）：1－4.
[40] 吴建中．欧洲综合能源系统发展的驱动与现状［J］．电力系统自动化，2016，40（05）：1－7.
[41] 封红丽．国内外综合能源服务发展现状及商业模式研究［J］．电器工业，2017（06）：34－42.
[42] EUROPEAN COMMMISSIONA．Policy framework for climate and energy in the period from 2020 to 2030［R］．Brussels，COM（2014）15 final，2014.
[43] Wayne C. Turner，Steve Doty. Energy Management Handbook，Sixth Edition［M］，The Fairmont Press，2006.
[44] 蒲天骄，刘克文，陈乃仕，等．基于主动配电网的城市能源互联网体系架构及其关键技术［J］．中国电机工程学报，2015，35（14）：3511－3521.
[45] 王璐．保障能源供应须因地制宜多措并举［N］．经济参考报，2017－12－13（001）.
[46] 高芳，宋柳．因地制宜发展可再生能源［J］．世界环境，2015（05）：13.
[47] 刘然，王旭明，岳高，等．“十三五”能源消耗总量和强度“双控”机制研究［J］．能源与环境，2017（06）：2－4+7.

[48] 邓志茹．我国能源供求预测研究［D］．哈尔滨：哈尔滨工程大学，2011．
[49] 李明玉．能源供给与能源消费的系统动力学模型［D］．沈阳：东北大学，2010．
[50] 张运洲，张风营，李德波．我国未来煤炭供应能力预测研究［J］．中国电力，2007（11）：9－14．
[51] 刘卫东，陆大道，张雷，等．我国低碳经济发展框架与科学基础——实现 2020 年单位 GDP 碳排放降低 40%-45%的路径研究［M］．北京：商务印书馆，2010：60-65．
[52] 向其凤，王文举．中国能源结构调整及其节能减排潜力评估［J］．经济与管理研究，2014（07）：13－22．

本书中编写的部分内容引用以上参考文献，在此对原编者致以感谢。